大学英语混合式智慧教育研究与实践

黄雪松◎著

吉林出版集团股份有限公司
全国百佳图书出版单位

版权所有 侵权必究

图书在版编目（CIP）数据

大学英语混合式智慧教育研究与实践 / 黄雪松著. -- 长春：吉林出版集团股份有限公司，2021.12

ISBN 978-7-5731-0259-1

Ⅰ.①大… Ⅱ.①黄… Ⅲ.①英语－教学研究－高等学校 Ⅳ.①H319.3

中国版本图书馆 CIP 数据核字（2022）第 017925 号

大学英语混合式智慧教育研究与实践
DA XUE YING YU HUN HE SHI ZHI HUI JIAO YU YAN JIU YU SHI JIAN

著　　者：黄雪松	责任编辑：郭玉婷
出版策划：齐　郁	

出　　版：吉林出版集团股份有限公司
　　　　　（长春市福祉大路 5788 号，邮政编码：130118）
发　　行：吉林出版集团译文图书经营有限公司
　　　　　（http://shop34896900.taobao.com）
电　　话：总编办 0431-81629909　　营销部 0431-81629880/81629881
印　　刷：天津和萱印刷有限公司

开　　本：787mm×1092mm　　1/16
印　　张：18.375
字　　数：330 千字
版　　次：2022 年 7 月第 1 版
印　　次：2022 年 7 月第 1 次印刷
书　　号：ISBN 978-7-5731-0259-1
定　　价：78.00 元

印装错误请与承印厂联系

前　言

随着"互联网+教育"理念的深入人心，传统的大学英语教育教学也在逐渐发生变化，越来越多的教师开始基于智慧教育理念，加强传统教学与现代信息化教学的融合，积极促进线上教学与线下教学的结合，通过混合式教学模式的构建，来提高学生的学习兴趣和热情，满足学生多元化的自主学习需求，进而增强大学英语教育的针对性和有效性。

全书共七章。第一章为绪论，主要阐述了智慧与智慧教育、智慧教育的基本理念、智慧教育的主要特征、新时期智慧教育的必要性；第二章为大学英语智慧教育的理论基础，主要阐述了建构主义理论、人本主义教育观、多元智能理论、合作学习理论；第三章为大学英语混合式教学的相关理论，主要阐述了混合式教学的内涵与特征、混合式教学中的"教"与"学"、混合式教学与英语教学的融合、大学英语混合式教学模式的应用优势；第四章为大学英语混合式智慧教育的模式探索，主要阐述了基于MOOC的混合式教育教学模式、基于微课的混合式教育教学模式、基于翻转课堂的混合式教育教学模式、基于移动云平台的混合式教育教学模式、基于移动APP的混合式教育教学模式；第五章为大学英语混合式智慧教育的实施技巧，主要阐述了网上教学的互动技巧、教学视频的使用技巧、教学档案袋的使用技巧、鼓励学生自主学习的技巧；第六章为混合式智慧教育在大学英语教学中的应用，主要阐述了混合式智慧教育在大学英语口语教学中的应用、混合式智慧教育在大学英语听力教学中的应用、混合式智慧教育在大学英语写作教学中的应用、混合式智慧教育在大学英语阅读教学中的应用；第七章为大学英语混合式智慧教育体系下的学生能力培养，主要阐述了情感能力的培养、批判性思维的培养、英语语言能力的培养、学生自主学习能力的培养。

  为了确保研究内容的丰富性和多样性，在写作过程中参考了大量理论与研究文献，在此向涉及的专家学者们表示衷心的感谢。

  最后，鉴于笔者水平有限，加之时间仓促，本书难免存在一些疏漏。在此，恳请同行专家和读者朋友批评指正！

黄雪松

目　录

第一章　绪论 …………………………………………………… 1
　　第一节　智慧与智慧教育 ………………………………… 1
　　第二节　智慧教育的基本理念 …………………………… 16
　　第三节　智慧教育的主要特征 …………………………… 19
　　第四节　新时期智慧教育的必要性 ……………………… 30

第二章　大学英语智慧教育的理论基础 ……………………… 32
　　第一节　建构主义理论 …………………………………… 32
　　第二节　人本主义教育观 ………………………………… 45
　　第三节　多元智能理论 …………………………………… 51
　　第四节　合作学习理论 …………………………………… 66

第三章　大学英语混合式教学的相关理论 …………………… 80
　　第一节　混合式教学的内涵与特征 ……………………… 80
　　第二节　混合式教学中的"教"与"学" ………………… 86
　　第三节　混合式教学与英语教学的融合 ………………… 95
　　第四节　大学英语混合式教学模式的应用优势 ………… 97

第四章　大学英语混合式智慧教育的模式探索 ……………… 100
　　第一节　基于MOOC的混合式教育教学模式 ………… 100
　　第二节　基于微课的混合式教育教学模式 ……………… 128
　　第三节　基于翻转课堂的混合式教育教学模式 ………… 140

第四节　基于移动云平台的混合式教育教学模式 ……… 155

第五节　基于移动 APP 的混合式教育教学模式 ……… 159

第五章　大学英语混合式智慧教育的实施技巧 …………… 164

第一节　网上教学的互动技巧 ……………………… 164

第二节　教学视频的使用技巧 ……………………… 170

第三节　教学档案袋的使用技巧 …………………… 181

第四节　鼓励学生自主学习的技巧 ………………… 187

第六章　混合式智慧教育在大学英语教学中的应用 ………… 195

第一节　混合式智慧教育在大学英语口语教学中的应用 … 195

第二节　混合式智慧教育在大学英语听力教学中的应用 … 204

第三节　混合式智慧教育在大学英语写作教学中的应用 … 219

第四节　混合式智慧教育在大学英语阅读教学中的应用 … 230

第七章　大学英语混合式智慧教育体系下的学生能力培养 …… 244

第一节　情感能力的培养 …………………………… 244

第二节　批判性思维的培养 ………………………… 254

第三节　英语语言能力的培养 ……………………… 264

第四节　学生自主学习能力的培养 ………………… 281

参　考　文　献 ………………………………………… 287

第一章 绪论

伴随我国经济的快速发展和不断成熟的数字化校园建设,更多的教育者开始关注智慧教育,构建大学英语智慧教育体系已势在必行。基于此,本章分为智慧与智慧教育、智慧教育的基本理念、智慧教育的主要特征、新时期智慧教育的必要性四部分。主要内容包括智慧、智慧教育、智慧教育的发展脉络、智慧教育的基本理念等方面。

第一节 智慧与智慧教育

一、智慧

(一)智慧的词源学探究

在中国传统哲学中,智慧被作为佛教名词。传统佛教将"智"与"慧"分开,认为"慧"是认知主体,乃"心所法"之一;"智"则是对于各种理法的掌握。因此,"智"以"慧"为体,"慧"以"智"为用。"慧"之极便达到了"觉",成佛或解脱都由此来说明。达到"觉"遂有"般若智",即最高的成佛之"慧"。此时"智"与"慧"冥合不分,而称"般若"。"般若"是经过"消解"或一系列否定所达到的,它与有具体所取、具体所向的"智"或"慧"不同,是"无知而无所不知"的,是佛教的最高智慧,被称作"诸佛之母"。

从词源学上说,"智慧"具有特定的含义。"智"者,从日从知,日知也,每日必有所知,则所知者厚。"慧"者,从彗从心,心有尘则借彗(扫帚)以除之,以保其清明。因此,"智"含"有所为"之意,须日日努力使知识增进;"慧"含"有所不为"之意,涤除一切假象伪知。智为积极，慧为消极，有智则知识增加，有慧则灵台清明，无慧则增加妄识。因此，如果说"智"是学习所得的"毛重"，那么"慧"就是学习所得的"净重"。"智"是知识的积累，如果积累过多必将为其所累，所以须用"慧"去除所累。

"智"含有向外进取之意，"慧"含有向内反思之意。从人们的认识过程来看，首先是通过"智"获取知识，然后是通过"慧"净化知识，二者缺一不可。这也与老子所说的"为学日益、为道日损"有异曲同工之妙。如果人们过多地强调"智"而忽视了"慧"，学生的心智就会变得麻木和呆滞，变成受制于知识的"书呆子"。"智慧"要求人们在学习和工作中既要"做加法"，又要"做减法"，及时反思和净化自己的所得，抛弃包袱轻装上阵，以便灵活、正确地理解和解决问题。

从中西方对"智慧"的界定来看，在中国语境中，"智慧"一词更多地强调"慧"；而在西方语境中，"智慧"一词更多地强调"智"。因此，西方的智慧教育趋向知识教育，而中国的智慧教育则趋向品德教育。

古希腊哲学家亚里士多德（Aristotle）在《形而上学》中指出，"智慧由普遍认识产生，不从个别认识得来。""智慧就是有关某些原理与原因的知识"。因此，在亚里士多德看来，越是具有普遍认识的人就越有智慧，越是具有关于原理与原因的知识的人就越有智慧。智者总能把握事物的普遍规律，并洞悉事物变化的缘由。

英国著名哲学家阿弗烈·诺夫·怀海德（Alfred North Whitehead）指出，智慧是掌握知识的方式。它涉及知识的处理，确定有关问题时知识的选择，以及运用知识使我们的直觉经验更有价值。这种对知识的掌握便是智慧，是可以获得的最本质的自由。古人比我们更清楚地认识到——智慧高于知识的必要性。因此，在怀海德看来，智慧包括知识，同时又超越知识。智慧使人能够保持自己的主体性和独立性，始终主导自己对于知识的掌握和运用。其核心在于智慧能使人获得自由。美国著名哲学家约翰·杜威（John Dewey）在《人的问题》中指出，"智慧是应用已知的去明确地指导人生事务之能力"。这强调了智慧的实践性。

在中国语境中，老子最先提到了"智慧"。孔子在《论语》中则从仁的角度，论述了"智"的含义。然而，尽管"智"在先秦就已经出现，但先秦诸子并没有给予其直接的解释。直到汉初，贾谊第一次对"智慧"做出界定："深知祸福谓之知［通"智"］，反知为愚；亟见窕察谓之慧，反慧为童［蒙昧］。"（《新书·卷八·道术》）。这就是说，作为蒙昧的对应物，智慧是指人对未来祸福的深刻预见和敏捷详察的思维能力。中国古代史书《国语》中就提到"言智必得事"。三国（吴）韦昭注释："能处事物为智。""能处事物"就是能在实践和实验活动中认识事物的本质，顺利地完成应该完成的任务。

我国当代著名哲学家冯契对智慧也进行过深刻的研究。他认为："在由意见、知识到智慧的辩证发展过程中，意见是'以我观之'，知识是'以物观之'，智慧则是'以道观之'……把认识过程看成是从无知到知、从知识到智慧［即转识成智］的运动"。他认为，智慧就是关于道的真理性认识和人的自由发展内在地联系着。他把智慧理解成佛家的"般若"以及希腊人以哲学为"爱智"等含义。其独到之处就在于强调智慧使人获得自由，使人的个性自由全面地发展。

（二）智慧的含义

1. 哲学上的含义

在西方，赫拉克利特（Herakleitus）最早使用"智慧"这个词，他说，"智慧就在于说出真理，并且按照自然行事，听自然的话""智慧只在于一件事，就是认识那善于驾驭一切的思想"。对他而言，智慧就在于认识真理。

苏格拉底（Socrates）提出了"自知无知的人是最有知的"的智慧观，意在表明唯有神才有真正的智慧（智慧是神性的）；人没有智慧，只能在承认自己无知时才能去追求真正的智慧，把智慧看作是人类通达真理或真知时必具的谦逊"态度"。

在《柏拉图对话录》中，智慧有三层不同的含义。①诡辩。我们可以在那些为探寻真理而对生活进行深入思考的人们身上发现这样的智慧。②实践智慧。它是在政治家和立法者身上表现出来的一种智慧类型。③知识。我们可以在那些以科学的观点理解事物的人们的身上发现这样的智慧。亚里士多德在《形而上学》中首次对"智慧"提出确切的定义，"智慧就是有关某些原理与原因的知识"。亚里士多德提出，"智慧由普遍认识产生，不从个别认识得来"，"智慧就是有关某些原理与原因的知识"。亚里士多德认为智慧不同于两个东西：一是与感官认识和神化幻想不同，它追求的是对自然事物的合乎理性的解释；二是不同于实用的知识和技能，它注重于对事物所以如此的原理的理解。亚里士多德的智慧观代表了西方古代人们对智慧的认识。

冯契先生在他的《智慧说》中提出了"转识成智",他认为智慧是对宇宙、人生真理性的洞见。智慧要求"穷究会通"。"穷究"就是追求第一因、自由因、宇宙人生的终极;"会通"就是融会贯通无所不包的天人、物我之道。人的本质力量是知情意的统一。人的个性也要求全面发展,无论哲学、道德、艺术乃至宗教,都要求穷究会通,这就是"智慧"。

左亚文和张恒赫从哲学的角度总结出智慧的本质内涵包括四个方面:①智慧是揭示、探究事物的本质,是研究一般事物之所以存在的学问;②智慧是驾驭一切的思想,只有思想才能去把握、认识事物的本质乃至整个宏观宇宙;③智慧是探索尚未被我们所认知的"无知"世界;④智慧是解决人生的困惑,认识你自己,关照自己的心灵。所以哲学中的智慧指向整个宇宙人生,关乎人的本质问题,人生问题,人生的价值、意义以及人的存在状况问题。这是一种元认知、元知识。

2. 心理学上的含义

在心理学界,以巴尔特斯(Paul B. Baltes)为代表,认为"智慧"指一种关于基本生活实际的专家知识(和行为)系统。该系统内包括对复杂的、不确定的人类生活情境的杰出的直觉、判断和建议。智慧依次反映在五个因素中:①丰富的实际知识,关于实际生活中的一般和具体的知识,这意味着了解人性和人生历程;②丰富的过程性知识,即对生活事务的判断策略和建议的一般和具体知识,这意味着知道如何处理生活中的问题;③寿命环境论,即关于生命环境及其时间(发展)关系的知识,这意味着要意识到并理解生活中的许多情境,以及它们之间的关系,和它们在人的一生中是如何变化的;④相对主义,即关于价值观、目标和优先级的差异的知识,这意味着承认个人、社会和文化在价值观和生活重点方面的差异;⑤不确定性,即关于生活的相对不确定性和不可预测性以及管理方法的知识,这意味着知道自己 YW 识的极限。

美国著名心理学家罗伯特·斯腾伯格(Robert J. Sternberg)提出智慧平衡理论,将"智慧"定义为"以价值观为中介,运用智力、创造性和知识,在短期和长期之内通过平衡个人内部、人际间和个人外部的利益,从而更好地适应环境、塑造环境和选择环境,以获取公共利益的过程"。根据他的理论,"智慧"的发展有六个前提。①知识,包括对智慧的先决条件、含义和局限性的理解;②方法,包括对什么问题应自动解决、什么问题不应自动解决的理解;③明断的思维方式,以渴望深入判断和评价事物为特点;④性格,包括对不确定性和生活中障碍的忍耐力;⑤动机,特别是理解所知的事物及其含义的动机；⑥环境关系，包括完全理解引起各种思想和行为的环境因素。斯滕伯格等人在强调智慧概念时，还提出了三种主要的平衡。①各类思维之间的平衡；②认知、意动和情感等自身不同系统之间的平衡；③不同观点之间的平衡。所以，他倡导为智慧而教，认为教育应教会学生智慧地思考和解决问题，教会学生平衡人际内、人际间以及人与环境之间的利益，培养学生的社会责任。

Peterson指出，"智慧"这种人格力量不同于智力，代表着更高水平的知识、判断和给出建议的能力，使个体设法解决关于生活行为和意义方面的重要和困难的问题，被用于获得自己和他人的利益或者幸福。

汪凤炎和郑红提倡品德、才智一体的智慧观。他们认为，智慧是指个体在其智力与知识的基础上，经由经验与练习，习得的一种德才兼备的综合心理素质。个体一旦拥有这种综合心理素质，就能在身处某种复杂问题情境中适时做出下列行为：个体在其良心的引导下或善良动机的激发下，及时运用其聪明才智去正确认知和理解所面临的复杂问题，进而采用正确、新颖（常常能给人灵活与巧妙的印象）且最好能合乎伦理道德规范的手段或方法高效率地解决问题，并保证其行动结果不但不会损害他人的正当权益，还能长久地增进他人或自己与他人的福祉。

从以上心理学上的解释来看，"智慧"是一种知识系统，是一种心智发展过程，是一种心理素质。它是人们综合调动自身和周遭的条件，解决问题，并获得幸福感的反映，是认知能力和情感能力的统一体。

当然，对"智慧"的理解不胜枚举，众多专家学者们的观点给人带来无限的启示。例如，杜作润先生在谈到教育时认为，"智慧"不仅包括知识和技能，还是人之所以为人的本质特征，"是理性向激情的开拓，同时也是激情向理性的收敛，是思维孕育的美丽花朵；智慧有时还是一种爱的光芒闪现和勇气的守护神降临，引导着对自由的崇敬和向往，破除了对权威或偶像的死心塌地的迷信，是摇撼和颠覆专制、独裁、垄断的超级利器"。所以，我们的教育"不仅要培养受教育者发明创造的技巧和能力，还要培养他们反思包括自身成就在内的既有发明创造的习惯和勇气，更要培养他们对整个人类的关怀、同情和怜悯之心"。"智慧"在这里多了一份激情和人文关怀。

总而言之，"智慧"至少可以从三方面理解。第一，"智慧"指向知识，既包括具体的知识，如生物学、化学、文学等具体自然科学领域和人文领域的知识以及生活实践经验方面的知识，也包括元知识，即能统领具体知识的更抽象的思想，注重的是宇宙人生的整体，是人生、宇宙的真理，人性与天道的知识。这个方面是"是什么"和"为什么"的问题，意味着人类对世界的认识，对自我的认识。第二，"智慧"指向策略和方法，是人类为解决问题，综合客观和主观等各方面条件的基础上，采取的何种抽象策略以及何种具体方法。知识往往是固化的，是理论性的，解决问题往往需要我们把理论付诸实践，所以"智慧"也是实践性的。

这个方面可以理解为"怎么做"。第三，"智慧"指向情感，即人的激情、性格、动机、态度、兴趣、意志力、道德品质、价值观等等，它对问题的解决起着重要的影响，有时甚至是决定性的影响。总之，"智慧"是"知""行""情"的统一。

二、智慧教育

（一）智慧教育产生的背景

智慧教育的思想源于美国。1992年，美国前副总统阿尔·戈尔（Albert Arnold Gore Jr.）提出美国信息高速公路法案。1993年9月，美国克林顿政府正式提出建设"国家信息基础设施"（national information infrastructure, NII），俗称"信息高速公路"的计划，其核心是发展以互联网为核心的综合化信息服务体系和推进信息技术（information technology, IT）在社会各领域的广泛应用，特别是把信息技术在教育中的应用作为实施面向21世纪的教育改革的重要途径。美国的这一举动引起了世界各国的积极反应，各国纷纷从国家战略规划层面对教育信息化发展予以充分重视，并制定了本国的教育信息化发展规划及战略，统筹了教育信息化的各方面发展，如美国于2010年发布了《国家教育技术计划》（NETP2010）、日本于2010年发布了《教育信息化指南》、英国高校联合信息系统委员会（joint information systems committee, JISC）于2009年发布了《JISC 2010-2012战略》（简称《JISC战略》）等。这些教育信息化发展规划及战略文件的发布，为各国教育信息化的发展指明了方向。

教育信息化的发展带来了教育形式和学习方式的重大变革。1998年，阿尔·戈尔在其题为"数字地球：二十一世纪认识地球的方式"的演讲中提出了"数字地球"的概念，此后数字化概念在世界各行各业广泛应用。随着20世纪90年代末期全球数字化浪潮的兴起，在世界范围内的教育信息化建设进入了数字化时代，即数字教育阶段，信息技术在教育教学中的应用不断深入。从计算机、互联网、多媒体等数字化技术逐步进入校园，到交互式电子白板、虚拟仿真实验等技术在"班班通"建设、数字化校园建设中的应用，数字化教育蓬勃发展，极大地丰富了教与学的过程。

21世纪科技的快速发展，特别是移动终端、物联网、云计算、大数据、三网融合等新一代信息技术的兴起和快速发展，为教育信息化和教育现代化注入了新的推动力，激发了研究者和教育实践者拓展学习概念、开展学习环境设计的兴趣，推动着学习环境的研究与实践从数字化走向智能化。自此，教育进入智能化时代，即智慧教育阶段，信息技术的发展成为促进教育教学变革与创新的重要动因之一。

根据2002年联合国教科文组织提出的教育信息化发展的形成、应用、融合和创新四个阶段的观点，透过美国1996年、2000年、2004年、2010年陆续发布的《国家教育技术规划》，可以清晰地看出美国教育信息化发展经历了基础设施与设备配备、教育资源建设与推广、教师全员信息技术应用能力建设等阶段，目前进入教育应用创新阶段，寻求教育系统的整体变革成为教育信息化发展的新目标。

我国教育信息化发展经历了"九五"期间的多媒体教学发展期和网络教育启蒙期、"十五"期间的多媒体应用期和网络建设发展期、"十一五"期间的网络持续建设期和应用普及期的发展轨迹，现阶段正处于应用融合阶段，并且向着全面融合、创新阶段迈进。《教育信息化十年发展规划（2011—2020年）》明确提出，力争到2020年实现全面融合部分创新的阶段性发展目标，要求"以教育信息化带动教育现代化，破解制约我国教育发展的难题，促进教育的创新与变革"。

无论从国家地区的宏观层面、学校组织的中观层面，还是学生个体的微观层面来看，教育信息化都是一个平衡多方关系、创新应用发展、追求卓越智慧的过程。

在"信息技术—社会—教育变革"三元互动结构中，如何在社会信息化大背景下，推动教育信息化进程，解决当前教育面临的公平与均衡、优质与创新、个性与灵活的三大发展难题，以理念创新、技术创新、教学法创新等落实教育信息化创新发展，已成为教育信息化发展的新追求。

智慧教育作为"智慧地球"思想在教育领域的延伸，已被世界上多个国家和地区作为未来教育发展的方向，如澳大利亚、韩国、马来西亚、新加坡等均颁布了相关的国家教育政策。数字教育向智慧教育的转变，不仅象征着教育信息化中技术的数字化转为智能化而促发的"形变",更蕴含着信息技术促进教育变革所追求的"质变",尤其是教育文化的创新。

以智慧教育引领教育信息化创新发展,带动教育教学创新发展,最终指向创新型人才的培养,已成为教育信息化发展的必然趋势。智慧教育是经济全球化、技术变革和知识爆炸的产物,也是教育信息化发展的必然阶段。

(二)智慧教育的基本内涵

智慧教育并不是一个全新的概念。智慧是教育永恒的追求。在中文语境中,"智慧"是指"对事物能迅速、灵活、正确地理解和解决的能力"。智慧教育的思想最早由哲学家提出,指出智慧教育的出发点和归宿是唤醒、发展人类的"智慧"。印度著名哲学家吉杜·克里希那穆提(Jiddu Krishnamurti)在其专著《一生的学习》中从智慧的高度解读了教育,认为真正的教育要帮助人们认识自我、消除恐惧、唤醒智慧。英国著名哲学家阿弗烈·诺夫·怀海德(Alfred North Whitehead)提出儿童智慧教育理论,认为教育的主题是生活,教育的目的是开启学生的智慧。

随后,智慧教育受到国内外教育学家、心理学家和科学家的关注。加拿大"现象学教育学"的开创者马克斯·范梅南(Maxvan Manen),提出了以儿童发展为取向的智慧教育学理念,指出教育者应该为儿童创造一种充满关爱的学校环境,要关注儿童真实的生活世界,要关心儿童的存在和成长。美国著名心理学家斯腾伯格提出智慧平衡理论,倡导为智慧而教,认为教育应教会学生智慧地思考和解决问题,教会学生平衡人际内、人际间以及人与环境之间的利益,培养学生的社会责任。

2002年,王玉恒在中国教育和科研计算机网上发表了五篇有关"智慧教育"的文章,对智慧教育进行了较为系统的阐述,指出智慧教育是一种最直接的、帮助人们建立完整智慧体系的教育方式,其教育宗旨在于引导学生发现自己的智慧,协助学生发展自己的智慧,指导学生应用自己的智慧,培养学生创造自己的智慧。

我国学者靖国平教授认为,传统意义上的智慧教育是以传授给学生系统的科学知识、形成学生的技能、发展学生的智力以及培养学生的能力为目的的教育,具有一定的局限性。基于此,他提出了广义智慧教育的概念,对智慧教育的内涵进行了扩展。广义智慧教育是一种更为全面、丰富、多元、综合的智慧教育，它主要包含着三个既相互区分又彼此联系的方面：理性（求知求真）智慧的教育、价值（求善求美）智慧的教育和实践（求实求行）智慧的教育。其根本旨趣在于促使受教育者全面地占有自己的智慧本质，成长为理性智慧、价值智慧和实践智慧的统一体。

信息时代的到来赋予了智慧教育新的内涵，并使其呈现出一些新的特征。教育技术领域的研究者纷纷从信息化视角对智慧教育概念进行阐述。信息化环境下的智慧教育可以追溯到我国杰出的科学家钱学森，在总结其一生的道德、学问和事业的基础上，于1997年倡导的"大成智慧学"。

"大成智慧学"与以往关于智慧或思维学说的不同之处主要在于它以马克思主义的辩证唯物论为指导，利用现代信息网络、"人机结合、以人为主"的方式，集古今中外有关经验、知识、智慧之大成。"大成智慧学"是沉浸在广阔的信息空间里所形成的网络智慧，是在知识爆炸、信息如潮的时代里所需要的新型的思维方式和思维体系。"大成智慧学"指导下的智慧教育内涵包括打通学科界限，重视通才培养；掌握人类知识体系；实现人机结合，优势互补；培养高尚的道德情操。大成智慧教育的宗旨是培养大批顶尖的创新型人才，服务于我国创新型国家建设，大成智慧教育对教育发展具有很强的现实指导意义。钱学森将"大成智慧学"英译为"science of wisdom in cyberspace"。cyberspace乃是网络交互信息空间的总称，可见钱学森预见到了信息化对智慧发展的关键作用。

关于智慧教育的概念，国内外尚未形成广泛认可的科学定义。目前的定义，大体可以分为两类。

一类从宏观上给出了智慧教育的概念。典型的代表有：何锡涛等人在《智慧教育》一书中给出了智慧教育的广义定义，指出智慧教育是依托计算机和教育网，全面深入地利用以物联网、云计算等为代表的新兴信息技术，重点建设教育信息化基础设施，开发利用教育资源，促进技术创新、知识创新，实现创新成果的共享，提高教育教学质量和效益，全面构建网络化、数字化、个性化、智能化、国际化的现代教育体系，推动着教育改革和发展的历史进程；尹恩德从教育信息化带动教育现代化发展的角度出发，指出智慧教育是运用以物联网、云计算等为代表的一批新兴的信息技术，统筹规划、协调发展教育系统各项信息化工作，转变教育观念、内容与方法，以应用为核心，强化服务职能，构建网络化、数字化、个性化、智能化、国际化的现代教育体系；金江军认为，智慧教育是教育信息化发展的高级阶段，与传统教育信息化相比表现出集成化、自由化和体验化三大特征；马元福等人在分析数字教育与智慧教育区别的基础上，指出智慧教育就是依托物联网、云计算、下一代通信网络、高性能信息处理、智能数据挖掘等先进技术和先进的云端设备，整合亟待建设和提升的各种应用支撑系统与服务资源，构建现代智慧教育信息化服务体系，通过智能化、智慧化管理和服务环境，推动建立最直接、最完整体系的智慧教育方式，协助学生发现智慧、发展智慧、应用智慧、创造智慧，从而促进学生智慧类型优化发展。

另一类从更加微观、具体的角度给出了智慧教育的内涵。在2012年发表的《智慧教育：教育信息化的新境界》一文和2014年发表的《以智慧教育引领教育信息化创新发展》一文中，从智慧教育的目的出发对智慧教育的基本内涵进行了阐述，指出信息化环境下的智慧教育是信息技术支持下为发展学生智慧能力的教育，旨在利用适当的信息技术构建智慧学习环境（技术创新）、运用智慧教学法（方法创新）、促进学生开展智慧学习（实践创新），从而培养具有良好的价值取向、较高的思维品质和较强的思维能力的智慧型人才（人才观变革，要培养善于学习、善于协作、善于沟通、善于研判、善于创新、善于解决复杂问题的智慧型人才），落实智慧教育理念（理念创新），深化和提升信息时代、知识时代和数字时代的素质教育，并进一步指出了智慧教育的三个基本组成，即智慧学习环境（smart learning environments）、智慧教学法（smart pedagogy）和智慧学习（smart learning）。北京师范大学的余胜泉教授在2014年召开的"第四届全国中小学数字化校园建设学术交流暨技术发展展示大会"的主题发言中指出，智慧教育是依托物联网、云计算、无线通信等新一代信息技术所打造的物联化、智能化、感知化、泛在化的新型教育形态和教育模式，它的核心内涵是通过信息技术来分担大量烦琐的、机械的、简单重复的教学和管理任务，满足教师、学生、管理者、家长以及社会公众的智慧教育需求。杨现民在《信息时代智慧教育的内涵与特征》一文中，从生态观的视角出发，给出了智慧教育的含义，认为智慧教育是依托物联网、云计算、无线通信等新一代信息技术所打造的物联化、智能化、感知化、泛在化的教育信息生态系统，是数字教育的高级发展阶段，旨在提升现有数字教育系统的智慧化水平，实现信息技术与教育主流业务（智慧教学、智慧学习、智慧管理、智慧评价、智慧科研和智慧服务）的深度融合，促进教育利益相关者（学生、教师、家长、管理者、社会公众等）的智慧养成与可持续发展。北京师范大学的黄荣怀教授从解决教育公平性的问题出发，指出智慧教育是一种智慧教育系统，该系统是一种由学校、区域或国家提供的高学习体验、高内容适配性和高教学效率的教育系统，它能利用现代科学技术为学生、教师和家长等提供一系列差异化的支持和按需服务，能全面采集并利用参与者群体的状态数据和教育教学过程数据来促进公平、持续改进绩效。

从以上对智慧教育内涵的定义，我们不难看出，信息时代的智慧教育是以物联网、云计算、无线通信等新一代信息技术为技术依托，以智慧教学、智慧管理和智慧学习方法为理论支撑而发展起来的新型教育体系。其宗旨是帮助人们在对学习环境、生活环境和工作环境灵巧机敏地适应、塑造和选择的过程中，不断发现智慧、发展智慧、应用智慧、创造智慧。

（三）智慧教育的构成要素

1. 学习智慧

学习理论的研究自20世纪初行为主义兴起到认知主义再到建构主义，经历了一次又一次的发展。过去，行为主义把学习单纯地看作刺激—反应的联结。然而人们很快认识到行为主义的局限，把有意识的人看作被动接受刺激的机体是不妥的，经过几十年的发展，人们渐渐趋向建构主义的学习理论。

在建构主义看来，"学习是学生积极主动的意义建构和社会互动的过程。一方面是对新信息的意义的建构，另一方面又包含对原有经验的改造和重组，是新旧经验之间双向的相互作用过程。"对于大学生而言，必须树立建构主义的学习观，增强自身学习的主动性、积极性和探索性，必须明白自己才是课堂上的主人。对大学生来讲，学会学习极其重要，关乎其学习效率和学习效果的呈现。

历史上许多教育心理学家对学习策略做了细致而专门的研究，其中比较被认可的是迈克尔的学习策略三分法，他把学习策略分为认知策略、元认知策略和资源管理策略。在实际的学习活动中，并不要求学生在学习中使用多种复杂的策略，但至少应该了解和掌握每种学习策略，以便在学习中根据学习种类和个人特点选择适合自己的学习策略，提高学习的效果和智慧。

2. 思考智慧

（1）勤于思考

古今中外的大思想家视思考为生命，勒内·笛卡尔（René Descartes）

曾说过：我思故我在；西塞罗曾指出：活着就意味着思考；华罗庚亦曾强调：独立思考能力，对于从事科学研究或其他工作，都是十分必要的。一个成功的人必然是一个拥有独立思想见解的人，而独立的思想见解来源于对万事万物的不断质疑，不断思考。身体上的懒惰并不可怕，思想上的懒惰最岌岌可危。大学生要随时提醒自己勤于思考、积极思考。需要强调的是，思考并不等于空想，不是整天坐在教室或宿舍天马行空地幻想。随着知识的积累、经验的增加，爱思考的人会发现问题接踵而来，这时候他们会大胆思考、主动思考，最终会获得意想不到的智慧。

（2）善于思考

如今，惯性思维和定向思维很容易给大学生思考问题造成阻碍，这也和教师的教学方式有关。习近平总书记在十九大报告中强调，创新是引领发展的第一动力，必须尽快建设创新型国家。而我国现阶段创新型社会建设的紧迫性要求学校必须转变人才培养模式，把提高大学生的创新能力和创造精神作为学校教育的主要目的和最终归宿。

历史上有一个著名的故事"曹冲称象"，一般人在思考如何称象这个问题时会用通常的思维去想如何用一个大的称量工具去称大象。而曹冲打破固有方式，想到用石头利用浮力的作用把大象的重量转换到石头上面，这就是一个典型的创新。

3. 活动智慧

（1）丰富学生的经验

过去的教育模式无论对于教师还是学生来说，都是脱离生活和实际的读和教。学生要想获得一种生活的经验不是靠学科课程完成的，而是靠参与学校组织的各种综合实践活动积累起来的。

（2）完善学生的生活方式

杜威说过，我们选择了一种什么样的教育就选择了一种什么样的生活方式。课堂教育往往赋予学生的是一种"科学世界"和"书本生活"，难以关照学生的"现实生活"。实践活动则面向学生的生活世界，通过与社会、与他人的合作与交流获得各种实践生活智慧。

（3）发展学生的创新能力

综合实践活动突出问题意识，培养实践探索能力、创新理念和创造精神，学生在整个综合实践活动实施的过程中，通过生活、学习及在与他人和社会的交往中发现问题，运用所学知识或同伴合作等方法搜集有关信息，设计解决问题的方案，学会实践，学会交往，砥砺品行，可谓实践价值颇高。

（四）智慧教育的主要内容

1. 修身智慧

《论语·子路篇》中的"其身正，不令而行；其身不正，虽令不从。"《论语·学而篇》中的"弟子入则孝，出则弟，谨而信，泛爱众，而亲仁。行有余力，则以学文。"都强调了修身为本的重要性。《论语》中囊括了许多修身立本的方法。

（1）乐学修身

孔子多次强调学习对修身的重要作用，如"学而时习之，不亦说乎？有朋自远方来，不亦乐乎？人不知而不愠，不亦君子乎？"同时，不仅要好学且要乐学，如"知之者不如好之者，好之者不如乐知者。"好学、乐学是君子安身立命的基本方法。

（2）自省修身

自省即在生活中对自己或他人言行要反复思考，吸取教训。孔子本人非常重视自省对修身的作用。《论语·里仁篇》中说："见贤思齐焉，见不贤而内自省也。"《论语·学而篇》中说："吾日三省吾身：为人谋而不忠乎？与朋友交而不信乎？传不习乎？"作为一个大圣人每天都要反省修身，更何况作为普通人的大学生呢！

（3）实践修身

孔子认为学习、自省还不足以修养身心，达到君子的标准，更主要是践行。如《论语·子路篇》中有云："诵《诗》三百，授之以政，不达；使于四方，不能专对；虽多，亦奚以为？"熟读了《诗经》三百篇，让他处理政务却办不到；叫他出使外国，却又不能独立应对，书读得再多又有什么用呢？《论语》中多次表现出孔子对巧言令色而不践行之人的厌恶："君子耻其言而过其行。""先行其言而后从之。""君子欲讷于言而敏于行"……概而述之，修身的最终归宿在于行动的高尚与敏捷，再多的言语不及一次慎行。

2. 利脑智慧

（1）保持良好的心理状态

科学研究已证实我们的大脑跟情绪、性格、气质等非智力因素有莫大的关联。大脑控制着人的七情六欲，而强烈的不良情绪活动亦会对大脑产生制约作用，甚至引起大脑细胞的大量死亡。故此，身为学生无论在生活中还是学习中遭遇再大再多的困难时,皆要保持积极向上的心态,迎难而上、不断进取,这样才能使大脑长期处于"快乐"因素的包围中健康发育与成长。

(2) 持续学习充实大脑

大脑有无限开发的空间和潜能,而学生时代正是开发大脑智慧的关键期,需要自己充分意识并利用好学生时代。在校期间的各类学习为大学生大脑集中充电提供了一个广阔的空间与平台。故而,在求学期间要不断学习、不断思考、不断探索,用心积累科学文化知识和实践经验,为自己的大脑不停蓄电。如此,大脑才会越来越灵光,充满智慧。反之,如果长期懒惰荒废大脑,只能使之处于"生锈"或"停电"状态。

3. 健体智慧

(1) 增强健体意识

现代市场经济的建立和国际竞争的加剧,使得现今的大学生面对巨大的压力。家长、学校及社会对学生寄予过多的期望,而缺乏必要的关心和沟通。于是,在高校出现了不少令人扼腕的突发事件。研究表明,运动在生理上有利于学生身体的健康发育,提高身体的抵抗能力,增强体质;在心理上可以调节人的紧张状态,陶冶情操,保持健康和谐的良好心理状态。因此,必须先在观念上意识到运动锻炼的重要性,增强健体意识。

(2) 重视体育课程

体育课是学校教育教学的重要组成部分,是学生参与体育锻炼、增强健体意识的重要平台。然则,现在的不少学生尤其是女生,对体育课不够重视,怕运动,怕流汗,运动意识淡薄。故此,高校和体育教师应以身作则,以学生的兴趣和实际生活为中心,积极调动学生和发挥体育课的作用,引导学生自觉锻炼,使体育与智育、德育等有效地结合起来,真正地促进学生身心全面协调发展。

4. 审美智慧

(1) 在生活中充分感受美,加强审美体验

生活中处处存在美,关键是要有一双善于发现美的眼睛。美的形式多种多样,主要表现为艺术美、自然美、社会美、科学美等。艺术美主要指音乐、舞蹈、绘画、雕塑、文学、影视等高雅作品中所蕴含的艺术因素;自然美指以大自然为主要审美对象的情感体验;社会美是以社会群体中美好的人和事为审美感受的美;科学美是以科学的内容和形式为对象而感受到的美。大学生要善于发现身边各种形式的美,学会体验个中情感和智

慧，砥砺德行、陶冶情操，加强审美体验。

（2）在学习中学会鉴赏美，提高审美能力

美本身是人主观的一种情感体验，美育的重要任务之一即教会学生在实践中自觉辨别美丑，向美丽看齐，坚决抵制丑陋的人和事。在人性美中，首要的是心灵美，那么在学习中就要忠于信仰和不容邪恶：看到见义勇为者要学习其精神，看到自私自利者要嗤之以鼻……这些行动和体验的关键在于要有辨别美丑善恶的能力。此外，审美能力并不是与生俱来的，尤其在学校的学习中，要始终有敏锐的审美嗅觉和强烈的审美欲望，才能进一步地提高审美能力。

5. 劳动智慧

（1）树立劳动观念

现在不少大学生不爱劳动的根本原因是从小没有树立劳动观念。要知道没有劳动就没有人类更没有生活，只有劳动才能使人的精神世界充实起来。劳动的崇高意义在于一个人在劳动过程和成果中可以体现自己的智慧、技艺及其对事业的无限追求，实现自己的人生价值。故此，应从小树立热爱劳动、崇尚劳动的理念，使自己能在劳动中感到荣耀、自尊，并为自己的劳动成果感到无比自豪。

（2）坚持手脑并用

在当今现代化的社会中，每一个人皆是光荣的劳动者，社会的每一点财富都是来源于劳动者的辛勤耕耘，且单纯的脑力和体力的分工不是那么明显，而是手脑并用。学生在学习的过程中，包括家长和学校，总是过于重视纯粹的脑力劳动，使部分学生身心疲倦，处于极不平衡的发展状态：有的学生体质很弱易生病，有的学生长期处于大量的脑力劳动下不堪重负，有的学生只会读书走出校园一无所知。因此，在生活中，学生应合理规划学习，劳逸结合、手脑并用，发挥劳动育人的功能。

第二节 智慧教育的基本理念

一、智慧教育的发展脉络

结合我国智慧教育理论与实践的发展演进,在"走向智慧教育时代的教育变革与创新暨祝智庭教授学术思想研讨会"上,王珠珠教授将其发展脉络归纳为三个阶段,分别为萌生阶段、试点示范阶段、全面普及阶段。

(一)萌生阶段(2012—2018年)

这一阶段的特色是理论构建(科研机构力量)与实践探索(学校力量)双驱式发展,企业积极跟进;发展重点是转变变革取向、开展顶层设计。前期,无论是科研机构、学校还是企业,均在已有成果的基础上向智慧教育转变,诸如翻转课堂、创客教育、在线学习系统随即披上了"智慧教育"的外衣。后期,随着智慧环境(如智慧课堂、智慧校园)、智慧教学法、智慧评估的脉络逐渐显化,学校的变革初见校本特色取向,在线学习系统也逐渐显现出智慧特征。这一时期,较为突出的案例是浚县科达中学的"全人发展"智慧教育方案。它从学习文化到教学策略进行了系统性的变革,文化方面创造了"榜样引领"以及"晨钟暮鼓式"的自省、自悟文化,教学策略方面探索出了"六学一包"的智慧策略,即自主钻学、同伴互学、问题导学、微课助学、以评促学、精准帮学与智慧学习包。在 ESWI (education, smart, wisdom, intelligence) 智慧教学生态系统的支持下,该学校进一步提炼出了"六一三一"(六学策略、一个科达智慧学习包、三讲、一练)智慧教学模式。这一模式既注重学生的深度学习,也兼顾师生的精讲精练。

(二)试点示范阶段(2018—2022年)

结合祝智庭教授主持的全国教育科学"十二五"规划课题"智慧学习环境的构建与应用研究"的调研资料来看:2018年,智慧教育由萌生阶段走入试点示范阶段。经过上一阶段的发展,国内出现了一批具有校本特色的智慧实验校。加之《教育部信息化 2.0 行动计划》中"开展智慧教育创新示范"政策的出台（中华人民共和国教育部，2018），智慧教育正式进入第二阶段——试点示范阶段。这一阶段侧重通过智能技术在教学模式、学习数据分析等方面的深度融合与创新应用，来探索可推广的先进经验与优秀案例，引领教育变革区域式发展。

（三）全面普及阶段（2022—2035 年）

智慧教育将从 2022 年开始进入全面普及阶段。这一阶段的主要工作为行业标准规范、教育制度的建设，这是由试点走向规模化的必然。智慧教育追求的"教师能够施展高成效的教学方法，让学生能够获得适宜的个性化学习服务和美好的发展体验"以及"培养具有良好人格品性、较强行动能力、较好思维品质、较深创造潜能的人才"理念已得到政府、社会机构、教育领域的广泛认同。虽然各区域、学校采用的探索之路各不相同，但最终必定殊途同归，向以上理念无限逼近。这一过程伴随着行业标准规范、教育制度的建立。黄荣怀教授认为，能够发挥教育机构整体功能的教育制度是培育卓越人才的基础，不过这种制度的建立是个漫长的过程。

智慧教育的规范与制度包括三个层面（国家、区域、机构）和两个方面（教学制度、管理制度）。体制的建设需要政府、企业、学校等利益相关者的多方协同。早期，我们团队针对智慧学习空间的互联互通问题，提出了一种"学校用市场换数据、企业用数据换市场"的双赢推动方案。这种方案为智慧教育规范与制度建设提供了良好的思路：学校用市场换企业技术、用范例换政府课题；企业用技术换学校市场、用数据换政府项目；政府用课题换学校范例、用项目换企业数据。

二、智慧教育的基本理念

（一）智慧教育的五大理念

其一倡导全脑教育，弘扬思维科学；其二倡导自主学习，强调主体意识；其三倡导心理健康，注重培养情商；其四倡导目标教学，关注量化指标；其五倡导科学学习，打造世纪精英。这五大理念为智慧教育指明了方向。

(二)智慧教育的基本理念

让智慧引领教育,让智慧伴随教育;让教育充满智慧,让教育生成智慧;用智慧点燃智慧,用智慧创造智慧。

智慧教育的中心任务是引导人们发现自己的智慧,开发自己的智慧,应用自己的智慧,而不是给予人们现成的智慧,更不是传授有关智慧方面的知识。智慧教育是让人们在获得智慧之后,运用自己的智慧去创造智慧,创造价值。智慧教育关注的是人的潜力如何最大限度地调动起来并加以实现以及人的内部灵性与可能性如何充分生成。

第一,每个人都有智慧。人的智慧不在于有没有,而在于相信不相信、信任不信任、发现没发现。只有坚信,才会努力地发现和开发。

第二,每个人都有不同的智慧,有不同的优势和强项,智慧在不同的学生身上有不同的色彩。智慧教育在于发现不同孩子的不同优势,拓展他们的发展空间,引导他们的发展方向。这就要求教师做细心的耐心的观察者和全面的深入的勘探者。

正因为此,智慧教育是面向全体学生的教育,不是面向少数学生的教育。我们反对精英主义教育,而智慧教育却可使学生成为不同领域的精英。

人只有在自由状态才会迸发创造的灵感。智慧教育要给学生自主发展的自由,并指导学生合理地利用自主支配的时空。

智者总是快乐的、幸福的,智慧教育要让孩子们快乐起来、幸福起来,但是智慧教育决不能排斥刻苦精神的培养。

第三,教师们要成为"长大的儿童",保持一颗童心,保持生命的活力,永远爱孩子,永远懂孩子,同时要引领孩子。

应当注意的是,必须根据自己发展的需要,构成适合于自己发展需求的智慧体系。比如,你是一位领导者,你就应该以一个领导者特有的智慧体系来构成自己的智慧体系;如果你是一位科学家,你就应该考虑科学创造思想、科学研究方法在你的智慧体系中所占的重要地位;如果你是一位人民教师,你就应该以崇高的职业道德,以卓越的教育教学机制表现力为中心,来构建自己的智慧体系。

所以说,一个人的智慧具有强烈的个性色彩,如果我们能根据自己发展的需要,来构成与众不同的智慧体系,那就是最有生命力的特殊的智慧体系。

第三节 智慧教育的主要特征

一、教育性

教育性是从生态学的视角分出发，分析智慧教育与技术推动下的和谐教育信息生态，其核心教育特征可以概括为信息技术与学科教学深度融合、全球教育资源无缝整合共享、无处不在的开放（按需）学习、基于大数据的科学分析与评价。

（一）信息技术与学科教学深度融合

信息技术与教育的"深度融合"涉及方方面面，包括技术与管理的融合、技术与教学的融合、技术与科研的融合、技术与社会服务的融合、技术与校园生活的融合等。其中，信息技术与学科教学的深度融合应该是智慧教育的首要价值追求。课堂是教育改革的主阵地，学科教学是教育系统的核心业务。如果说信息技术与课程整合是教学改革的"物理反应"，那么信息技术与学科教学深度融合则是"整合"基础上的"化学反应"。

智慧教育环境下，电子书包、平板电脑、智能手机等移动终端将成为课堂教学的常规载具，自带设备办公（bring your own device，BYOD）将在全国各级各类学校逐步推广普及。移动终端的引入将使得课堂教学组织变得更加灵活多样，不囿于"排排坐"的固定形式。支持各种学科教学的专用软件（如超级画板、图形计算器、几何画板等）将越来越丰富，可以实现更高效率的学科知识传授与学科能力培养。

智慧教育需要广大师生具备较强的信息技术应用能力，合理、有效应用技术促进课前、课中与课后教与学活动的全程设计、实施与评价。信息技术在学科教学中的"消融"，教师和学生从关注技术逐步转变到关注教学活动本身，是智慧教育成功的重要标志和核心特征。

（二）全球教育资源无缝整合共享

大踏步前进的科技正在创造一个新的、更小的、更平坦的世界，"地球村"正在从预言变成现实。智慧教育要培养的不是一般意义上的国家公民，而是适应21世纪发展需要、具有全球视野和创新思维的世界公民。近年来，在世界知名大学的努力推动下，开放教育资源（open educational resource，OER）运动和大型开放式网络课程（massive open online courses，MOOC）运动席卷全球，优质教育资源迅速传递到世界各个角落。

智慧教育秉承"开放共享"理念，通过多种途径（自建、引进、购买、交换）实现全球优质教育资源的无缝整合与无障碍流通，使得世界各地的学生和社会公众可以随意获取任何适合自己的教育资源（多媒体课件、视频课程、教学软件等）。全球优质教育资源的无缝整合共享，是突破教育资源地域限制的"大智慧"，将有可能缩小世界教育鸿沟，提升欠发达国家和地区的教育质量。

（三）无处不在的开放（按需）学习

智慧教育环境不是一个割裂的教育空间，而是通过网络将学校、家庭、社区、博物馆、图书馆、公园等各种场所连接起来的教育生态系统。学习需求无处不在，学习无时无刻不在发生，云计算、物联网、移动通信等信息技术的发展为人类的学习提供了无限的可能。学习不应该固定在教室和学校，而应回归社会和生活，发生在任何有学习需求的地方。智慧教育环境下的学习将走向泛在学习。泛在学习不是以某个个体（如传统学习中的教师）为核心的运转，而是点到点的、平面化的学习互联。"泛在"包含三个方面的内涵，即无处不在的学习资源、无处不在的学习服务和无处不在的学习伙伴，最终形成一个技术完全融入学习的和谐教育信息生态。

（四）基于大数据的科学分析与评价

大数据技术全面采集各种教育数据，进行科学统计分析与数据挖掘处理，可以为教育决策（经费分配、学校布局等）提供数据支持，而科学的教育决策又将推动教育事业的可持续、均衡发展。办公自动化全面普及，将大幅度减少纸张浪费，实现教育领域的低碳环保。不仅学生的学业需要"减负"，教育的管理业务也需要"减负"：精简管理流程，优化或废除一些不合时宜的管理制度（如烦琐的公文审批、设备招标、经费报销管理制度等），不断提高教育管理业务系统的运行效率。

智慧教育需要更具"智慧"的教育评价方式，"靠数据说话"是智慧教育评价的重要指导思想。物联网、云计算、移动通信、大数据等新一代信息技术的发展为教育评价从"经验主义"走向"数据主义"提供了技术条件，可以实现各种教育管理与教学过程数据的全面采集、存储与分析，并通过可视化技术进行直观地呈现。智慧教育环境下包括中小学学业成就评价、体质健康评价、本科教学质量评估、教育信息化与教育现代化发展评价等在内的各种教育评价与评估，将更具智慧性、科学性和可持续性。2013年9月1日，教育部开始实行全国统一学籍，每个学生都分配一个能够跟随自己一生的学籍号。"全国学生终身""一人一号"的推行，为全国教育数据的统一采集提供了条件，学校不仅仅能对学生在校期间的学业成就进行评价，还可以通过学籍号持续跟踪学生毕业后的发展与学习情况，为教学质量评估提供更全面、更准确地科学数据分析结果。

二、综合性

智慧教育是一个系统工程，综合性是智慧教育的主要特性之一。智慧教育的综合性是指通过智慧的管理、智慧的教学及智慧的学习，最终形成智慧的文化以及浸染其中智慧的人。

智慧教育的综合性主要体现在"系统性"上。智慧教育既是一种先进的教育理念，更是一个综合的系统，它主要包括以下五个方面。

第一，智慧的管理包括区域管理、学校管理、班级管理以及学生的自我管理。智慧的管理是区域教育行政部门、学校校长以及教师进行教育教学管理的宗旨，它是在智慧教育理念指导下进行有效的行政管理，能促进学校发展、班级建设和学生成长的实践。智慧的管理意味着一种和谐共生的文化、互动交流的方式、关怀与沟通的相互关系。它的实质是通过人与人之间相互尊重、相互理解的平等关系取代传统管理中基于科层制度的权力支配关系，它要求管理者与被管理者在组织共同愿景的激励下努力达成个人价值和组织目标的共同实现。组织内部存在不同的权力主体，随之而来的是不可避免的分歧与摩擦，要促进组织的发展必须实现权力的多元化。在区域教育行政机关与中小学校共同构成的自然开放的系统中，既存在基于职能与职位的行政权力，也存在基于职业和专业知识的专业权力。

因此，智慧的管理要求教育行政机关转变职能，教育行政部门的管理人员、校长及教师之间能够共享权力。当然，正如权力与责任是不可分割的，行使权力还意味着承担责任。故而，智慧的管理还要求各权力主体在系统内部通过共同参与学校管理，实现权责分担，最终促进现代教育行政体制的转型和学校的发展。

第二，教学是教育活动的核心，智慧的教学要求教师在教学实践中，依据自身对教学现象和教学理论的感悟，深刻洞察并敏锐机智、高效便捷地应对教学情境，最终达成融通共生、自由和美的教学境界。它要求教育工作者：一方面要重视非智力因素在学生发展中的重要作用，通过系统化的素质教育促进学生全面自由充分的发展；另一方面还要重视学科知识与文化视野的交叉和融合，通过跨学科学习和国际文化交流开拓学生的视野，增进学生的见识，最终全方位地促进学生各个方面智慧地生长。智慧的教学是教师教学智慧的体现，是对教学活动创造性的最好诠释。

具体而言，要求教师能机智灵活地处理教育教学中的突发事件，通过创造性地教学设计以及言传身教，真正实现学生智慧地学、教师智慧地教；要实现教与学合二为一，教学相长；要创造高参与度、高认知度、高情感度的有效课堂教学，最终生成属于教师与学生共同的智慧之树。

第三，智慧的学习是指学生能够自由、积极地进行知识的探索，在学习活动中享受着由于创造行为而引起的高峰体验，从而不断生长其智慧的过程。1996年联合国教科文组织的一份报告《教育——财富蕴藏其中》明确提出21世纪的教育必须围绕学生的四种基本学习能力进行设计，即学会求知、学会做事、学会共同生活、学会生存（learning to know, learning to do, learning to live together, learning to be）。其实，"四个学会"的核心就是强调培养学生的学习能力，最首要的就是强调使学生学会求知、学会学习。我们过去常说要给学生一杯水，教师要有一桶水，但智慧的学习要求不是教师有一桶水，而是应该教会学生如何找到水。

所以，智慧的学习不仅要求学生积极主动地学习，更要求学生会学、善学；同时，智慧的学习还要求学生在学习活动中具有高水平的元认知能力——他们是自己的主人，他们能清醒地认识到自身的需求，认识到生命的价值和意义，从而对自己的人生有清晰的规划。

这是智慧学习的更高层要求，也是人性发展的最高层要求。正如弗里德里希·威廉·尼采（Friedrich Wilhelm Nietzsche）所说，人生有三重境界，从坚韧负重的"骆驼"到勇猛战斗的"狮子"，最后到代表着创造新生的"婴儿"。最高的"婴儿"境界实质就是自由人，他的精神不再受外在的奴役，他的意志只属于他自己，他是自己的主人，他赢得他自己，他也能创造他自己。

第四，通过智慧的管理、智慧的教学和智慧的学习共同创造了智慧的区域教育文化。智慧的区域教育文化是区域内的教育管理者、教师、家长和学生在认同和共享的智慧教育理念指导下的行为方式和物质形态的综合，它是浸染其中的人们的一种生活方式和思维习惯。在智慧的管理、智慧的教学和智慧的学习以及生成的智慧的文化下形成智慧的人，包括智慧的管理者、智慧的教师、智慧的学生以及智慧的家长。

第五，智慧是由智力因素和非智力因素构成的，智力因素是智慧的核心，包括观察力、记忆力、想象力、思维力和创造力等；非智力因素是智慧的灵魂，包括兴趣、意志、情感、个性、气质和美感等。因此，智慧的此种特征决定了智慧的综合性，也形成了智慧教育的综合性。

三、技术性

从技术的视角来看，智慧教育是一个集约化的信息系统工程，其核心技术特征可以概括为：情境感知、无缝连接、全向交互、智能管控、按需推送、可视化。

（一）情境感知

情境感知是智慧教育最基础的功能特征，依据情境感知数据自适应地为用户提供推送式服务。常用的情境感知技术包括 GPS、RFID、QR Code、各类传感器（如温度传感器、湿度传感器、二氧化碳传感器等）以及各种量表（如学习评测量表、学习态度量表等）。情境感知的对象包括两类，分别是外在的学习环境和人的内在学习状态。具体感知内容包括：①感知教与学活动实施的物理位置信息；②感知教与学活动发生、进行与结束的时间信息；③感知教与学活动场所的环境信息，如温度、湿度等；④感知学生的学习状态，如焦虑、烦躁、开心等；⑤感知学生的知识背景、知识基础、知识缺陷等；⑥感知学生的认知风格、学习风格等；⑦感知学生的学习与交往需求。通过实时检测室内的噪声、光线、温度、气味等参数，根据预设的理想参数，自动调节百叶窗、灯具、空调、新风系统等，将教室内声、光、温、气调节到适宜学生身心健康的状态；同时收集学生学习活动、学习场所、认知风格、知识背景等方面的信息，为"按需推送"提供基础。

(二) 无缝连接

泛在网络是智慧教育开展的基础，基于泛在网络的无缝连接是智慧教育的基本特征。无缝连接具体体现在如下 5 个方面。①系统集成：遵循技术标准，跨级、跨域教育服务平台之间实现数据共享、系统集成。②虚实融合：通过增强现实等技术实现物理环境与虚拟环境的无缝融合。③多终端访问：支持任何常用终端设备无缝连接到各种教育信息系统，无缝获取学习资源与服务。④无缝切换：学生的多个学习终端之间实现数据同步、无缝切换，学习过程实现无缝迁移。⑤连接社群：为特定学习情景建立学习社群，为学生有效连接和利用学习社群进行沟通和交流提供支持。

(三) 全向交互

教与学活动的本质是交互，智慧教育系统支持全方位的交互，包括人与人之间的交互以及人与物之间的交互。全向交互具体体现在如下 3 个方面。①自然交互：通过语音、手势等更加自然的操作方式与媒体、系统进行交互。②深度互动：实现师生之间、生生之间的随时随地的互动交流，促使深层学习发生。③过程记录：自动记录教与学互动的全过程，为智慧教育管理与决策提供数据支持。

(四) 智能管控

教育环境、教育资源、教育服务等的智能管理是智慧教育的核心特征。智能管控具体体现在如下 5 个方面。①智能控制：基于标准协议，实现信令互通，进而实现教育环境、教育资源、教育管理和教育服务等全过程的智能控制。②智能诊断：基于智能控制数据和结果，辅助管理者快速、准确诊断问题，及时、有效解决教育业务开展过程中、教育装备使用过程中存在的问题。③智能分析：在系统内各类数据的汇聚与处理的基础上，进行挖掘与分析，为智慧教育系统的数据共享和业务流程升级改造提供科学决策依据。④智能调节：感知教室、会议室、图书馆等物理场所的环境，依据教与学的实际需求，动态调节声音、温度、湿度等环境指标。⑤智能调度：基于智能诊断、智能分析的结果，科学调度教育资源、调整教育机构布局、分配教育经费等。

(五) 按需推送

智能教育要达成"人人教、人人学"，教育资源可以按需获取和使用，教与学可以按需开展的美好愿望。按需推送又可以称为适配。按需推送是智慧教育的另一重要特征，具体体现在如下5个方面。①按需推送资源：根据用户的学习偏好和学习需求，个性化推送学习资源或信息。②按需推送活动：根据用户的现有基础、学习偏好以及学习目的，适应性推送学习活动。③按需推送服务：根据用户当时的学习状态和需求，适时推送学习服务（解决疑问，提供指导等）。④按需推送工具：根据用户学习过程记录，适应性推送用户学习所需的各种认知工具。⑤按需推送人际资源：根据用户的兴趣、偏好、学习的内容等，推送学伴、教师、学科专家等人际资源。

（六）可视化

可视化是智慧教育观摩、巡视、监控的必备功能，也是智慧教育系统的重要特征，具体体现在如下3个方面。①可视化监控：通过视窗监控智慧教育应用系统的运行状态。②可视化呈现：通过图形界面，清晰、直观、全面的呈现各类教育统计数据。③可视化操作：提供具有良好体验的操作界面，以可视化的方式操作教育设备和应用系统。

四、动态性

动态性是智慧教育体系运行中表现出来的重要特征。智慧的教育体系对外部环境变化的反应不是机械的，而是动态的、智能的；同时智慧的教育系统本身也不是一成不变的，而是动态的、共生的。因此，在智慧教育体系中，学生、教师和管理者之间是一种动态和共生的关系，并形成一个动态的系统，这个系统会自动适应学校、家庭和社会等多方面的要求。

智慧教育的动态性主要是指智慧教育系统的动态性。系统的动态性包括内部的动态性和外部的动态性，主要体现在互动和变化的关系方面。所谓内部的动态性是指教师、学生和管理者形成的智慧教育系统不是一种止的状态，而是充满变化的互动关系。

教师和学生之间是教与学的关系。智慧的教学关系并不仅仅是教师教和学生学这种固定的程式化关系，而是一个充满变化的互动过程。教师教学的主要目的是让学生学会知识、掌握方法、增长能力，从而促进自身的不断发展，达到教学目标的要求。虽然达到教学目标的方法很多，但智慧教学更加强调教学过程的互动，强调不同教学情境下师生角色的变化。传统的教学中，教师采用的手段比较单一，主要是教师教和学生学的模式；在整个教学活动过程中，教师是主体，并始终处于主导的地位，学生仅仅是被动地接受，被动地学习。这种教学方式似乎也能达到教学目标的要求，让学生学会知识、掌握方法、增长能力，但这不是智慧的教学。在这种教学活动中，学生的学习是被动的，教学目标的达成也是浅表的。当我们检测教学效果的手段不够准确时，这种教学目标的浅表就成了应试教育。智慧的教学要求教师具有教学智慧的同时，也要求学生具有学习的智慧。在智慧的教学活动过程中，教师和学生都是教学的主体，他们之间是一种互动的双向的关系，即所谓的教学相长。教师的主要任务是促进学生积极主动地投入到教学活动中，并帮助其完成教学任务，达到教学目标。在这个过程中，教师和学生的关系及角色定位也不是一成不变的，而是根据不同的教学情境和任务不断改变的。智慧的教师不会采用一种固定的教学方法处理所有教学情境，而智慧的学生也不会完全依赖教师告诉他们一切。

教师和管理者之间不是简单的管理和被管理的关系，同样教育管理者与学生之间也不是简单的单向管理关系。智慧的教育管理关系同样也是互动和共生的关系，其价值追求是民主，表现形式是动态互动。民主社会的公民必须具备民主参与的行动能力，具备利用知识思考和解决社会实践问题的能力。学校民主教育的目标是培养民主社会的合格公民。这一目的的达成不能仅仅依靠所谓的民主教育课程，还要深入学校教育的骨髓中，深入到校管理和课堂教学的具体活动中。只有在学校管理和课堂教学的具体活动中体现学生的民主参与，才是真正的民主教育，才能培养合格的民主社会公民。教育管理者是一个领导者或领头人，所有教育工作者和学生都在其带领下共同进步。民主的价值追求要求所有人都共同参与到教育的管理中来，不仅教师有表达自己的意见、参与教育管理的权利，学生也同样具有这种权利。在学校管理过程中，教师既参与学校管理，同时又对学生进行管理。学生则通过代表的方式参与学校管理，同时也进行自我管理。这是一种沟通和互动的管理系统，教师、学生和管理者在其中和谐共生。

动态性是智慧教育体系永葆生机与活力的必要条件。智慧教育的动态性还体现在对于外部变化的迅速反应，能够保持信息和物质交换渠道的畅通，能够保持在新环境中的适应性。智慧教育的动态性要求教育工作者一方面将教育系统视为一个开放的自然系统，能够迅速地根据家庭和社会的要求做出相应的调整；另一方面要建立健全学校与外部交流的硬环境和软环境，通过信息技术建设和现代学校制度建设，保障学生和教师对外部环境的敏感性和适应性。

五、社会性

（一）公平

公平是指受教育者在受教育过程中，在教育权利、教育机会、教育资源和教育质量等方面享有平等权利。具体包括：①入学机会公平，人人享有平等的受教育权利；②教育过程公平，人人平等地享有公共教育资源；③教育结果公平，人人具有同等的取得学业成就和就业前景的机会。

（二）和谐

和谐是指教育系统有序运行以及内部各要素有序配置的状态，是人对教育的主观追求和美好理想，也是构建和谐社会的深厚动力。具体包括：①城乡之间、地区之间、学校之间的和谐发展；②教育系统内各级各类教育的和谐发展；③教育经费、设备、校舍等硬指标的和谐；④学生与教师自身的和谐发展；⑤学生德智体美的全面发展；等等。

（三）关爱

关爱是一种尊重学生的态度，一般是指教师通过共情、关注、尊重、肯定等行为，在与学生互动过程中与学生建立并维持的信任和支持关系。具体包括：①关爱学生的学习，充分考虑学生的个体差异，因材施教；②关爱学生的生活，尊重学生的个性、特长和爱好；③关爱学生的成长，为学生提供必要的未来规划。

六、主体性

智慧在本质上是高度个性化的，没有完全相同的智慧，每个人的智慧都有自己独特的烙印。智慧与知识相比，对于主体性的要求更高。知识可以通过不假思索的机械重复学习而获得，而智慧则不能。智慧具有鲜明的个体性，它是个人在运用知识和经验解决实际问题时形成的一种能力，是个人魅力和个人特质的一部分。智慧是个人在解决实际问题过程中表现出来的一种个人特质。一方面，智慧不是凭空的幻想，它必须有具体的实践对象，智慧为实际问题所激发，并在解决实际问题的过程中所生成；另一方面，智慧难以脱离具体的个人和情境，智慧源于个人面对实际问题积极主动的思考和解答，可以说没有主体的参与就没有智慧。

教育活动包括管理者、教师和学生等不同的主体，不同的主体参与教育活动表现出不同的智慧。校长的智慧表现在对学校发展的规划和管理上，表现在对不同教育问题的理解上。不同的校长具有不同的教育理念，对学校发展有自己独特的规划，在学校管理过程中表现出不同的教育管理智慧。教师的教育智慧则体现在教学活动中，表现为教学的智慧。不同的教师主体具有不同的教育智慧，同一个教师在面对不同教学情境时也表现出不同的教育智慧。对于每一位教师而言，由于其年龄、工作经历、思维方式和行为特征等的差异以及对教学的感悟不同，其应对教学问题的表现方式、表现内容和表现水平也必然不同。也就是说，教师的教学智慧具有高度的个性化，是教师个体经验的积累。智慧的教师一定具有自己独特的风格，教学智慧的根基是教师个人丰富的教学经验。

智慧教育的目的是培养智慧的人，即智慧的学生。这当然不能缺少学生主体的参与，仅有教育管理者和教师的参与不能培养出智慧的学生。因此，在智慧教育活动过程中，学生的主体参与是一个重要的因素。学生有多种参与类型。它可分为"程序性参与"和"实质性参与"。程序性参与指遵守课堂纪律和规则等的行为，而实质性参与则涉及心理和认知的参与，指学生长时间投入与学习内容和学术问题有关的任务中。它又可分为行为参与、情感参与和认知参与。行为参与指在学习和课外活动中的行为表现是否积极；情感参与指对教师、班级、学习和学校的反应，体现完成任务的意愿；认知参与包括深度思维、努力探究的意愿以及认知策略等。它还可分为行为参与、学术参与、认知参与和心理参与。无论学生参与的类型如何划分，究其本质还是学生的主体参与，没有积极主动的参与意识，任何形式的参与都没有实质的意义。

智慧教育的主体性要求教育工作者一方面重视学生质疑精神和批判能力的培养，通过各种方式调动学生学习的积极性和主动性，解放学生的思想；另一方面要注重学思结合和知行统一，通过灵活的教学方法和丰富的实践活动促使学生勤于思考、敏于行动。

七、灵活性

　　智慧教育不同于知识教育，它的最大特点就在于它的灵活性。智慧之于教育，正如精神之于生命一样。没有智慧的教育是一种机械麻木、死气沉沉的重复训练，充满智慧的教育则是一种生机勃勃、积极进取的创造活动。在《老子·道经第七十六章》中就提出"坚强者死之徒，柔弱者生之徒"，他形象地用人体和草木在活着与死去时的状态对柔弱和坚强进行了比较。智慧教育特别重视教育的灵活性，在"做加法"的同时也注重"做减法"。智慧教育要求教育工作者能够从纷繁复杂的事物中把握普遍的规律，追求"简单"的工作方式和生活方式。此种"简单"建立在对事物复杂规律的把握之上，也是实现教育灵活性的前提。

　　所谓"灵活性"就是换一种方式行事的能力，这就要求教育工作者具有创新意识和创新能力。教育创新的前提是正确认识教育传统，其关键在于教育思想观念的创新，其根本则在于教师教学的创新。智慧教育的灵活性体现在不否定传统教育，但也不能囿于传统，而是要在正确认识和理解传统教育的基础上进行创新。教育创新的关键是教育思想和观念的创新，虽然社会经济的发展要求思想和观念必须转变，但思想和观念的转变恰恰是最不容易的。教育者的思想和观念一旦确定，他的教育教学行为就必然受到思想的指导。百年大计，教育为本；教育大计，教师为本，因此教育创新的根本是教师教学的创新。智慧的教学行为不是对别人的教育论点和教学模式的照搬，当然也不可能是对自己的重复。教学对象和教学情境的不同决定了教学方法必须根据具体教学情境灵活地进行创新，只有如此才能称之为智慧的教学。当然，智慧的教学行为也可能是对优秀教师进行模仿，但这种模仿不能是简单地照搬，而应该根据具体的教学情境与对象进行灵活的调整和改变，从而达到某种程度的创新，或许可以称之为微创新。总之，根据不同的教育情境，灵活地进行创新是智慧教育的一个重要特征。

　　智慧教育的灵活性还表现在教师的"教育机智"方面。教育机智是教育智慧的重要组成部分。所谓机智，就是对意料之外的突发情境进行创造性处理的能力。教育机智是教师在长期教学实践积累中形成的一种临场发挥的能力。教育机智反映了教师对教学情境敏锐的捕捉能力、快速反应能力和合理应对能力。智慧的教师具有教育机智，他们可以把教学情境中出现的各种偶然因素转化成为一种有利的教学条件，因势利导，将教学活动推向深入。教育机智不是小聪明，而是大智慧。教师教育机智的获得，不是与生俱来的，而是在长期的教学实践中形成的。在教学过程中，教师的教育机智可分为四种，即处理课堂突发事件的机智、处理自身失误的机智、处理教学疑难的机智以及处理学生恶作剧的机智。教学是一个复杂的过程，智慧的教师必须根据具体情况灵活地处理可能出现的各种状况，最大地发挥教育机智，将不利因素因势利导地转化为有利因素。

第四节　新时期智慧教育的必要性

一、是教育信息化发展的规律

2005年联合国教科文组织把信息技术应用于教育的过程分为起步、应用、融合、创新四个阶段。上述理论揭示了教育信息化发展的客观规律，表明发展阶段间存在相互联系、依次递进的关系，由于实际应用需求和外部环境变化使信息化不断向更高阶段推进。我国的教育信息化已经走过了数字化、网络化等起步及应用阶段，在这个过程中取得了显著的成果，但同时积累了大量的问题，需要技术与教育的进一步融合才能得到解决。

比如，数字校园的访问方式在时空特性上存在局限，校园内外信息化环境相互"割裂"，交互性不强，难以形成覆盖学校内外各项活动的整体联动的信息化应用环境；数字校园建设主要聚焦信息门户平台与部门管理系统的业务整合和数据集成，在最根本的教与学方面融合度不够，难以推动教学模式的变革。

又比如，由于技术局限和整体环境的不成熟，教学改革无法得到有效的开展，花费大量人力、财力、物力建设的精品课程数字资源难以真正普惠于民。而随着国家经济实力的进一步增强和技术的飞速发展，技术与教育的深度融合成为可能。

二、是推动教育领域全面改革的需要

目前，我国教育还不完全适应国家经济社会发展和人民群众接受良好教育期盼的要求，存在一系列发展难题，比如：教育观念相对落后，内容方法比较陈旧；中小学生课业负担过重，素质教育推进困难；学生创造力不足；城乡之间、区域之间教育发展不均衡；教育公平问题长期存在；高等教育规模飞跃式扩张导致本科教学质量下滑；各地校园安全事件频发；等等。智慧教育通过创新应用信息技术，提升教育系统运行的智慧化水平，有助于破解教育发展难题，从而形成突破点，带动整个教育系统的全面改革。

三、是培养创新型人才的需要

创新是社会发展的第一动力。中共中央、国务院印发《国家创新驱动发展战略纲要》，指出"到2020年进入创新型国家行列，基本建成中国特色国家创新体系""到2030年跻身创新型国家前列，发展驱动力实现根本转换"。随着各项信息技术的普及，创新已从小众、精英人才走向大众，中国已进入创新时代。创新时代需要创新型人才，在创新已成为引领社会发展第一动力的时代，教育在人才培养目标方面必须有根本性的改变，要由培养"知识人"向培养"智慧人"转变，培养具有创新创造能力和高阶思维能力的人才。这正是新时代智慧教学的目标。

四、是人本身全面发展的需要

人不仅要学会了解外部世界运转的规律，还要学会更清楚地认识自我、了解自身的需求，从而追求个性化、全面化的发展。新时代的智慧教学不仅仅是技术的简单应用，而是超越了"术"的层面。它更多的只是借助技术的工具，到达"道"的境界。它既关注受教者知识方面的学习，关注他们把知识付诸行动的能力，同时也关注他们的道德修养、人生观、世界观等价值取向，最终促成他们的智慧养成。

第二章　大学英语智慧教育的理论基础

随着信息技术的发展，智慧教育理念已经逐渐获得大家的认可，通过智慧教育理论与大学英语学科的深度融合，可以有效提高学生的学习兴趣。基于此，本章分为建构主义理论、人本主义教育观、多元智能理论、合作学习理论四部分。主要内容包括建构主义的理论依据、建构主义理论的代表观点、建构主义理论的主要内容、建构主义理论的教学方法等方面。

第一节　建构主义理论

一、建构主义的理论依据

（一）认知发展理论

让·皮亚杰（Jean William Fritz），瑞士心理学家，发生认识论的创始人。皮亚杰对人的认知发展特征进行了充分研究，形成了认知发展理论（cognitive-developmental theory）。

1. 发生认识论

1970 年，皮亚杰发表了《发生认识论原理》（*The Principles of Genetic Epistemology*），提出了发生认识论，对认知形成的过程进行深入研究。

第一，皮亚杰认为，学生的认知不是源于主体，也不是源于客体，而是在主、客体之间的相互影响、相互作用的过程中由学生主动建构形成的。也可以理解为，认知就是在学生自我意识的控制下，自觉运用已有的认知结构和思维图式，对来自客体的输入信息进行同化或者顺应，从而使主、客体处于动态的平衡状态，是一个双向的建构过程，所以学习任务的选择设计要切合学生的认知水平。

第二，学生的认知既不是来自学生先天的遗传，也不是来自对客体的经验知觉。理论强调学生的主观能动性在认知过程中所起到的积极作用，认为学生只有在主动思考时才能获得有意义的建构。对于外部语言输入的刺激，学生应报以开放、积极的态度，主动在已有认知结构中寻找恰当的同化或者顺应方式，作为教师，要积极创造条件帮助学生建构学习过程。

第三，认知发展可以理解为，通过学生的自我调节和主动建构使学生的认知结构从原有的平衡状态向更高级的平衡状态进行过渡和转化的过程，当发生新的刺激时就产生了不平衡，通过主体和客体的相互作用产生同化或顺应的过程，使认知达到一个新的水平，恢复平衡状态。认知发展就是这样一个螺旋式的提高过程。

教师应当帮助学生及时查找、分析学习过程中产生的语言错误的深层次原因，学生改正错误的过程就是一个学生自我调节、自我平衡的过程，教师要促进学生及时修正已有的认知结构，不断达到新的自我平衡，不断提高自己的学习能力。

2. 以儿童认知发展为例

皮亚杰运用发生认识论的基本观点和方法对儿童的认知发展过程进行了系统、深入的研究，他认为儿童已经具备了主动建构认知图式的能力，并且主要是通过同化和顺应的过程实现认知图式的不断发展和完善。同化，是指儿童主动吸取来自外部环境的信息并自觉地结合到已有的认识结构中，从而成为其中不可分割的组成要素的过程。顺应，是指由于外部环境发生了明显变化，儿童已有认知结构无法完成对输入信息的同化，主体为了满足外部环境的影响和需求而对已有认知结构主动进行调整的适应过程。

由此可见，顺应与同化是认知发展过程的不同侧面，同化主要体现了主体对外部输入信息的主动调整，而顺应主要体现了主体对外部输入信息的被动适应。儿童主要通过这两种形式的交替作用来实现与外部环境的动态平衡。具体来说，当儿童能在已有认知结构的基础上去同化输入信息时就说明当前的认知结构处于平衡状态，而当已有认知结构不能对输入信息进行同化时，意味着原有的平衡状态被打破，就必须对已有认知结构进行主动调整，通过顺应过程在已有认知结构的基础上形成新的认知结构，从而达到新的平衡状态。所以，儿童的认知发展就是在与外部环境的交互作用中通过同化与顺应形势逐步建构的过程，并在同化—平衡—顺应—不平衡—新的平衡的过程中得到不断的完善和提高。

皮亚杰的同化和顺应过程也可以理解为是新的认知结构的建构过程，所以皮亚杰的发生认识论也是建构主义思想的重要理论来源之一。

（二）社会文化理论

社会文化理论是由苏联心理学家和社会文化历史学派的创始人维果茨基（Lev. Semyonovich. Vygotsky）提出来的，认为学习过程是在特定的社会文化情境中进行的，社会文化因素对提高学生的学习能力发挥了十分重要的促进作用。他的社会文化理论有力推动了建构主义的形成和发展，其核心概念包括中介、内化、最近发展区。

1. 中介

维果茨基的中介理论认为，人类对于自身心理活动的调节是通过语言、科学、文化等一系列的符号工具作为中介来进行的，其中语言是极其重要的一个符号工具。学者的研究表明，人类通过使用工具进行劳动从而完成了从动物到人类的进化，形成了低级心理机能，而人类在与他人、与社会的互动交往过程中产生并形成了高级心理机能。这是社会文化历史发展的产物。人的认知心理发展就是在语言等中介的直接作用和影响下由低级心理机能逐渐向高级心理机能转化、提升的动态发展过程。

维果茨基在运用中介理论研究教学问题时，进一步提出了日常概念和科学概念。日常概念可以理解为学生在日常生活的积累中形成的实际生活经验知识，是学生在学习前就具有的初始认知结构状态。科学概念可以理解为在正规学校教育中学习的学科专业知识，是学生经过学习后应当达到的认知结构状态。教学的作用在于通过中介工具的组织协调，在日常概念和科学概念之间建立起相应的联系，从而实现学科专业知识的内化。教学中的中介工具主要包括教学资源、语言学理论、教学理论、教学环境等因素。

2. 内化

维果茨基认为，个体在与他人和社会的互动交往过程中产生并形成了高级心理机能，这还只是局限在社会交际心理层面，经过多次的重复进行和过程演化，才能由社会交际心理层面延伸到个体内部心理层面。这个转化过程就是内化。

语言学习就是语言知识内化的过程，在内化的进程中需要学生、教师、教学环境等多方面因素的密切配合和共同作用，其中各种形式、各种类型的社会文化环境因素对语言学习起着不可或缺的重要作用。教师在语言教学中要注重创设适宜的学习环境,设计多样化的教学活动,制定符合学生需求的教学目标,采取合作式的学习组织形式,运用恰当的教学策略,激发学生学习的主动性、积极性和学习热情,推动语言知识内化的过程。

3. 最近发展区

维果茨基的《社会中的心智:高级心理过程的发展》(Mind in Society: The Development of Higher Psychological Processes) 中提出了其社会文化理论的核心思想,即最近发展区(zone of proximal development)的概念。在学习过程中,学生首先具有现实的学习能力,这是学生通过自主性的学习就可以达到的能力和水平,同时学生在学习过程中要接受教师的指导和帮助,要接受其他学生的协助和支持,并通过学生自身的努力从而达到一个新的高度和潜在能力水平,这两种能力水平之间的差异被称为最近发展区。

最近发展区并不是静止不变的,学生在达到新的能力水平之后并不是止步不前,而是要从被动地接受帮助转变为主动地进行探究。学生要在教学过程中积极主动地与教师进行交流、沟通和互动,积极模仿、吸取和内化教师的教学经验和社会经验,从而将潜在能力水平看作新的现实学习能力,开启一个新的最近发展区,使学生的学习能力不断从现存的低一级发展水平逐渐地过渡到一个较高一级的发展水平。

作为教师应当根据学生的基础条件和当前能力水平设定一些具有适当难度的学习任务,并在学习过程中提供及时必要的指导以协助学生跨越当前的最近发展区,创造新的最近发展区,实现更高水平的发展。

二、建构主义理论的代表观点

建构主义理论的代表观点可以从以下四个方面进行理解,即知识是相对的、学生是学习过程中最积极主动的主体、学习过程中的四个主要要素、教师在教学过程中占主导地位。

(一) 知识是相对的

建构主义理论认为,知识不是绝对的而是相对的。因为具体情境总有其特殊性,知识在各种情境下的运用并不是简单的套用。教学过程需要把握它在具体情境中的差异变化,并不是教条式的背诵和记忆。从这个角度来说，教学是知识的处理和转换，并不单纯是传递知识。

（二）学生是学习过程中最积极主动的主体

在平时的学习中，每个学生潜移默化地形成了一定的学习方法和知识体系，所以他们对知识的接受和掌握的程度也就不同。学生对知识的理解存在差异是很正常的现象，更是一件好事。学生对知识理解的差异形成了不同的学习资源。由于对知识的接受程度不同，学生们在一起讨论和研究，不同的思想进行交流，从而可以较为全面和丰富地理解知识。与之相反，建构主义则认为教师的教学指导是最重要的，教师应该在教学过程中起主导作用。

（三）学习过程中的四个主要要素

一是环境。在语言学习中，学生在这种环境下进行交流学习，杜威和杰罗姆·布鲁纳（Jerome Seymour Bruner）等人对语言环境是非常重视的。

二是在学习过程中，必须通过语言进行合作。

三是交流。"交流"或称"沟通"是合作过程中必不可少的组成部分。学生之间通过相互交流合作来完成规定的学习任务。显而易见，合作离不开相互交流。

四是意义建构。语言学习的最终目标就是意义建构。它主要是指学生能最终理解事物之间的本质联系。

（四）教师在教学过程中占主导地位

学生是学习的主体，要做到主动学习，顺利完成学习任务。但是为了让学生更好地理解知识，构建主义还需要教师提供一定的帮助，帮助学生梳理知识体系。

首先，教师必须从自身角色开始转变，教师不仅是知识的传递者，更是学生学习的辅导者。例如，学生要形成自己是知识的建构者的心理模式，那么在学习中就需要采取一种新的认知加工策略。故而，教师必须提供学习过程中需要的学习工具给学生，以便培养学生利用学习工具的习惯，以及学生自己构建知识网络和理解知识的能力。

其次，教师应该经常提出一些发散思维的问题。这种问题通常会有一个或者多个答案，并鼓励学生想出多个答案来解决问题。

最后，教师应该认识到，除了传递知识，教师的教学目标也包括情感的培养。在教学的过程中，教师应注重学生的情感方面，让教学真正与每个学生发生联系。

三、建构主义理论的主要内容

（一）学习是知识建构的过程

建构主义认为，我们对客观世界的理解，有赖于学生自身的认知结构，由于每个学生的社会经验、家庭背景、生活经历迥然不同，学生形成了不同的价值观念和思维方法，对外部世界的认识和理解有着不同的视角，对现实问题的解释有不同的方法和途径，具有较强的主观性。

建构主义认为，学习是学生主动建构自我认知结构的过程，是基于特定的社会文化情境、丰富的学习资源，通过与教师和其他学生的沟通、交流、协商、合作的方式完成的。具体来说，任何年龄、任何背景的学生在进行学习前都有自己已有的相关知识，对客观世界都持有自己的看法，有着属于他们自己的知识结构、主观经验和社会文化背景等。这些是他们赖以进行认知建构活动的基础。在接收外部信息的过程中，学生要发挥主观能动性对外部信息进行选择、消化、整理、吸收，然后与原有知识体系进行比对、分化、融合，从而形成对客观世界新的感知、理解，并在与特定社会文化情境的互动中逐步建构起对客观世界的全新认识，形成新的认知结构以取代原有认知结构，这是一个螺旋式动态发展的过程。

特里林（Trilling）把基于建构主义理论的学习概括为5C要素。一是情景。学习的环境条件对学习效果有很大影响，有效的教学实践需要以真实的、情景化的学习任务与条件为载体。二是建构。建构就是同化和顺应新知识的过程，当新知识与现有认知结构不相符时，就必须顺应变化，重新建构认知结构。三是关注。内在动机要比外在动机对学习效果的影响更为重要，学生应充分发展自主学习能力和创新思维能力。四是能力。学生要注重多元智能的发展，强调学习方法的多样性和学习方式的个性化。五是共同体。共同体是指学习具有社会性、协同性的特点，师生关系、学生关系、学习条件、环境因素等都会对学生的学习产生重要的影响。

（二）学生是知识建构的主体

学习过程应以学生为中心，尊重学生的个体差异，要充分激发学生的主观能动性和主体意识，根据学生的现有知识基础和学习能力，有针对性地采用个性化学习、自主性学习、合作化学习等学习方式，促进学生认知结构的重新构建。

建构主义者强调学生经验背景的重要性。在学习过程中，即使遇到他们还没有接触过的新问题、新情况，也能够根据平时学习过程中积累的学习经验、遵循一定的逻辑推理顺序和思维判断流程提出解决问题的新方法。所以在教学过程中，教师要注重引导学生不断积累学习经验和学习体会，夯实建构的基础。

建构主义认为，不同的学生具有不同的经验背景和知识基础，对同一个学习主题往往有着不同的认知视角，教师应当尊重这种差异性，引导学生彼此交流、倾听、借鉴、探讨，有利于形成更多元、更丰富的理解。

（三）教师是知识建构的引领者

基于建构主义的教师角色与传统教师角色有着极大的差异，教师不再只是知识的传授者、呈现者，而是成为学生知识建构的引领者、协助者。教师的主要任务不再只是准备教案，更重要的是科学组织教学过程，积极开发网络信息资源，主动运用现代教育技术，设计开发相关教学课程，指导学生的自主学习。教师所有的角色都是为了引导学生更加有效地完成意义建构的过程。

教师角色的转变不是削弱了教师的作用，恰恰相反，建构主义对教师的能力素质提出了更为全面、更为苛刻的要求，教师要在学习内容、策略方法、技能培养、技术运用等方面给予学生更有力的帮助。这就要求教师必须不断进行自我反思，不断学习新的教学理论，不断丰富教学策略方法。这样才能更好地适应和促进学生的学习进步。

（四）教学情境是知识建构的条件

建构主义认为，知识的建构是基于特定的社会文化情境。教师在进行教学设计时应当为学生创设近似真实的、与学生实际生活密切相关的、紧扣教学内容和目标的教学情境，使学生在其中进行感知、尝试、假设、质疑和探索，并通过与教师、其他学生之间的交流、协作、共享，对外界输入信息进行辨识选择和加工处理，最终完成意义的建构。

布鲁克斯（Brooks）指出，对学生来说建构通常是由一个好的问题来激发的。教师应当以产生于真实情景中的问题为起点，布置具有启发性的教学任务，激发学生的求知欲和学习兴趣，拓展学生的创新思维空间，鼓励学生主动实践、加深理解、深入探究、解决问题、更新认知，推动意义建构的过程。

（五）教学评价是知识建构的工具

建构主义认为，教学评价的主要任务是有利于指导帮助学生完成知识建构的过程，尤其要注重学生自主学习能力的培养，强调学生在自主学习过程中的自我探究、自我设计、自主管理、自主调控等能力的运用，促进学生对学习内容和过程的自我反思，更符合知识意义建构的实质。

建构主义主张，在评价前，教师、学生以及评价相关各方要进行充分协商，就评价的内容、范围、程序、重点等达成一致。教师和学生不是单纯的评价与被评价、考核与被考核的关系，而是平等合作、共同促进的关系。

建构主义认为，学生的认知能力是在知识建构的过程中以不同的形式展现出来的，评价过程应当与教学过程有机融合、同步进行，有利于及时发挥评价结果对学生的激励、反思和自我调控功能；而不是作为教学过程之后的一个独立环节。

四、建构主义理论的教学方法

（一）抛锚式教学法

抛锚式教学法是由范德堡大学认知与技术小组（CTGV）于1990年开发的项目，约翰·布兰斯福德（John Bransford）负责监督这项研究，他被认为是抛锚式教学的创始人。抛锚式教学与"惰性先前知识"的概念相关，即人们已经拥有某些知识，但除非受到提示或启发，否则他们不会回忆起来。抛锚式教学要求学生检索这些知识，以解决与研究主题相关的问题。这些问题在特定的场景中出现，而这些场景又是与他们的之前的经验相关。学生在努力理解和解决这些问题的过程中收集信息、获得知识，学习效果由此而得到增强。如果他们缺乏知识背景，他们则只能记住新的事实。基于抛锚式的教学设计从一开始就给学生提供了机会，除了记忆新信息之外，还能理解如何应用新知识，以及在何处应用。

抛锚式教学也与案例学习和情境学习紧密相连。从本质上讲，学生沉浸在一个故事或场景中，这个故事或场景不仅让他们探索一个特定的问题，而且让他们获得可以在现实世界中使用的技能。抛锚式教学设计的主要原则有：

第一，建立基于"锚"的场景。所有的课程都应该以所谓的"锚"为中心。这个锚通常是一个解决问题的场景或案例研究。例如，一个故事可能围绕一个必须解决的谜题展开。

第二，培养发现式学习。抛锚式教学法所使用的课程应该始终允许学生探索和钻研问题或场景，而不是由教师直接告诉学生应当如何去解决面临的问题；教师可以向学生提供解决问题的线索，注重培养学生的自主学习能力。同样的原则也可以应用到网络教学的教学设计中，通过遵循构建知识的建构主义方法，通过整合网络教学活动，使每个学生成为情景中的积极参与者，而不是被动的监督者。

第三，广泛使用多媒体等信息技术。当遵循固定的教学方法时，强烈推荐使用多媒体程序或工具。CTGV解释说，制作这些视频的目的是重现有趣、引人入胜和现实的内容，鼓励人们"积极构建"知识。与口头报告、讲座或教科书相比，他们当时的光盘为学生提供了一种以更有趣的方式探索特定主题的方式，而不仅仅是阅读或从教师那里传递信息。现今，在英语混合式智慧教育教学中，多媒体的使用被认为是理所当然的。更小的文件和更先进的技术提高了网络学习内容的质量，对网络学习课程的有效性和学生对网络学习体验的满意度都产生了积极的影响。

（二）随机进入教学法

随机进入教学（random access instruction）要求教师在组织教学时应当注重向学生呈现某一抽象概念和知识的复杂性特征，对某一教学内容的学习一般分为不同时间、不同阶段逐步推进，每个学习阶段设定的教学主题、目标任务各不相同，分别围绕教学内容的不同要素、不同部分和不同侧面来安排。这样有利于学生在需要时可以通过不同方式、不同途径、不同指向，或者以随机的方式或者以重复的方式进入相同的教学内容。在学习过程中学生自主安排知识内容、自主选择学习策略方法，获得对教学内容多视角、多层次的认知，逐步促进知识的全面深化和理解，最终完成知识的自我建构和自主发展，使学生的思维能力得到训练和发展。

随机进入教学非常适合高级学习阶段的教学，其特点在于试图把教学中抽象的概念和知识与具体的、真实的教学情境对应起来、联系起来，使之具象化，有利于发展学生的自主学习能力、逻辑思维能力、解决具体问题能力、语言知识的迁移能力。

（三）支架式教学

支架式教学（Scaffolding Instruction）是指把教师指导作为支架，在教学活动中将学习管理的主动权由教师向学生让渡的过程，教师根据学生对学习内容的掌握情况逐步撤掉支架，最后使学生达到自主学习的目的。

1. 支架与支架式教学

支架的概念来源于建筑工地的脚手架，搭建脚手架的目的是方便工人站在上面施工，房屋竣工后再撤除。美国学者强调教师要提供语言上的脚手架来帮助学生学习语言，多纳托（Donato）将支架进一步理解为一种教学情境，教师要为学生创设一种支持条件以帮助学生提高知识和技能水平。

支架式教学强调教师在教学前，要在学生已有的知识经验基础上，根据学生学习的新知识内容和教学目标要求，为学生建构对新知识的理解搭建一种概念框架。具体来说，教师设定一个具体的教学情境，提出需要学生解决的问题和任务，同时搭建一系列帮助学生自主建构知识的支架，帮助学生实现无法独立完成的任务，启发引导学生对知识进行深层次的探索。教师指导成分要随着教学过程的深入而逐渐减少，同时要不断发展和提高学生在原有认知结构基础上内化新知识的能力，从而把学生对知识的理解逐步引向深入，使得学生即使在没有教师指导的情况下也能借助已经掌握的概念框架进行独立探索、发现学习。

在支架式教学中，必须确保教师在切实提高学生自主学习能力的基础上逐步撤除支架，既不能过早、过急，也不能过迟、过缓，正是通过这种支架的支持，使得学生能够更快地理解和内化知识，更快地提升自主学习能力。当撤除支架时，学生也完成了知识的意义建构过程，认知能力也提高到了一个新的水平，从而跨越最近发展区。

2. 支架的设置

第一，每个学生的基础条件和智力结构存在着明显差异，教师应当针对每个学生的具体情况灵活设置个性化支架。对认知能力较强的学生可以设置一些较为笼统和抽象的支架，并且可以较早撤出支架；而对认知能力较差的学生设置的支架可以较为具体和详细，并且可以较晚撤出支架。所以有效的支架设置要有针对性，要充分考虑到每个学生的具体情况和个性需求，不能一概而论。

第二，在支架式教学中，支架的设立不是一成不变的，要在学生最急需的时候提供及时、恰当的支架，随着学生学习能力的不断提高，支架的形式和内容也需要进行相应的动态调整。在一般情况下，支架的设立要按照由低到高的难度顺序循序渐进地进行，只有在完成了难度较低的支架才能进入难度更高的支架，有利于学生快速进入并最终跨越最近发展区，达到预定的学习目标。

第三，在支架式教学中，支架的撤出也需要循序渐进地进行。教师应当密切观察学生的学习进展情况，根据学生知识技能的掌握程度和学习能力的提高情况逐渐减少支架的数量，降低支架的复杂程度，给予学生更多的自主学习和意义建构空间。当学生具备了较高的认知水平、较强的自主学习能力，能够自主解决学习过程中遇到的问题，教师就可以把整个支架完全撤掉。

3. 教学过程

（1）确定学生的最近发展区

教师应当紧紧围绕课堂教学的目标要求，通过课前学生对教学内容的自主学习情况来了解，也可以通过教师的随堂提问、观察、交流来确认，从而保证支架设置的有效合理。

（2）设定支架

支架一般有预设支架和过程支架两种形式：预设支架是教师根据教学目标的需要在课前就提前设计好的一系列教学内容，如预先设计一些问题、图表、范例等以帮助学生更好地理解课文；过程支架是教师在教学过程中根据学生的需要临时设计一些有较强针对性和指向性的问题，如词汇解释、语法举例、临时对话等，使学生得到即时的、有针对性的帮助。

（3）情境设定

情境的引入和设定应当是灵活的、动态的，既可以是一个完整的教学环境，也可以是一个教学片段，教师可以通过提出问题、内容回顾、图片展示、场景规划、任务设计、专题对话等多种形式形成一系列独立的语言情境，学生在这个语言情境中完成知识的意义建构过程，提高学生的语言运用和交流能力。

（4）协作学习

根据教学任务要求将学生分成若干学习组，学生通过小组活动开展合作性学习，一般采取小组讨论、协商对话、沟通交流、资源共享等多种形式。这样，一方面可以加深学生对教学内容的理解；另一方面可以在小组活动中提高语言交际能力，在提高学习能力的基础上完成意义建构。

（5）自主学习

学生围绕单元教学目标或者教师指定的学习内容，充分利用来自不同渠道的教学资源，从不同类型的学习对象中获取多方面的知识，根据个人的学习程度自主选择学习时间、学习方法和学习策略。在这个过程中教师的引导逐渐减少直至学生能够完全按照教师要求进行教学内容的自主学习。

（6）教学评价

一是通过课堂自评、小组互评和学生互评，教师能够及时掌握教学过程中存在的倾向性问题，及时对支架设置的时机、难度、内容、形式进行动态调整；二是教师可以对学生做出及时的反馈，让学生得到一个较为全面科学的综合评价，激发学生的学习兴趣和动机。

总之，基于建构主义思想的各种形式的教学方法都强调学生的自主学习、主动探究和意义建构的过程，都注重为学生创设模拟真实目的语社会文化的教学情境，都倡导学生之间的互动、交流和协作。这些教学方法则有利于学生思维能力的提高和创造性以及实践能力的培养。

五、建构主义对新时代智慧教育的影响

建构主义对新时代智慧教学的影响是全方位的。它的知识观、学习观、教学观、教师观等无不为新时代的信息化教学提供营养。

第一，信息化教学需要坚持"双主"观念。建构主义学习理论强调学生是认知主体，是意义的主动建构者；同时又不忽视教师的主导作用，认为教师是意义建构的帮助者、指导者和促进者。因此，智慧教学应采取既发挥学生主体作用，又发挥教师主导作用的"双主模式"。学生的主体地位表现在，学生不仅是知识的接受者，更多的时候是在教师指导下进行主动思考和探索，在情境中自己确定问题并寻找解决问题的途径，在问题解决过程中自己进行意义的建构。

第二，建构主义学习理论认为学习是受需要的驱动，依赖于实践的参与。这就启示我们：①提供个性化学习环境、学习任务目标和有意义的活动内容；②学习内容是以学习必须知道和需要知道为基础，并规定最重要的学习内容；③能跟踪和记录学生的历史、简历和进步，并量体裁衣为学

生提供相应的学习策略。

第三，建构主义学习理论认为学习是社会行为，它是以社会的人通过语言、符号、工具等为中介的。因此，我们的网络空间或技术平台应：①能利用社会、交际和合作的范围，并能使用中介话语；②提供支架系统，支持学生就特定问题与同学和教师进行交流与反馈；③具有为完成学习任务提供帮助工具的功能，如概念、图表及其他解决问题的认知工具，从而支持深层知识的建构。

第四，建构主义学习理论认为学习是在确定的最近发展区中，适应现有文化成员的行为。所以我们所创设的环境应是：①与学生的最近发展区相关；②认知工具产生持续发展和互动的环境；③能够利用社区中的各种专业知识。

第五，建构主义学习理论认为学习是反思和元认知行为，是从社会到个体的内化过程。因此，我们的教学需要：①提供通过提问和暗示帮助反思和元认知行动的工具；②强调学习广度之上的深度，使学生分析交际言语行为；③强调任务和目标，使学生通过做在行动中反思。

第六，建构主义学习理论认为学习是基于丰富的文化和社会语境，既习得隐性知识，又习得显性知识。所以我们创设的环境要真实、便捷、开放、包容。

第七，建构主义学习理论认为学习是在交流中产生的。所以我们应开展协作学习。由于知识的复杂性和在情境中解决问题的艰巨性，使学生面对面的或通过网络进行的"协作学习"成为必然。

通过这样的协作学习环境，学生群体（包括教师和每位学生）的思维与智慧就可以被整个群体所共享，即整个学习群体共同完成对所学知识的意义建构。"协作"发生在整个学习过程的始终。学生与计算机、学生与教师、学生与学生之间进行着动态的信息交互。

第二节 人本主义教育观

一、人本主义教育理念的兴起

人本主义教育理念源于人本主义心理学基本理论。人本主义心理学兴起于20世纪五六十年代的美国，强调自然人性，关注人的需要和自我实现，把自我实现归为人类潜能的发挥。人本主义心理学既反对行为主义把人等同于动物，只研究人的行为，不理解人的内在本性，又批评弗洛伊德只研究神经症和精神病人，不考察正常人心理，因而被称之为心理学的第三种运动。

人本主义心理学的主要哲学基础，则是西方现代哲学中的人本主义思潮，尤以现象学和存在主义为根本。美国心理学家罗伊斯和莫斯（1981）指出："在人本主义心理学内部，现象学的影响与存在主义的影响是相当分明的。现象学对人本主义心理学的影响相对来说更为系统，而且在心理学学科内的影响也更广泛、更明显。无疑地，这部分也有赖于业已形成的格式塔研究传统以及在欧洲精神病学和心理学中受人敬重的现象学传统。存在主义观点特别与精神病学及心理治疗的实践相关，它在人本主义心理学内部获得了存在主义人本主义心理学称号"。存在主义是现代西方人学中的时代精神和主要思潮。在反对客观主义和极端决定论，突出"以人为中心"的研究主题，强调人的主体性和主观性，强调自由、价值、选择、责任、自我、情态诸方面的研究上，存在主义给人本主义心理学提供了理论支柱，成为人本主义心理学的主要哲学基础。

人本主义于20世纪七八十年代迅速发展，其学习观和教学观在一定程度上颠覆了传统的教育思想。该学派的主要代表人物是亚伯拉罕·哈罗德·马斯洛（Abraham Harold Maslow）和卡尔·兰塞姆·罗杰斯（Carl Ransom Rogers）。马斯洛的主要观点：对人类的基本需要进行了研究和分类，将之与动物的本能加以区别，提出人的需要是分层次发展的；他按照追求目标和满足对象的不同把人的各种需要从低到高安排在一个层次序列的系统中，最低级的需要是生理的需要，这是人所感到要优先满足的需要。罗杰斯的主要观点：在心理治疗实践和心理学理论研究中发展出人格的"自我理论"，并倡导了"患者中心疗法"的心理治疗方法。人类有一种天生的"自我实现"的动机，即一个人发展、扩充和成熟的趋力，它是一个人最大限度地实现自身各种潜能的趋向。

二、人本主义教育观的理论基础

（一）层次需要理论

1943年，马斯洛在他的著名论文《人类动机论》中首次提出了需要层次理论，并在1954年通过《动机与人格》一书对需要层次理论做了进一步的阐释。该理论将驱动人类行为的心理需要概括为一个金字塔式的层级结构，通常人在低级需要获得满足后即追求高一级需要的满足。这些需要从低到高的先后顺序依次为：

第一，生理需要。它包括了人类维持自身生存和繁衍后代最基本的需要，诸如食物、空气、睡眠、水、性等，是迫使人们做出各种行动的最大动力。

第二，安全需要。它是指人对结构、秩序的稳定、安全感以及避免痛苦、得到保护的追求，包括对人身、财产安全以及对秩序的需要等。它和生理需要同属于低层次需要。

第三，归属与爱的需要，也可称为社交需要。人是社会性动物，一旦获得了生理和安全需求的满足，对感情的需求就变得重要。这一层次主要包括被人接纳、爱护、关注、鼓励及支持等的需要。

第四，尊重的需要。它包括自尊需要和他尊需要两个方面，前者表现为个体对自信、成就、名誉、支配地位等的欲望，后者是指能够得到别人的承认、尊重、信赖和高度评价。一般而言这类需求很少能得到充分满足。

第五，求知的需要。它是指人有发现、了解和探索事物的好奇心及需求。

第六，美的需要。它是指人都有审美的需要，通过各种方法使丑向美转化，从而得到满足。

第七，自我实现的需要。它是指个人创造潜能的充分发挥，是最高层次的需要。

马斯洛认为人的行为主要受尚未满足的需要驱使,一旦某个较低层次的需要得到满足,它就不再起推动作用,而不同层级的需要构成了一个层次化的整体系统,驱动主体不断地追求高层级的需求。

此外,马斯洛把人的需要看成是一个不断变化的动态系统,认为整体而言人的需要是从低层级到高层级、从外在满足到内在满足的转化,但这样的次序并非完全固定的,也有等级倒置的例外情况。各层次的需要相互依赖和重叠,高层次需要比低层次的需要具有更大的价值,但高层次的需要得到发展后,低层次的需要并不会消失,只是对行为影响的程度大大降低。马斯洛的需要层次理论自诞生之日起,便对许多学科领域产生了深刻的影响。

(二)自我实现

马斯洛认为高层次的自我实现具有极高的社会价值,是人类人格发展的理想境界。他认为,人与生俱来有不断发挥自己潜能,最终达到"自我实现"的基本要求。教育的目的在于不断引导学生去"自我实现"。"自我实现"强调的是人性转变、整个人的充分发展和价值实现,即人所能及的完美人性境界。自我实现是马斯洛人格理论的核心。他认为可以将其定义为"不断实现潜能、智能和天资",定义为"完成天职或称之为天数、命运或禀性",定义为"更充分地认识、承认了人的内在天性",定义为"在个人内部不断趋向统一、整合或协同动作的过程"。也就是说,个体之所以存在,之所以有生命意义,就是为了自我实现。

(三)高峰体验

马斯洛认为自我实现能让人产生幸福的"高峰体验"。高峰体验是自我实现的短暂时刻,只有在生活中经常产生高峰体验,才能顺利地达到自我实现。马斯洛在阐述高峰体验时认为:"这种体验是瞬间产生的,压倒一切的敬畏情绪,也可能是转瞬即逝的极度强烈的幸福感,或甚至是欣喜若狂、如痴如醉、欢乐至极的感觉。"许多人都声称自己在这种体验中仿佛窥见了终极的真理、人生的意义和世界的奥秘。人们好像是经过长期的艰苦努力和紧张奋斗才能达到自己的目的地。

三、人本主义教育目的观

罗杰斯认为教育的目的在于促进人的变化和学习,培养富有灵活性、适应性、创造性,能够自主发展、实现自我价值的人。从教育内容来说,他认为人的情感和认知是不可分割的,教育既要关注人的认知发展,更要关注人的情感培养。完整的人性教育是人本主义教育的主要内容:一方面,只有拥有完整人格,才能充分发挥自我潜能,达到"自我实现";另一方面,"自我实现"追求的就是人的内在价值的实现,即完善的人性和身心的全面发展。

完整的人性教育的含义主要为:①这种整体性不仅指在身体、精神、理智和情感各方面达到整体化,而且在人的内部世界与外部世界的联系方面也达到和谐一致,即身心的全面发展;②这种人是形成过程中的人,他们具有强烈的成长需要,不断产生前所未有的需要,不断获取新经验和探求新事物;③这种人是具有创造性的人,他们具有创造性地做任何事情的一种倾向、一种特殊的洞察力、一种创造性的人格,并总是处于创造过程之中。坚决反对教学中只有智力而无完整的人,学生的好奇心、兴趣被扼杀了;反对传统教学中把认知和情感分裂的教学方式,而强调知情合一;反对只注重智育不重视整个人的发展,单纯灌输知识,学生只能接受和服从,成了知识的奴隶和容器。这种知情分离的学习的结果就是学生人生意义的不和谐和成长的不健全。

四、人本主义教育观对智慧教育的影响

(一)深化"以学生为中心"的理念

教育在信息技术化的过程中,既要摒弃"以教师为中心"的观念,又要避免过度依赖技术,而忽视了学生的主体性地位。技术是教师和学生的学习工具、交流工具,教师是引导者、促进者。教师应利用一切先进的手段鼓励、关怀学生,给他们提供选择机会,促使他们的"自我实现"。"以学生为中心"应贯穿教学的各个环节之中。

（二）重视情感在教学过程中的价值

在教育信息化发展的初期阶段，或者称之为数字化教育阶段，教与学之间的关系由同步变为异步，教学环境由真实变成虚拟，教师和学生之间完全实现了时间和空间的分离。教学模式造成教育中情感的缺失，学生的年龄越小，这个问题就越突出。教育信息化改变了传统的教学模式，基于资源的学习、远程教学等新型教学模式虽然有利于学生的自主性学习，有利于师生间的双边互动和学生间的多边互动，却因脱离现场控制而影响师生密切合作。师生分离不利于合作教学地再一个因素是学生不能亲身感受教师的人格魅力。对于情感的缺失，人本主义给新时代的智慧教学带来了指导。

1. 以情促知

人本主义下的教学过程是一个认知与情感相互影响、相互促进的辩证统一的过程。学生对知识的掌握是借助于情感媒介这个动力因素而实现的。新时代的智慧学习环境下，关于情感的学习素材更加丰富、更加生动直观，学生的选择空间更大，他们可以自主选择感兴趣的内容。而无论是课堂还是课外，当前的资源呈现方式都更加立体，直抵人心，用情去激发学生的学习兴趣，从而实现认知目标。

2. 以情体验生命的价值

学习就是体验生活，而体验意味着调动人的所有情感去感悟世界的奥妙。认知语言学告诉我们，语言本身是体验性的，从单个的语音到词、句子甚至篇章，无不反映着生命的精彩。例如，简单的单词发音就能令人联想到大自然山间潺潺的流水声，抑或是海面上暴风雨的咆哮声。利用信息技术的优势结合语言学科的特点制作学习资源，教师可以引导学生全身心地投入、参与，去体验生命的价值。

3. 关注学生人格的发展

新时代智慧教学期待的是线上线下达到平衡的状态。无论是在线上还是在教室，交流是学习的重要组成部分。学生的完整人格在交流中逐渐养成。师生之间、学生之间的人际关系应当是人本主义所倡导的真实、接受、理解的人际关系，教师的人格精神与学生的人格精神在交流中相互碰撞。

学生无论是在线上还是在实体课堂学习都应有一种心理自由和心理安

全感，他们自由发问、演说，真实地表达自己的真情实感，充分地展示自己的个性，自我潜能得到极大的释放。作为有独立主体和人格尊严的学生"在与教师的相互尊重、合作、信任中全面发展自己，获得成就感与生命的价值体验，并感受到人格自主和尊重"。

（三）学习结果与过程兼顾

罗杰斯反对把学习过程简单地理解为学生获得某一知识的过程，而主张让学生全身心地投入学习过程，并在过程中掌握一定的学习方法，从而促进其完整人格的形成。在学生积极参与并为之自我负责的学习过程中，学生的学习效率才会有提高。教学既要注重教学结果，也要兼顾学生的学习过程，也只有顾及学生的学习过程，才能真正取得良好的教学结果。

（四）多维评价

罗杰斯认为，教师的单一评价不仅存在着错误引导学生片面追求分数的弊端，还使教学偏离了"使学生学会学习"的真正目标，也异化了学生学业评价的真正功能。为此，他积极倡导学生个性化的自主评价，主张从学生的学习态度、学习兴趣等多维度来进行综合评价。他提出，只有充分发挥个性化的学生自主评价作用，才能够有效地帮助学生健康成长为主动的、负责的人。教学评价应改变分数唯一和教师评价唯一的方式，转向多维指标和以学生自主评价为主、辅以教师评价的综合评价方式，使学生的独立性、自主性和创造性得到更好的发展。所以在智慧教学的评估模式中，除了师生评价，我们还纳入了学生的自我评价或自我反思以及学生间的评价。评价的内容也由简单的知识，扩展为学习能力、沟通能力、学习动机等诸多方面，将"全人"的思想贯穿到评估体系中。

第三节 多元智能理论

一、多元智能理论产生的背景

（一）时代背景

20世纪七八十年代，世界文明出现了多极化倾向，而世界经济又出现了一体化倾向。在多极化和一体化的共生共存中，人们只有共同遵守多元化的价值准则，才能在世界发展中进行有效的沟通，所以对人的要求也就出现了多元的价值取向。与此同时，世界教育改革趋势日益明显，美国在面临其他国家的挑战时，产生了强烈的危机意识，如何提高教育质量、为国家培养高水平人才成为教育面临的一个迫切问题。美国上下对教育质量和教育质量评估体系的重视达到了空前的程度。这种重视的主导思想就是：每一名儿童都能够学习并且都应该达到学业上的高标准。而如何使儿童达到这种高标准则成为教育工作者面临的关键问题。多元智能理论就是在这种社会背景下产生的。它一问世就受到了教育工作者的重视，使他们看到了提高每个学生学业水平的希望。

美国除了要提高教育质量外，还要实现另一个教育理想，那就是教育的民主化，实现教育机会均等，要让每一个儿童都有平等的成功机会，给每一个孩子提供发展其潜能的机会。因此，关注那些学业失败的儿童成为教育研究的重点，而多元智能理论提出的以更宽阔的视野看待每一个学生、以各种方式促进儿童全面发展的主张，正符合这种教育理想的需要。

（二）加德纳个人背景

1967年，作为美国教育界十年大反思的成果之一，哈佛大学教育研究生院教授、著名哲学家和美学家纳尔逊·古德曼（Nelson Goodman）创建了后来蜚声世界的研究机构——"零点项目"。1979年，受荷兰海牙伯纳德·凡·李尔基金会的委托，"零点项目"承担了一项重大课题，研究人类潜能的本质及其开发。在这个课题中，一名年仅36岁的初级研究人员

——发展心理学博士霍华德·加德纳（Howard Gardner），备受老一辈学者的器重，接受了这项极富挑战性的工作：写一部专著，在人文科学领域中建立人类认知本质的新理论。这一研究工作的成果，就是他于1983年出版的专著《智能的结构》。在这本书里，加德纳提出了心理学的新理论，也就是如今风靡全球的多元智能理论。

多元智能理论的诞生，不仅有时代背景、文化背景，更与创始人加德纳个人的背景有着最为直接的关系。

首先，加德纳大胆质疑、勇于创新，开展了跨学科的研究。加德纳从小学起一直是个会考试的学生，没有任何智能障碍。他是个逻辑—数学智能和语言智能都很发达的人，不但具有很强的逻辑推理能力，喜欢分析数学问题，研究数学和其他学科的关系，而且擅长写作。后来，加德纳对心理学中的情感、性格和病态心理学产生了兴趣，再加上崇拜弗洛伊德，阅读了大量皮亚杰的著作，在获得学士学位后，他决定研究认知发展心理学。在即将博士毕业的时候，一次偶然的机会他听了来自波士顿城市医院的诺曼·格斯温德（Norman Geschwind）在"零点项目"的讲学。这位著名神经学专家谈到过去一个世纪以来文献上的有关证据，以及关于中风病人和脑损伤病人不同能力受损的情况。虽然在当时的发展心理学家中几乎没有人对神经学的研究感兴趣，但加德纳听完演讲后，立即决定开始学习神经心理学，并申请在诺曼·格斯温德的指导下从事博士后研究工作。后来的事实证明，正是因为加德纳这个心理学家对于艺术和艺术教育的兴趣，加上他在神经学领域的研究，才导致了多元智能理论的诞生。

其次，加德纳的家庭背景使他对智商测试公正性产生了怀疑。第二次世界大战初期，他随犹太双亲从德国逃难到美国。贫穷的幼年生活给他留下了深刻的印象。他对于生活在底层且没有接受良好教育机会的美国少数民族、黑人、贫困的新移民充满同情，从而怀疑起智商测试的公正性，认为IQ（智商）测试成绩与西方文化背景有关，与家庭状况、家庭财产有关。

经过研究他发现，白种人、具有西方文化背景、中产阶级以上家庭的儿童的智商，一般高于有色人种、非西方文化背景、贫穷阶层或社区的儿童。虽然测量心理学家通过统计的方法确定IQ测试成绩与遗传有很大的关系，但加德纳认为统计学所调查的对象、收集的资料具有明显的倾向性。

那些发明和积极实践心理测量学包括IQ在内的各种测试的人，多数来自白种人、拥有西方文化背景的家庭。这让加德纳更加肯定自己的怀疑是有道理的。他提出，智能的概念和文化背景是有关联的。这与单一智能的传统心理学观点产生了分歧。

不同的社会，不同的文化背景，所需要的能力是不同的，因此智能的概念和判断标准也应该是不同的。这就是加德纳怀疑智商唯一论的出发点。在这种观点的影响下，加德纳提出的多元智能理论强调了文化背景对于定义智能、评价智能的重要性。加德纳认为，传统的智能观念甚至IQ测试成绩本身是有鲜明阶级性的，即使IQ反映出的智能高低明显来自遗传，也是不足为凭的，因此他的多元智力理论十分重视后天的教育和培养对于人的智能的作用。

最后，对脑伤病人和特殊人群（超常儿童、患有孤独症的儿童）的研究，是加德纳提出多元智力理论的直接原因。

20世纪70年代初期，加德纳跟随神经学家诺曼·格斯温德教授做博士后，同时他也是哈佛大学教育研究生院"零点项目"的研究人员和负责人之一。因此，他每天上午都去波士顿退伍军人医疗中心工作，从神经心理学的角度研究脑伤病人，下午则在"零点项目"研究儿童的艺术认知。他所研究的既有天资聪颖者，也有患有孤独症的儿童。后来，他又长时间在波士顿大学失语研究中心工作，连续研究脑伤病人长达二十年。对以上两类群体的研究，促成了加德纳提出多元智能理论。

他发现，人类的能力涵盖着一个很广的范围，某一方面的长处并不能代表这个人在其他方面的表现，换而言之，人类的智能是一系列彼此相互独立的能力，这些能力之间的关系是十分松散且难以互相推测的。人类的智能或大脑，经过几千年的进化，其功能已经分为几个部分。今天神经学家的研究已经证明，人脑的功能是高度分化的，特定的能力由特定的神经网络控制。

在研究中加德纳还发现，虽然某些儿童有多方面的特长，而另一些儿童找不出特长，但大部分时候，每个人的长处都会在一定的方面有所表现。有学习外语特长的儿童，可能无法在陌生的地方辨别方向，学不会新歌；对于学习外语很差的人，则无法预测他其他方面的能力。

以上种种研究中的发现，使加德纳在智能的观念上站在了神经学家一边，对发展心理学家的理论表示出不信任。目前所有的证据都表明，人类的大脑是一个高度分化的器官，特定的能力，无论是感知线段的角度，还是说话时发出的某个音节，都与特定的神经网络相连接。从神经学的研究成果中，他找到了智能多元化的依据。对于各类儿童艺术教育的研究加上在医学和生理学领域的跨学科研究,决定了是加德纳而不是其他心理学家创建了多元智力理论。

广博的学识,跨文化和跨学科的研究视野,对生物科学、计算机科学等现代科学技术领域成果的关注和研究,使加德纳大胆怀疑、努力创新,最终提出了多元智能理论。

二、多元智能理论的含义

(一)语言智能

1. 定义

语言智能(linguistic intelligence)是指用言语思维、语言表达和欣赏语言深层内涵的能力,也就是人有效运用口头语言或文字语言的能力。这项智能包括把语言的结构、发音和意义等知识结合起来并运用自如的能力。这项智能涉及人们对口头语言和书面语言的敏感程度,学习多种语言的能力,以及使用语言达到某个目的的能力。一般来说律师、演说家、作家、诗人和教师通常都是具有较高语言智能的人。

2. 功能

加德纳用诗人对语言的使用来说明语言的核心操作方式。他认为,人们对语言的使用,首先表现在对文字的敏感性上,正是由于这种敏感性,人们才能分辨出不同文字之间细微差别以及所带来的不同感受。其次,是表现对文字排列的敏感性。因为每一种语言都有其语法规则,文字的不同排列方式可能表达完全不同的含义,像中文中"不是我""我不是""是我不",简单三个字的不同排列就表示了三种不同的意思;而对语言有贡献的人又能打破一定的语法规则,而创造出新的语法规则。最后,是对语言功能的敏感性,比如如何运用语言使其具有说服力或传递不同情感的能力。虽然我们并不是诗人,但我们也具备这些对语言的敏感性,我们可以掌握我们语言中的音韵、语法、语义和语用。语言就是这样一个"最广泛最公平地在人类中得到分享的一种智能"。

加德纳认为,语言一直是人类社会不可或缺的"人类智能的卓越典范"。对一般人而言,语言有四个方面的功能:第一,语言的口头运用,我们可以借助语言的运用去说服别人采取行动,这是每个人都需要的一个最普遍的功能。第二，语言的记忆潜力，即使用语言这一工具帮助一个人记忆信息。语言具有增进记忆的功能，人们可以借助于语言将自己的所见所闻记录下来。第三，语言的解释作用，由于文字的发展，现在很多知识都是通过语言来进行解释和传递的。第四，反省功能，即用语言反省语言本身的能力。

加德纳认为，虽然语言可以通过手势、文字来表达，但是从本质上讲，仍然是一种让耳朵听到的一种声响系统和信息的产物。

（二）逻辑—数学智能

逻辑—数学智能（Logical-mathematical intelligence）表现为观察和推理方面的智力，是一种科学思维智能，是可以跨越不同领域或专业解决问题的能力。它具体表现为有效运用数字及进行完好推理的能力，如逻辑模式、相互关系、判别、推理、概括、计算等。逻辑—数学智能型的学生擅长通过概念和颜色识别等方式学习，善于计算和收集资料。由此，教师可以采取的教学活动主要有语法与短文对比、连线、排序、故事重组、计算统计、数据分析、逻辑论证、比较与对比、图示、科技英语、拼字游戏、智力难题、科学实验、计算、数字、游戏、单词分类、推理故事、数字趣味故事等。

（三）视觉—空间智能

1. 定义

加德纳认为，空间智能作为一种有悠久历史的智能，很容易在现有的一切人类文化中观察到。这种智能在许多科学领域的发展上都起到了重要的促进作用，科学家和发明家在进行科学研究时，经常借助于呈现鲜明的形象来解决问题，如约翰尼斯·开普勒（Johannes Kepler）发现苯的环状结构就受到扭曲的蛇的形象的启发，还有DNA的双螺旋结构的发现也有相似之处。在艺术方面，空间思维的重要性显得尤为突出，绘画、雕塑、设计等都是需要对视觉和空间的世界有极敏锐的感受，那些世界美术史上的大师们或靠天赋或借助有目的的练习，使自己具有精确的视觉记忆和再现的能力，为我们创造了无数伟大的作品。而在不同的文化和种族的生活中，视觉—空间智能也在扮演着重要的角色。

视觉—空间智能（visual-spatial intelligence）是指人们利用三维空间的方式进行思维的能力，是在脑中形成一个外部空间世界的模式并能够运用和操作这一模式的能力，也就是准确地感觉视觉空间世界、辨别空间方向（如猎人、侦察员或向导），并把所知觉到的表现出来，如用图画表达头脑中想象的概念（如室内装潢师、建筑师、艺术家或发明家）。这项智能包括对色彩、线条、形状、形式、空间及它们之间关系的敏感性。这其中也包括将视觉和空间的想法立体化地在脑海中呈现出来，以及在一个空间的矩阵中很快地找出方向的能力。空间智能使人能够知觉到外在和内在的图像，能够重现、转变或修饰心理图像，不但能够使自己在空间自由驰骋，有效地调整物体的空间位置，还能创造或解释图形信息。

水手、工程师、外科医生、雕刻家、画家等都是具有高度发达的视觉—空间智能的例子。他们善于通过想象进行思考，对视觉空间的感受性强，能从不同角度和层面来重塑空间。

2. 次能力

加德纳认为，视觉—空间智能的核心能力是"准确地知觉到视觉世界的能力，是对一个人最初所知觉到的那些东西进行改造或修正的能力，是能够重造视觉经验（即便在有关的物体刺激不在的情况下）的某些方面的能力。可以要求一个人制作出形式来，或只要求他操作那些提供出来的形式"。从这段描述中我们可以看到，视觉—空间智能也是作为一种合成能力出现的，这项智能大致可分为三大类的能力。

第一，是传统智力测验所测的二维与三维空间的转换。如辨认出相同的图案，把一种图案进行变化或辨认变化后的图案；在大脑中进行想象对图案进行改造的能力；以及将空间的信息制作成图形的能力；等等。建筑师、工程师、设计师、医师、画家等职业特别需要这一层面的空间智能。

第二，是方向感。飞行员、司机、向导、外送、快递、猎人等是特别需要方向感的几项职业。

第三，是对构成一件艺术作品的要素。包括色彩、线条、形状、体积、空间、平衡、阴暗、匀称、式样等，感受特别敏锐，想象力通常也很丰富。艺术创作特别需要这一种视觉—空间智能。

视觉—空间智能是一种与视觉密切联系的能力，它是直接从对事物的视觉观察发展起来的，当一个人被要求去操纵图案或对象时，就会涉及这种能力了。而且在研究中我们也发现，运用空间智能时，也有人将这种空间的信息用文字进行描述，所以视觉—空间智能和语言智能极有可能以既相对独立又互补的方式进行作用。

（四）身体—动觉智能

身体—动觉智能（body-Kinesthetic intelligence）从表达目标明确的目的出发，通过细致划分的高潮技巧而运用身体的智能。身体—动觉智能指熟练操作工作对象的能力，其中既包括手指与手做出细微动作的运动能力，又包括使用整个身体做出大幅度动作的运动能力。具体表现为善于运用整个身体来表达思想及情感的特殊技能及运用双手制作或改造某些产品的能力，包括对特殊的身体技能，如协调性、平衡性、技巧性、灵活性、速度等的本体感受能力与触觉能力。

身体—动觉型学生擅长通过触觉、身体运动等方式来学习，角色扮演、戏剧的即兴创作等均能激发他们的学习欲望。教师应安排用手操作的活动来为他们提供最佳的学习机会。教师可采取的教学活动主要有：戏剧舞蹈、角色扮演、工具操作、触觉活动、实地考察、合作与竞争活动、老师肢体动作辅助说明、话剧、木偶戏、舞蹈、跑跳、触觉活动、手势、手工劳作、哑剧、各类体育活动等。

（五）音乐智能

1. 定义

加德纳在《智能的结构》一书中将音乐智能放在第二位进行分析，可见他对音乐智能的看重，因为他认为音乐和语言一样都有久远的发展史，而且他们可能源于同一种表达媒介——声响的表达。按照加德纳的观点，在个体可能具有的天赋中，音乐天赋是最早出现的。

音乐智能（musical intelligence）是指人敏锐地感知音调、旋律、节奏和音色等的能力。运用于歌唱、欣赏和创作乐曲中的智能，即察觉、辨别、改变和表达音乐的能力。这项智能包括对音高或旋律、节奏、音色的敏感性。一个人对音乐能够象征性的或自上而下的理解（完全的、直觉的），形式的或自下而上的运用（分析的、技术的），或两者兼而有之。音乐智能强的人有歌唱家、音乐爱好者、音乐评论家、作曲家、音乐演奏家。

2. 次能力

加德纳分析了在音乐方面具有突出贡献的人们对音乐的运用，从而归纳音乐能力的核心要素。因为音乐的最主要的构成因素是音高（旋律）、节奏和音色，音乐就是以某种听觉频率发出的和按规定系统组合起来的声音。因此，人的音乐智能主要有三个层面：第一，对音乐有敏锐的感受；第二，能够正确无误地唱出或以乐器弹奏出曲调；第三，创作曲调。

3. 强势特征

音乐智能强的人具有以下十二种特征。

第一，对聆听并反应各种声音感兴趣，包括人类的声音、周围环境的声音和音乐，而且能把这些声音组成有意义的形式。

第二，在学习环境中，喜欢并寻找机会倾听音乐或周围的声响；渴望沉浸于音乐中，仰慕音乐家、并能从中学习。

第三，能够以动作表现音乐，如指挥、表演、创作或跳舞；情感方面能体会音乐的情调和节拍；理智方面能讨论、分析音乐，能从美学的角度评价，并探索音乐的内容及意义。

第四，辨认、讨论不同的音乐风格、类型及文化差异；有兴趣探讨人类生活中音乐所产生的、持久的重要作用。

第五，搜集音乐及各种形式的音乐信息，包括录音带和印刷品；搜集并演奏乐器，包括合成乐器。

第六，发展歌唱及独奏或合奏一种乐器的能力。

第七，使用音乐的词汇和符号。

第八，发展个人听音乐的特殊爱好模式。

第九，喜欢模仿和欣赏各种声音，只要给出音乐片段，就能用某种方式表现有意义的音乐。

第十，对作曲家在音乐中所要传达的思想作出自己的解释，能够对音乐片段进行分析和评论。

第十一，对于音乐相关的职业感兴趣。例如，成为歌手、乐器演奏家、声音工程师、音乐制作人、音乐评论家、乐器制造者、音乐教师或指挥家。

第十二，能创作音乐作品及制作新的乐器。

音乐智能强势的学生经常会不由自主地哼唱曲调，一听到音乐，他们马上就会随着音乐一起唱或随着音乐的节奏摇动身体。他们很多人会演奏某种乐器，或是参加了学校的乐队、合唱团，但是也有些学生并不是以表达的方式，而是以欣赏的方式来体现音乐才能的。他们对乐曲或歌曲的内涵有深刻的理解，能产生共鸣。他们对声音很敏感，有时别人听不到的细微声音，他们也可能会听到。

4. 教学方法

柏拉图（Plato）说过："节奏与和声蕴藏于灵魂深处，并在那里掌握着最强有力的支配权，滋润身心，这些只有从受过良好教养的人身上才能发现。"从柏拉图的话中，我们可以看出音乐教育是多么重要。但是很可惜的是，我们现在的音乐教育并不令人满意。"零点项目"进行的"艺术推进项目"进行了有益的探索，引起美国和世界对音乐教育的重新认识。1987年全美音乐教育工作者会议强调了音乐教育的意义：因为音乐是所有人天生的一种智能，有必要进行培养；音乐具有创意和自我表现的特点，能够表现我们最崇高的思想和情感；音乐教导学生有关自身与别人的关系，包括本国文化和外国文化；音乐为学生提供了课程中其他方式所无法体验到的成功途径；音乐增进所有学科领域的学习；音乐帮助学生学习到并非所有生活事件都可以量化；音乐净化人的心灵。

当我们把音乐当作一种智能来看的时候，我们所进行的音乐教育就和音乐教育课或音乐技能训练有所不同了。我们应该本着全面发展的原则，通过表演、欣赏、创作及思考等形式培养学生对音乐的积极态度，并理解音乐和学习的关系，促进儿童音乐能力的发展。

音乐应该成为学生学习环境的一部分，而且是重要的部分。在教室里播放一些宁静、舒缓的音乐有利于帮助学生放松心境，集中注意力。把音乐引入教室是音乐教育的第一步。在教室内分享不同风格的音乐作品，是培养音乐鉴赏能力的基础。学校要为教师提供聆听、演唱、表演各种音乐作品的机会。教师要引导学生从聆听音乐到主动地、系统性地欣赏音乐，要组织学生讨论音乐作品，提高对音乐的鉴赏水平。如果学生能够有机会参加高水平的音乐会，领略音乐震撼人心的魅力，将会让学生感受到音乐对他们的影响。如果在音乐的选择中能够包含与课程内容相关的信息，对学生的帮助会更大。

其次，通过音乐进行学习。通过音乐的节奏、旋律帮助学生进行字词学习、阅读学习是很有效的学习方法。我们不是要把每一个学生都培养成音乐家，但我们可以利用学生对音乐的先天敏感能力帮助学生学习有用的技能。音乐和历史、文化都有紧密的联系，通过音乐，学生可以了解每个历史时期的特点，理解每个国家的不同文化。数学，科学、自然也可以通过音乐学习。

最后，用音乐激发学生的创造力。创造乐谱、改写旋律、改编歌词都可以使学生发展创造力。音乐可以成为激发学生灵感的源泉，运用音乐创造故事、自己制作乐器等都会使学生的创造力得到良好的发展。

(六) 人际智能

人际智能（interpersonal intelligence）的核心能力是留意其他人之间差异的能力，特别是观察他人的情绪、性格、动机、意向的能力。具体表现为感知并区分他人情绪、意图、动机及情感的能力。这种智能包括对于面部表情、声音及姿态的敏感性的能力，在许多不同类别的人际线索间进行区分的能力，采取实用的方式对这些多元智能理论与英语教学研究线索进行有效反应的能力。

人际智能型学生喜欢通过与他人的联系、合作、交往等方式学习，小组教学是适合他们学习的最好方式。小组活动、合作练习、同伴辅导、访谈、社会调查、推销、模拟练习、问卷调查、团队解决问题、筹办聚会、介绍计算器、数学习题、科学仪器、计算机等是他们喜欢的学习活动。

(七) 自我认知智能

自我认知智能（intrapersonal intelligence）是一种人内在发展的能力，是通向一个人对自己生活的感受——即人的情感或情绪范畴的能力。这种能力能够直接辨别生活中的感受，并最终用符号化的记号去标记这些感受，利用它们理解与指导自己的行为。自我认知智能与人际智能不同，人际智能是一种转向外部，转向其他的人类个体的能力，是发现其他人类个体之间的差异并加以区别的能力，尤其是对他们的情绪（mood）、气质（temperature）、动机（motivation）与意向（intension）进行区分的能力。而自我认知智能是一种人对自己内心世界的认知：了解自己的情感生活和情绪变化，有效地辨别这些情感，最后加以标识，使之成为理解自己和指导自己行为的准则的能力。

具体表现为自我认识及在此认识的基础上采取相应行为的能力。这种智能包括对于自己的准确描述（缺点及长处），了解自己内部的情绪、意图、动机、气质及愿望，有自知、自律及自尊的能力。人际智能型学生喜欢通过自我激发来学习，通过自定计划能学得更好。同时，业余爱好也有助于他们学习。日志、自主练习、自我研发及评估、个性化学习、项目学习、上网学习、反思学习、读名人自传、用心体会英文歌词的含意、设立目标、计划、冥想、梦想、写日志等是他们喜欢的学习活动。

(八) 自然观察智能

1. 定义

自然观察者智能（naturalistic intelligence）是指观察自然界中事物的各种形态，对物体进行辨认和分类，能够洞察自然或人造系统的能力。这是加德纳在 1983 年并未提出，而在 1995 新扩充的一种智能类型。

加德纳认为这种智能的核心是一个人"能够辨识植物，对自然万物分门别类，并能运用这些能力从事生产"。

2. 强势特征

自然观察智能强的人具有以下 12 种特征。

第一，兴致盎然地探索人类和自然的环境。

第二，善于寻找机会观察、识别、接触和关注事物。

第三，能够根据物体特征对其进行分类。

第四，善于确定种族成员间的关系或事物类别。

第五，探索动植物的生命周期及人类产品的制造。

第六，希望了解"如何运用事物"。

第七，对系统的变化和演变感兴趣。

第八，对于物种间或自然和人类社会系统间的关系感兴趣。

第九，运用显微镜、望远镜、观察笔记和电脑研究组织和系统。

第十，学习动植物、其他语言结构或数学模型等等的分类。

第十一，对生物学、生态学、化学、动物学、森林学或植物学等学科表现出兴趣。

第十二，提出事物或系统发展分类的新方式、生命循环论或发现新的模型和关联。

加德纳认为发展学生的自然观察能力并不一定局限于自然世界，因为自然观察者智能的本质是人对周围世界（包括自然和人文）的观察、反映、联结、综合、条理化的能力。从这种观点出发，培养学生的自然观察者智能就是要创造环境使学生能够理解事物之间的联系。教师要引导学生学会观察周围的世界，多与自然接触、多到博物馆去学习，要给学生提供机会亲身实验、摸索自然界的规律。

加德纳认为上述八种智能是最基本的智能，人人都具有这些智能潜能。根据加德纳的观点，智能可能并不局限于现在所列的这八种，还可能有其他智能的存在，这为我们发展加德纳的理论提供了充分的空间。

三、多元智能理论的智慧教育意义

(一) 加德纳多元智能理论教育意义阐述

加德纳在《智能的结构》一书的最后一章讨论了智能与教育的意义。他提出:"针对学生的不同智能轮廓采用不同教材和教学模式的实践,是完全正确的。如果人们采用多元智能理论,那么因材施教的选择范围就会扩大。多种智能本身既可以是发展的主题,也有可能成为在反复灌输不同的主题时,人们所偏爱的手段。"据此,加德纳提出了如何引导智能实现教育目标。

同时,在 2004 年北京多元智能的国际会议上加德纳十分认真地指出:"多元智能本身决不能成为教育的一个目标。"多元智能本身不是教育目标,也没有告诉人们怎样教,而是一种有助于达到教育目标的手段。在分析多元智能与教育目标的基础上,加德纳明确提出了多元智能的重要教育目标——"为理解而教"。

从加德纳本人以及其他学者对多元智能理论在教育中的应用可知,多元智能理论在教育中起到一种指导作用,采用多元智能的教育手段可以达到教育的目标。

加德纳(2012)在回答"多元智能的方法是否有助于外语的教学?"时介绍道:"能够运用多种智能,通过集中途径的转换来学习;当学生参加能够发挥他们各自智能强项的活动时(如跳舞、绘画或者辩论等),词汇和语法最容易被他们接受;当学生就他们熟悉的知识领域的有关问题展开讨论的时候,当那些讨论的题目常常用到适合他们自己的智能组合的时候,学生的学习效果往往达到最佳状态。如果众多种类的智能都能得到应用(如在唱跳和开展不同种类的体育竞技时),甚至句型练习也会非常有效。"

在《多元智能理论新视野》这一专门论述多元智能理论对教育的启示的书中,加德纳认为任何丰富的、有益的主题,即任何值得教给学生的课程内容,都至少可以通过 7 种不同的方式来切入。这 7 个方式差不多与多元智能相一致。对于学生来说,哪一个切入点最适合,入门之后走哪一条路线最顺利,都因人而异。知道这些切入点或方法,可以帮助教师采用易于为大范围学生所接受的方式,介绍新内容、讲授新的教材。这样当学生探索其他切入点或方式的时候,就有机会摆脱陈腐刻板的思维模式,深化多元的观念。

按照加德纳的观点,优秀的教师根据以上模式,能就一个概念打开多扇窗户。优秀教师的作用就好像"学生与课程的中间人"一样,能够根据学生个人表现出来的独特的学习模式,经常注意到那些能够更有效地传达有关教学内容的辅助器材,如课文、影片、计算机软件等,并能尽量采用既有趣又有效的方法来运用它们。

加德纳认为以上教学的多元切入点或方式的重点是教师能运用不止一种方式切入某一知识,吸引更多的学生:一些学生适合接受叙述的方式,另一些学生则可能适合接受艺术创作的方式。

按照加德纳的观点,每个人拥有8种智能,并同时拥有几种智能的组合,但只有一种或几种智能较凸显。拥有不同多元智能优势的学生,其学习风格或认知风格各不相同,多元智能理论下的教育手段应该是有针对性、差异性。因此,针对不同学习风格或认知风格,采用或设计相应的多元智能教学策略,能达到事半功倍的效果。

(二)阿姆斯特朗等人对多元智能理论教育实践的研究

美国著名教育家托马斯·阿姆斯特朗(Thomas Armstrong)有28年的教学经验。他将多元智能理论应用于课堂教学实践中,使理论构建转化为实践指南,出版了一大批多元智能理论与教学实践指南方面的书籍如《课堂中的多元智能——开展以学生为中心的教学》(*Multiple Intelligences In the Classroom*),《每个孩子都能成功:聪明的不同类型、成材的不同途径》(*In Their Own Way*: *Discovering and Encouraging Your Childs Multiple Intelligences*),为普通成人和高年级学生撰写了《发现自己:认识与开发你的七种智能》(*Seven Kinds of Smart*: *Identifying and Developing Your Many Intelligences*)。阿姆斯特朗在他的这些著作中,提出了多元智能理论在课堂教学改革方面的实践指南;探讨了多元智能与个人发展的关系;分析了多元智能对人的发展的意义。它们中多元智能的评价、8项智能方面的教学方法,为教育者们的课堂应用技能提供了非常有益的指导和参考。

阿姆斯特朗(2012)提出的多元智能理论为全体教师提供了使用多元智能理论方法以及对全部教学工作的扩展。多元智能理论教学方法是一种能适应一个更为广泛的多种多样的学生范围的教学方法。阿姆斯特朗还将多元智能理论与学习风格相匹配,针对学生的个体差异,进行个体差异化教学。

坎贝尔夫妇等人的研究，对运用多元智能理论改进教学、改善课堂环境和教学设计思路，促进学生个性成长提供了较为完整的可操作方案。

（三）多元智能理论对我国英语智慧教育的意义和作用

束定芳（2007）提出，英语教学应充分了解学生的学习需求、个体差异、认知风格，在此基础上，进一步关注影响学生的情感因素，在教学中从教育理念、教学方法、教学策略、教学评价四个方面进行教学改革。

多元智能理论与"因材施教"的教学理念的一致性和作为实现教育目标的手段以及在大量教育实践中探索出来的做法，给我们在英语教学上带来的启示是形成"以学生为中心的""关注学生个体差异"和"全面发展学生"的学生观，实施"多元化教学策略"的个性化教学观，构建"多元化评价体系"的评价观以及"用多元智能来教"的教师观。

1. 学生观

"以学生为中心""关注学生个体差异"和"全面发展学生"的学生观。根据多元智能理论，每个人除了拥有语言智能和逻辑—数学智能以外，还同时拥有同等重要的其他智能，如音乐智能、空间智能、身体—动觉智能、人际智能、自我认知智能、自然观察等。实践证明，每一种智能在人类认识世界和改造世界的过程中都发挥着巨大的作用，具有同等的重要性。学生没有"聪明"和"愚蠢"之分，教师不能给学生贴上"差生"和"好生"的标签。每个学生都是各具潜能的，通过教育可以得到不同程度发展。"学生的差异仅仅在于哪些方面聪明和怎样聪明的问题。在多元智能视野里，衡量学生智能水平，不能仅仅以他的在校成绩或表现为唯一的依据，更重要的是考察他解决问题的能力，生产及创造具有某种价值或社会需要的有效产品的能力。多元智能理论不只是判断学生的短处和弱势智能领域，更重要的是确认学生的长处和优势智能领域，促进其优势智能领域最大限度的发展，并把优势智能领域的特点迁移到弱势智能领域，使其弱势智能领域得到尽可能的弥补，以便形成强弱互补，协调发展。"

2. 教学观

"多元化教学策略"的个性化教学观。我国教育教学中长期采取教师面对大班统一教学模式，忽视了学生的个体差异。大班统一教学不利于关注学生的需求和学生的个体差异。课堂教学活动枯燥乏味、教师与学生无法互动、学生逃学现象普遍存在、教师的教学形同虚设等现象普遍存在，尤其是在一些选修课中。多元智能理论给我们带来的教学启示是个体都同时拥有多种智能，但是这些智能在个体身上却以不同方式、不同程度地组合在一起，因而个体之间也就相应地存在着差异。针对学生的个体差异，采取适合个体差异的教学手段，满足个别学习的需要，有利于每个学生得到充分的发展。在教学过程中，教师应根据不同学生智能的特点和表现形式，采取适合他们智能情况的教学方法和教学策略。加德纳提出的多元智能理论8种智能和阿姆斯特朗多元智能理论在课堂教学中的应用指导以及坎贝尔夫妇的8种教学策略，为我们根据学生的个体差异采用既有趣又有效的方法来进行教学提供了理论依据和实践操作指导。这样，每一个学生都可以得到适合他们智能的教育，得到更加良好的发展。

3. 评价观

"多元化评价体系"的评价观是指选择适合学生智能情况的评价内容，一改传统的一元化评价方式，从多角度、多维度、多主体对学生的学习过程而不仅是对学习内容进行评价，使评价真正成为促进学生充分发展的有效手段。音乐智能无优势的学生，不能要求其完成英语歌曲的演唱或展示；身体—动觉智能弱的学生，不能要求他完成角色或课本剧表演。

由于智能优势和个性差异的评价观重视评估胜于考试，不给学生划等次、贴标签，所以评估能在轻松自然的氛围中进行，关注学生做了什么，完成了任务，并可提供有益的信息反馈促进学生的发展。

4. 教师观

"用多元智能来教"的教师观给教师们提出了发展和挑战的要求，教师不再只是知识的传授者，教师必须改变角色，既要充当教学的指导者，学生发展和成长的引导者，教学课程开发和教育教学研究的研究者，又要成为教学氛围的营造者和学生课堂活动参与和评价的观察者。教师必须重新定位，做好角色的转换，才能适应我国教育教学的改革发展。

多元智能理论要求我们在教育教学中树立"以学生为中心"的学生观、"关注个体差异"的教学观、"多元评价体系"的评价观和"用多元智能来教的教师观"，这些给教师带来了挑战。面对挑战，教师应该如何做？下面这段话可以给我们一些启示。

教师应面向集体中的每一个个体，而不是面向一个抽象的整体；建立以感情为纽带的自然和谐的人际关系，而不是严肃的"教"和"被教"的关系；以最小的控制、最多的自由激励学生的自主性，而不是以权威的力量来提示学生；用一个有着更多选择余地的环境去适应学生，而不是让一个特定的环境去规范学生；更多的是一种启发诱导下的发现学习，而较少的是一种直接传递的接受学习。在这样的活动过程，教育与自我教育就融为一体了。

第四节 合作学习理论

一、合作学习理论的内涵

各个国家对于合作学习都有研究，但他们的研究又都不相同。在对合作学习进行研究中的代表人物斯莱文（Slavin）教授。他认为，合作学习就是学生在小组的合作中进行学习，并且通过小组的成绩来获得奖励的一种课堂的教学模式。约翰逊兄弟这样解释合作学习：合作学习是利用小组的形式进行学习，并且通过自己的努力来达到自己或是他人的学习要求。在合作学习研究中有一个主要代表人物，那就是以色列特拉维夫高校沙伦（Sharan）博士。他认为，合作学习并不是指某一教学方法，而是所有的能够对课堂教学进行促进和组织的方法。那么学生在学习过程中的合作就是其表现特征。课堂中，学生之间的合作就是通过小组实现的，一般一个小组是3~5人。一个小组就是一个社会组织单位，学生在这个组织单位中进行合作交流，中间也包括个人的学习成果。中国的教育者王坦指出，合作学习就是使得学生在异质小组中进行合作，相互促进，以达到共同的学习目标，并且奖励也是以小组的形式进行的一种教学策略。

虽然每个学者对于合作学习的认识不是完全相同，但是合作学习的基本特征都是通过学生之间相互合作和互动的一种教学活动。当然还有师生之间的交流以及教师之间的交流为特征的合作学习。当然，这之间也有共同的地方，以下的五项因素都是不能够失去的：

第一，合作小组之间相互信任，能够共同努力。

第二，小组成员之间进行面对面的交流，能够直接进行互动。

第三，每个个体都要承担起自己在小组中的责任。

第四，运用各种合作技能：合作中，充分运用自己的组织能力、交流能力等。

第五，每个小组成员要经常对自己进行反思，以达到更高的合作效果。

通过前面的论述，可以将合作学习理解为：课堂教学中，学生以小组为单位形式，小组成员之间要共同努力来完成学习目标。合作学习的侧重点就是相互合作，并且在教学活动中以学生为中心，以学生的个人认知和发展，自我指导等因素为出发点。通过合作的形式，获取他人的优点来弥补自己的不足，并且在合作的过程中各自都得到满足，共同提高。

二、合作学习的理论基础

（一）社会互赖理论

社会互赖理论的研究最早出现在二十世纪初期，库尔特·考夫卡（Kurt Koffka）认为，群体为成员之间的互赖性的变化提供一定的动力。考夫卡的同事对于考夫卡的观点进行了解释。

第一，群体成员之间的"动力整体"的互赖性最根本就是群体所形成的，在这个整体中，无论是哪一个成员发生变化，都会引起其他成员的变化。

第二，成员之间如果处于一种紧张的状态，那么这种状态可以使得群体能够以最快的速度达到自己的目标。

库尔特·勒温（Kurt lewin）的弟子莫顿·多伊奇（Morton Deutsch）提出的观点对合作学习的发展的影响是最直接的，他在20世纪40年代提出了合作与竞争的理论。道奇指出，如果社会一直处于合作的状态下，那么在这个群体内的每个个体都会产生相互促进的依赖性，即每个人的目标和其他人的目标都是紧密相连的，而且无论是哪一个目标先实现，对于另外一方的目标实现都是有帮助的。但是，如果在相互竞争的社会环境中，上面所说的情况就是相反的。

多伊奇的学生戴维·W·约翰逊（David. W. Johnson）和他的兄弟罗杰·T·约翰逊（Roger. T. Johnson）共同努力，将多伊奇的理论观点进行扩展，并发展为"社会互赖理论"。这种理论指出，社会互赖的结构方式对于个体之间的互动方式能够造成影响，并且对于活动的结构也会有决定作用。积极的互赖会对互动也会产生积极的意义，个体之间也会互相协调，产生好的结果，如果是消极互赖则会产生相反的结果。如果没有任何互赖情况，那么个体之间也是相互独立的，不会对彼此产生影响。

根据上面的理论，约翰逊兄弟说明了在课堂中存在的三种目标结构，即合作、竞争与个人单干，并在此基础上构建了三种各不相同的教学情境。如果处于合作的目标结构中，那么个体处于群体之中，他们的目标也是统一的，个体目标和群体目标以及群体中其他人的目标都是一致的；如果处于竞争的结构目标中，那么个体与群体的目标就是相反的，如果群体中一个人的目标得以实现，那么其他人的目标就都不能实现；但如果是处于单干的结构目标中，个体的利益和他人的利益都是不冲突的，互不影响。

从这个理论出发，那么就很容易对合作学习的相关理论进行简述：如果所有的人有了共同的目标，那么这群人就聚集在一起，为了共同的目标而努力，这时就要求群体中的所有人共同努力。群体中的这种共同目标和依靠为个体实现目标提供动力，他们之间会互相鼓励和帮助。

（二）群体动力理论

群体动力理论是德裔美国人库尔特·勒温（Kurt Lewin）于1932年在美国斯坦福大学提出。群体动力理论借用物理学中"力场"概念，描述群体行为的产生机制。

群体动力，是指群体行为的动力和方向。该理论认为，一个人的行为(B)，是个体内在需要（P）和环境外力（E）相互作用的结果，可以用函数式 $B=f(P,E)$ 来表示。所谓群体动力理论，就是要论述群体中的各种力量对个体的作用和影响。

群体中各成员之间相互作用和影响，群体动力反应在群体内部，有以下一些关系：同伴依慕（peer attachments）、权威关系（authority relation）、利群行为（prosocial Behavior）、合作（cooperation）、竞争（competition）、共生（symbiosis）等。一般的群体动力系统包含三大要素：凝聚力、驱动力、耗散力。其中凝聚力是保证群体稳定的因素，驱动力是促使群体发展和演化的因素，耗散力则是破坏群体稳定和演化、降低群体绩效的因素。这三种动力构成要素同时并存在群体中，他们相互作用、抗衡，彼此消化、转化，推动着群体的演化和发展。

1. 凝聚力

群体凝聚力是吸引成员维系在一起，保持某种关系模式的情感因素。对于群体系统，作用最强的凝聚力因素来自其成员精神的充实程度，精神充实度越高，群体的凝聚力也就越大。表现在以下两方面。

(1) 目标凝聚力

群体目标是产生凝聚力的重要因素之一。个体受群体目标的吸引，并内化为自己的追求，这样就会产生强烈的依赖与归属心理，尤其是当目标具有挑战性，让个体有期望能够最充分表现自身价值时，这种吸引作用就更大。目标具有长期目标和短期目标、抽象目标和具体目标之分。群体必须在树立目标与达到目标的追求中，才能保持对其成员产生长期的吸引作用。

(2) 归属需要

物以类聚，人以群分。首先，归属群体可以让人产生安全感。依靠群体可以相互弥补、相互帮助、分担压力、增强信心。这种归属对于新进入一个集体的人来说，表现得较为突出。其次，同样是归属，对于学生来说，他们会愿意参与到学风浓、风气正的群体中。在这样的群体中，可以受到鞭策，精神愉快，避免不必要的矛盾。

适当的环境影响对于群体也是一种有效的凝聚因素。成员感受到的环境影响来自两个方面。一是直接感受到的群体内部的影响，一般是指约束群体成员思想和行为的责任、义务和行为规范等。群体内规范的约束有利于群体的稳定，有利于成员间的团结与协作。二是间接感受到的群体外部影响，一般是指群体受到外部的影响与挑战，这种信息会传递到每个成员身上，激发其团结一致、共同努力、迎头赶上。

2. 驱动力

群体的驱动力是创造群体效应、促进群体发展演化的动力因素。成员的追求、能力、兴趣、人际、意志等都是群体驱动力的原动力。在群体中，这些原动力相互激发，可产生高于个体的效应，具体表现在以下3点。

(1) 航标驱动力

对群体而言，航标主要起到凝聚力作用，但对个体而言，航标则主要起到驱动力作用。个体在群体目标感召下，会冲破重重障碍，向着既定的航标努力，形成你追我赶的积极局面。个体的成熟与进步，促进了群体的共同进步与提高，所以新航标的确立是个体与群体相互激励的结果。需要注意的是，确定的航标要恰到好处：太高太远，群体的多数人经过努力仍旧不能达到，那么他们就会放弃追求；相反，太低太近，群体的多数人稍经努力甚至不费吹灰之力即能达到，那么确定的航标就会失去驱动效应。

(2) 典型驱动力

群体的稳定，与其核心的确是分不开的。那些学习优秀、工作踏实、意志坚定已被其他成员接受的成员，也就是我们通常所说的典型，是群体的核心。由于他们产生于成员的实际生活中，形象具体、生动直观，容易引起各成员情感上的共鸣，从而产生巨大的感召力，就能对群体产生驱动力，这个群体就能形成良好的风气。

（3）条例制度驱动力

个体都希望在群体中找到自己的确切位置，经过努力取得的成绩得到群体的认可。如果个体在群体中的位置排列得合理，就会保持群体的积极性，驱动个体向更高的目标迈进。那么用什么来评价个体呢？那就是条例制度、管理办法。这些政策具有挑战性与竞争性。竞争机制引入群体，可以激发个体用全面的、联系的观点看问题。一方面，个体要寻求对方的弱点进行攻击以显示自己的优势；另一方面，个体要克服自身的不足，迎头赶上，从而使个体与群体更加完善。

3. 耗散力

在群体内各成员的相互作用和影响不仅能产生凝聚力和驱动力，同时也会形成一个耗散势场，产生耗散力。耗散力的存在会破坏群体凝聚力，影响群体绩效，应努力避免。一般来说，群体耗散力来自以下几个方面。

（1）冲突效应

冲突是一种广泛而持久的耗散因素。它有多种表现：有个人与群体在目标追求上的冲突；有个人的行为与群体规范的冲突；有人际关系的冲突；有道德标准的冲突；也有价值观念、物质利益等方面的冲突。在一个群体中，由于成员生活环境不同，受教育的方式不同，个体的追求、行为方式、道德标准、价值观念不可能与他人完全一致，甚至个体自身的多种愿望和要求也往往处在矛盾之中，于是，也就不可避免地会产生冲突。

（2）无核心效应

正如没有指挥的乐队不可能奏出最优美的乐章一样，没有核心的群体也不可能产生最强的凝聚力与驱动力。如果群体内的每个个体都去实现自我设计，追求自我奋斗，群体内部则会表现出个体间的相互干扰，从而破坏群体的凝聚力。

（3）消极环境效应

正如适当的环境影响会促进凝聚力的形成一样，消极的外部环境也会对群体起破坏作用，产生群体的耗散力。要使群体发挥长期的效应，就需要不断改善周围的大环境。

从群体动力理论看，合作学习的理论核心可以简述为：当所有的人凝聚在一起为了一个共同的目标而工作时，靠的是相互团结的力量。相互依靠为个人提供了动力，使他们：①互勉。愿意做任何促进小组成功的事；②互助。愿意互相帮助，力使小组成功；③互爱。因为人都喜欢别人帮助自己达到目的，而合作最能增加组员之间的接触。

（三）选择理论

选择理论（choice theory）和控制理论（control theory）是一个理论，是由美国的心理治疗学家威廉·格拉瑟（William Glasser）提出来的。他在1996年时将他自己在1979年提出的控制理论的称呼改为选择理论。

格拉瑟的选择理论认为，我们是被内在动力所推动的，是被我们的各种需要所驱使的。在格拉瑟看来，人们都会被自己内在的四种心理需要所驱使。那么这四种心理需要就是归属、力量、自由和快乐的需要。就如同人们在生活中依靠衣食住行一样，这四种心理也要同样被注重。如果对于这几种心理中的某一心理得到满足，人们自己都会感到快乐。

其实，这种快乐的生物目的就是让自己的快乐得到满足。同时，他还认为，虽然现在的学校教育不是特别愉快，但这都不能占据问题的全部焦点。学生要充分了解，自己处在一个群体之中，不能够完全按照自己的意愿来完成每件事，要知道遵守一定的规律。从另一方面来看，如果一个人拥有归属感和一定影响力，那么也是很快乐的一件事。因此，问题的集中点就是归属和影响力的需要。

从上面的论述可以了解到选择理论其实就是一种不断满足需要的理论，所以，学校就是能够满足学生需要的一种场所。学生来学校进行学习和生活就是为了满足自己的自尊和归属等。

按照这一理论进行分析，如果是一个学生学习不好，那么有可能不是因为脑子不好，而是主观原因——自己不想学。只有在学校中创造出能够满足学生的归属和自尊才能够让学生感受到学习的意义，主动去接受学习。很多学生就是因为在校园课堂中找不到自己的归属感，没有被认同，所以才会在学校以外的地方寻求能够满足自己的各种需求。按照选择理论的说法就是：只有愿意去学习，才能够学习好。

（四）认知精制理论

通过认知心理学的研究指出，如果人们想要对信息有长久的记忆，并且将这段记忆和其他信息发生联系，那么学生就要将相关的材料在某种认知上进行重新组合。

关于精制的定义很多的学者提出过自己的理论，美国高校教师莱文（Levin）就曾写过一篇总结 30 多年以来精制研究的文章，里面对精制的描述是这样的：精制在学习中指的是人们为了更加牢固地记忆自己学习的东西而有针对性地进行的意义添加、意义构建或者新意义的生发活动。为了便于理解，这里举一个例子，之所以写作讲座小结或者讲座纲要会比简单记个笔记收到更好的效果，是因为学生在写小结或者写纲要的过程中，需要调动自己刚刚听过的知识，并且对这些知识进行重组，以找出其中的要点。

认知精制理论认为，向另一个人解释自己的材料是精制的最有效的方式之一。双向的沟通需要认真的倾听和有效的表达，双方的配合不仅能够提高指导者的表达能力，还有利于被指导者能力的提高。长时间以来，研究者就同伴互教做出了很多的研究，他们发现在同伴互教的模式里，双方的成绩都能得到提高。韦伯（N. Webb）发现，参加他组织的合作活动的学生中，曾向他做出较为详细的工作解释和报告的学生受益较大。韦伯的这项发现和丹赛罗的研究都证明，就活动做出解释的学生可以学到更多的知识，懂得倾听他人解释的学生要比一个人单独工作的学生学到的多。

（五）接触理论

接触理论非常重视社会中的互动关系，持接触理论观点的学者认为社会互动关系对教育有非常大的影响。在教育中，有计划、有组织地加强不同种族学生的交流、促进不同民族的学生的沟通、推动不同性别的学生的互相学习，有利于促进社会中次级团体的和谐发展。

美国心理学家约翰·华生（John Broadus Watson）曾经做过不同种族关系的相关研究，并提出了五个可以密切不同种族的人们之间的关系的条件，包括积极乐观的相互依赖、彼此之间平等的地位、基于种族平等主义的维护的社会规范、各族人民一定要改变自身具有的较为刻板的种族间的相互印象以及足够的接触和沟通。

同样为心理学家的阿尔波特则认为，仅仅只有接触这一个条件并不能真正地促进学习，要提高学习的效果还要采取措施将交流的双方变成为合作伙伴，因为合作伙伴的关系更近了一层，有利于增强组员之间的友谊，提高小组整体的向心力。

接触理论适用于不同民族和不同种族之间的交流，也适用于不同的年龄阶段的人们和不同性别的人们之间的交流，甚至不同社会地位的同学间和不同能力的学生间也可以以此为基础共同学习。

（六）动机理论

动机是驱使人从事各种活动的内部原因。有外部动机和内部动机之分。外部动机指的是个体在外界的要求或压力的作用下所产生的动机；内部动机则是指由个体的内在需要所引起的动机。马斯洛对动机的研究主要集中在内部动机上。

马斯洛之前，动机问题已成为心理学研究的一个重要领域。自查尔斯·罗伯特·达尔文（Charles Robert Darwin）提出生物进化论后，心理学家如威廉·詹姆斯（William James）、威廉·麦独孤（William. McDougall）、西格蒙德·弗洛伊德（Sigmund Freud）等以本能论来阐释人类行为的动机，为动机心理学领域积累了不少事实材料和研究成果，但同时也暴露出不少问题。这些问题既有方法论上的，如人与动物不分、还原论等；也有具体观点上的，如忽略人的需要的多样性及其动态联系等。这些问题的存在，使马斯洛感到有必要在进行动机研究之前设定一些基本的前提。

在马斯洛看来，动机理论的研究应以人本主义心理学的方法论为指导：坚持以人为中心，以健康人为对象，重视健康动机的研究；坚持整体动力论，务必阐明动机与有机体和环境以及动机与动机之间内在的整体动力的关联。而在研究的重心上，动机理论则应摒弃文化的差异，拨开作为手段的欲望的迷雾，直接对人类共有的基本目标或需要进行研究。正是基于上述考虑，马斯洛在建构自己的动机理论时，从一开始就试图使之立足于基本需要及其层次发展的研究之上。同时，这一切也预示着，马斯洛动机理论必将与既往动机理论有着很大的不同。

马斯洛把人类的需要分为五大类：生理需求、安全需求、社交需求、尊重需求和自我实现需求。马斯洛提出的五类需求层次中，最低层是生理性需要，具有可辨识的生理过程。但其他高层次的需求明显较少依赖于特定的生理过程，故称为社会心理动机。

美国的约翰逊兄弟认为，学习动机是借助于人际交往过程产生的，其本质体现了一种人际相互作用建立起来的积极的彼此依赖关系。激发动机最有效的手段就是在课堂教学中建立起一种"利益共同体"的关系。这种共同体可通过共同的学习目标、学习任务分工、资源共享、角色分配与扮演、团体奖励和认可来建立。小组成员之间形成"荣辱与共"的关系是动机激发的一个重要标志。

在进行合作学习之前，教师充分理解动机理论的基础上，创设合适的达成目标和奖励，对调动小组合作学习的动机具有非常积极的意义。

(七) 目标结构理论

目标结构理论是多伊奇 (M. Deutsch, 1949) 在勒温的群体动力理论的基础上提出来的。这一理论认为在团体中，由于对个体达到目的奖励方式不同，导致在达到目标的过程中，个体之间的相互作用方式也不同。多伊奇将这些方式分为三种：相互促进方式，相互对抗方式，相互独立方式。这些不同的作用方式对个体的心理过程和行为方式产生不同的影响。

多伊奇认为目标结构主要有三种类型：合作型、竞争型和个体化型。

1. 合作型

合作型目标结构指的是，团体成员有着共同的目标，只有当所有成员都达到目标时，个体自身才能达到目标、获得成功；若团体中有一个人达不到目标，其他人也达不到自己的目标。在这种条件下，团体成员之间必定会形成积极的相互促进关系，以一种既有利于自己成功又有利于同伴成功的方式活动。

2. 竞争型

竞争型目标结构指的是，个体之间的目标具有对抗性。在团体中，只有当其他人达不到目标时，某个个体才有可能达到自己的目标，取得成功。如果其他人成功了，则削弱了某个个体成功的可能性。在这种情况下，同伴之间的关系是对抗、消极的。每个个体都只按一种对自己有益的方式活动，以增加自己成功的可能性，但对于其他个体来说则是无益的甚至是有害的。

3. 个体化型

个体化型目标结构指的是，个体是否达到目标与其他同伴是否达到目标无关，个体注重的是自己任务的完成情况和自身的进步。因此，个体寻求一种对自我有益的结果，并不在意其他个体是否达到他们自己的目标。个体之间形成的联系是相互独立、互不干扰的。

多伊奇在自己实验研究的基础上指出，合作型目标结构使得团体成员之间的交往更为频繁，他们相互帮助、相互鼓励，每一名成员都更大程度感受到自尊和被其他成员所接纳，因此他们在完成任务的过程中更为积极，成就水平也提高得更快。在这些方面均优于竞争型和个体化型目标结构。

由此可见，多伊奇的合作型目标结构创设了这样一种情境，只有当小组成功时，小组成员才能达到他们各自的目标。因此，为了达到他们自己的目标，小组成员必须相互帮助以获得小组的成功。也就是说，这种在小组成绩的基础上进行奖励的方式创设了积极的人际关系，它使小组成员对同组伙伴所做出的努力给予积极的社会强化，如表扬和鼓励。这是在传统的竞争型目标结构的课堂上所没有的。

另外，在合作学习中学生社会地位的变化也是学生的学习动力之一。斯莱文（Slavin）发现，在传统教学班级中地位很低的学生由于合作小组的成就而获得了他们的社会地位。也就是说由于合作小组成员在学业上成功导致了成绩水平低的学生社会地位的变化。

同时，科尔曼（Coleman）还发现对于成绩水平较好的学生来说，由于在帮助其他学生的学习过程中，使他们成为小组的"领导阶层"，这一社会地位的变化也会使他们更为自豪和更有信心，从而付出更多的努力进行自身的学习和帮助同伴成功。

在合作学习研究的过程中，许多研究者发现传统的竞争教学方式主要存在两个问题。

首先，竞争奖励结构所提供的成功机会很少，只有少数人取胜，而大多数人以失败告终。只有那些成绩十分优秀的学生才能取得成功，获得奖励的机会。而对于成绩中等和低等的学生来说，成功几乎是不可能的。因而使他们对学习失去了信心，不再有学习的积极性。

其次，竞争的奖励系统所形成的同伴关系也干扰了学生的学业努力。因为少数学生的成功会减少大多数学生的成功机会，所以同伴之间往往相互排斥甚至相互敌对，有时甚至对成绩水平高的"教师的宠儿"进行责难，干扰他继续努力。至于个体化教学，则完全忽视了形成积极的同伴关系这一环节。

很明显，合作型目标结构创设了学生之间积极的同伴关系，而这种积极的同伴关系对学生的学习又产生了积极而且意义深远的影响。教师在设置目标结构时，应尽可能避免竞争型和个体化型的目标，而侧重于设置合作型目标，即只有合作学习的小组里每一个成员都达到目标、集体目标实现的情况下，个体自身也才能达到目标。从而在目标上的导向是：小组成员间必须通力合作、同甘共苦、不让一个人掉队。

当然，合作型目标结构缺少对小组内部个人的激励。在学习过程中，长期单一的合作目标结构，会让合作小组中的个体成员产生"吃大锅饭"的消极倾向从而降低效率。所以，在合作学习实践中，常将合作学习、个体自主学习、接受性学习相结合，在团体中对个体达到目标的奖励方式常把团队奖励与个人奖励相结合，合作型目标结构、竞争型目标结构、个体型目标结构在团队中相并存。

综合来讲，上述理论的共同点就是共同生活在社会中的人们是群体性的，不同的人之间可以相互竞争，也可以彼此合作。团体内，不管组员是不是真正的以集体利益为先，成员之间总会有一种相互依赖的关系存在。学生的学习过程就是一个接触和交互的过程，只有接触到教师传授的知识才可以继续学习，只有和同学之间交流、共同学习、共同解决问题，才能锻炼一个人能力，才能快速地成长。另外，学生在团队中更能获得认同和实现自我价值。

三、合作学习理论的应用

（一）在高校英语智慧口语教学中的应用

在高校智慧英语教学中，口语教学是非常重要的组成部分，在其中引入合作学习理论具有非常大的积极意义。

1. 自由沟通和发言

以小组为单位的合作学习一般人数并不多，在小组中发言就会避免在课堂上发言时经常遇到的尴尬的问题，相对自由和轻松的氛围可以为学生创造更为广阔的学习空间，让学生远离紧张情绪，敢于发表自己的观点和看法，有利于培养学生敢问敢说的品质。

小组的主要任务就是合作完成教师布置的作业或者任务。在这一大前提下，组员都会将精神集中在任务上面，而忽略自己读出的句子是否正确等问题。这样，学生的语言表达能力可以大幅度提高，而且还可以积极主动地投入到学习中去，提高学生的学习效率。

2. 冲破传统教学中的局限

传统的教学模式一般为课堂教学，而且一般为大班教学，课堂时间有限，教师主导课堂，在课堂中可以提问的时间很短，教学任务也很繁重。

在这样的教学模式下，口语教学根本无法做到真正地面向全体学生。以小组为单位的合作学习就打破了这一局限。

小组内的成员有限，可以开展小班化的讨论和学习，学生为主体，在学习中可以自由参与和发言，不需要顾虑其他的因素，学生拥有了更多的展现自我的时间和机会。教师也可以进行有针对性的指导，引导学生的讨论和学习方向，让学生可以更为深刻地感知和体验到所学的知识。在这种方式下，学生才成为课堂的主人。

3. 鼓励发言，提高学生自信

以小组为单位的合作学习模式是在平等的基础上开展的。合作学习中，学生具有很大的发言自由权，也不会有太多的心理顾虑，在学习中变得更加大胆。在这样的情况下，学生就某一课题开展的讨论和交流会更加顺畅，学生们积极的发言和思考也会让他们学到更多的知识，取长补短、相互学习。不管学生的能力如何、性格如何，只要将自己的意见大胆说出就会发现不同的学习内容，学生的潜力也会得到激发，语言表达能力也会得到提升，而且合作的方式还能够锻炼学生的协作和交际能力。

4. 引导学生开发新思路

不同的人对同一个问题会有不同的看法。所以，在小组合作学习中，学生可以跟同学分享自己的见解，还可以从其他人的发言中得到新的感受和看法，受到不同程度的启发，进行不同维度的思维创新。日常学习中，有一些问题需要大家合作才能够解决。当每一个人都有某个方面的观点时，小组可以让这些观点齐聚，从而找出不同的解决方向。所以，学生参加小组合作学习不仅可以拓展学生的思维，培养学生的创新能力，还能培养学生养成良好的学习、思维习惯，开发学生的智慧。

5. 培养学生团队协作意识

小组合作学习追求的是大家共同进步，小组的任务之一就是让每一个小组成员都掌握学习内容。所以，在小组合作学习过程中，每一个小组成员都会意识到自己对小组的责任，会尽自己最大的努力去学习和讨论，每一个小组成员的学习热情都很高涨，学生们的思维就会长期处于兴奋的状态。

为了让小组尽快完成教学任务，小组内学习速度较快的学生会帮助进度较慢的学生，将自己的学习心得分享给同伴，或者配合他们展开辩论，纠正他们的错误，让基础较差、进度较慢的学生跟着自己的脚步前进，引导他们从多角度观察和解决问题，帮助他们理解新知识，带领小组成员共同完成任务。经过这一学习过程，小组的成员在跟其他小组交流学习信息和展示学习成果时，就会具有更强的责任感，小组成员间不再是独立的个体，而成为相互依赖、相互帮助的"共同体"。学习氛围在小组合作学习的烘托下不断提升，学生们的团队意识不断增强。

（二）在高校英语智慧写作教学中的应用

一篇文章的完成过程包含了从写前准备（prewring）、初稿（drafting composing）、反馈与评价（reriewing&evaluating）、校订修改（revising）。根据教师评语修改并重写（revising and rewring for teacher's evaluation and comments）这些步骤之间反复的过程。学生可以根据小组的讨论意见进行修改，最后个人完成交给教师批改。每篇文章都需要进行评估，优秀的文章可以作为范例供学生学习。

四、合作学习理论在英语智慧教育中的注意事项

高校英语教学中的课堂合作学习是一种适应于当前学生学习需要的学习方式，学生学习时可以借助网络和教师提供的音像材料，也可以小组的形式开展有关课题的研究。英语口语练习不再是以教师为主导的课堂教学，而成为形式自由的有效的口语练习方式和过程。学生间的合作学习不仅可以提高学生学习的积极性，增加信息来源和处理信息的速度，还可以培养学生的团队合作意识，增强学生的信息处理能力，让学生体验到实现自我价值的过程和喜悦。在高校英语教学中开展合作学习要注意下面两个问题。

（一）关于学生合理分组

合作学习的主要形式就是小组合作，教师在分组时要综合考虑学生各方面的知识和能力，包括学生的智力水平、知识水平、语言表达等，分组原则是小组内成员可以优势互补、相互学习、相互促进。这里存在一个"组内异质"的问题。所谓"组内异质"就是一个小组内的成员要在知识基础能力、年龄阶段、学习习惯和风格等方面存在不同程度的差异。比如，英语基础较好的学生可以搭配英语基础较差的学生，性格外向活泼的学生可以搭配性格较为内向安静的学生，男同学可以搭配女同学，等等。

这样的分配方式可以做到小组间英语水平保持平衡的状态，还可以保持小组的活力。在保证小组内部成员之间相互合作的同时，还要便于小组间展开公平竞争。分组的形式并不固定，教师可以根据课堂具体情况灵活把握，教师也可以参与其中。

小组活动可以是小组与小组之间的活动，可以是个人与整个班之间的活动，也可以是学生之间的活动。不管是什么样式的小组活动，都要把握好活动的范围和力度，以达到学生间相互学习和良性竞争为最好状态。在这样的课堂氛围中，学生可以拥有更多的锻炼机会，其口语水平也会不断提升。

（二）关于教师协调指导

在合作学习模式里，学生占主导地位，整个的学习过程都是学生自己开展的，更为广阔的自由空间有利于学生潜能的发挥和挖掘。教师在这一过程中主要起引导作用。在确定小组任务和成员之后，教师要时刻监督小组进展，观察小组成员的参与情况，及时给予引导和帮助，也可以在旁边安静地倾听学生的讨论，或者采用合理的方式鼓励学生积极参与。这样，教师可以把握不同小组的进展状态和讨论的焦点问题，然后对下一步的教学计划做出调整。在小组内的讨论结束后，教师可以引导不同小组间开展辩论。最后教师对每个小组的情况进行简要、有指导意义的评价。在高校英语教学中，教师要坚持鼓励和表扬的原则，肯定学生的学习行为，帮助学生改正学习过程中的不足和错误，帮助学生达到自己的学习目标，从而提高学生的学习效率。

另外，在高校英语教学中引入合作学习理论的过程中，教师要对下面的这些问题有足够的认识：过度依赖造成独立性差的问题；不能适应小组合作学习的问题；教师角色确定问题；课堂时间把握；等等。这些问题的解决需要教师和学生的共同努力。

综上所述，在高校英语教学中运用合作学习理论还存在一定的困难。教师应该充分认识到合作学习的优点和实施的难点问题，运用自己的教学理论知识，在教学实践中不断总结经验，提高英语教学效果。

第三章 大学英语混合式教学的相关理论

在大学阶段，学校是培养英语人才的重要阵地。因此，在进行英语教学的过程中，学校也应该与时俱进，结合信息技术探索新的教学方法，混合式教学就是其中一个比较突出的方法。本章就在介绍混合式教学基础知识的前提下对混合式教学与英语教学的融合问题进行具体探讨，争取开创英语课堂教学的新局面。本章分为混合式教学的内涵与特征、混合式教学中的"教"与"学"、混合式教学与英语教学的融合、大学英语混合式教学模式的应用优势四部分，主要内容包括：混合式教学的内涵、混合式教学的特征等方面。

第一节 混合式教学的内涵与特征

一、混合式教学的内涵

（一）基本概念

混合式教学公认的、比较宽泛的定义是"在线学习与面授教学的混合"。然而，自20世纪90年代末期发展至今，混合式教学的概念仍经历了一个越来越清晰化的演变过程。针对混合式教学的概念应包括物理特性和教学特性两个维度。为此，将其概念的演变划分为三个阶段，如表3-1所示。

表 3-1 混合式教学概念的演变

时间段	物理维度	教学维度	关注重点	关注角度
技术应用阶段	在线与面授的结合	技术的应用	信息技术	技术的视觉
技术整合阶段	明确在线的比例	教学策略与方法的混合	交互	教师的视觉
"互联网+"阶段	移动技术、在线、面授的结合	学习体验	以学生为中心	学生的视觉

1. 技术应用阶段

2000 年开始，混合式教学已经开始引起国内外学者和实践者的关注。此阶段对混合式教学的定义主要强调其物理特性，最有代表性的为美国斯隆联盟的界定："混合式教学是面对面教学与在线教学的结合，糅合了两种历史上各自独立的教学模式：传统的面对面教学与在线学习，即在教学内容上结合了一定比例的在线教学及面对面教学"。

在教学特性上，此阶段的混合式教学主要被理解为一种新的学习方式，重点强调技术在教与学中的核心作用。琼斯（Jones）等依据信息技术在混合式教学中的应用方式和应用深度，将这一时期的混合式教学划分为五个层次：①没有技术支持的纯面授教学；②信息技术基本应用；③信息技术促进教学；④信息技术主导；⑤纯在线。在这个阶段，混合式教学被看作是纯面授教学与纯在线教学之间的过渡阶段，是二者基于信息技术的简单结合，而技术应用的多少成为关键划分标准。

2. 技术整合阶段

2007 年以后，混合式教学的定义逐渐清晰。

（1）物理维度

学者们尝试清晰界定在线与面授的比例，把混合式教学与纯面授、纯在线教学分离开来。在这个阶段，混合式教学是一种独立的教学模式，而不是一种过渡性教学模式。斯隆联盟对混合式教学明确只有"30%~79%的教学内容采用在线教学"的才能称为混合式教学。另外，一些西方学者进一步明确混合式教学为"纳入考核部分的教学内容中，25%以上采用在线教学"。

（2）教学维度

学者们更多地从教学策略、教学方法的角度界定和关注混合式教学，关注在线与面授相结合的混合式学习环境下的教学设计。在这个阶段，混合式教学概念重点关注"交互",关注混合式学习环境给交互带来的变化,以及相应的教学设计改变。布吕克(Bliuc)等人的界定:混合学习描述了一种新的学习方式,它实现了学生与学生、学生与教师、学生与资源之间面对面(现场)交互与在线交互的结合。

李(Lee)等称,混合式教学是"教学模式的根本变革与再设计",提出了混合式教学的三个特征:①由以教师为中心转向以学生为中心;②增强了学生与学生、学生与教师、学生与内容、学生与外部资源之间的交互;③采用形成性评价与总结性评价相结合的评价机制。

3. "互联网+"阶段

2013年以后,随着互联网与移动技术的迅猛发展,特别是"互联网+"时代的到来,混合式教学的概念也有了新发展。

(1)物理维度

移动技术的应用被正式纳入混合式教学的概念中。混合式教学的概念由"在线教学与面授教学的混合",正式演变为"基于移动通信设备、网络学习环境与课堂讨论相结合的教学情境"。

(2)教学维度

混合式教学是一种新的"学习体验"。对混合式教学的理解在经历了技术视角、教师视角后,落到了学生视角上,开始关注混合式学习带给学生的改变和对学生学习的支持。混合式教学不是简单的技术混合,而是为学生创造一种真正高度参与性的、个性化的学习体验。混合式教学概念强调"以学生为中心"。固特异(Goodyear)强调,所谓混合,不仅仅是面授教学与在线教学的混合,更是在"以学生为中心"的学习环境下教学与辅导方式的混合。

混合式教学概念演变的三个阶段,是对混合式教学物理特性的关注逐渐弱化,而对其教学特性逐渐强化的过程。

(二)本质分析

混合式教学是以"关联、动态、合作、探究"为核心的新型教学模式,有着区别于面授教学与在线教学的本质区别,本节将对混合式教学的本质予以分析。

1. 混合式教学是动态关联的耦合系统

混合式教学过程的各个存在要素组成相互关联、互为影响的耦合系统。教师与学生双方都具有自我组织教与学的意识与能力,师生秉持共同目标，同时在一定质态、一定数量的教学信息激发下，解决学习过程中产生的问题、障碍达成顺应、一致目标的过程，继而促进教学过程有序化。混合式教学中的在线上教学部分和面授（线下）教学部分两者是优势互补关系，不存在谁替代谁的问题。它们具有共同的教学目标，即高效地完成教学活动。

2. 混合式教学是在线教育的扩展与延伸

混合式教学不同于以往的在线教育、网络教学，我们可以把它理解为在线教育或传统教育的延伸或扩展。

首先，混合式教学将传统的教学优势与在线教学优势相结合，弥补在教学过程中的在线教学与传统教学过程的缺失。单一的在线教学中面临的最大问题就是教师与学生、学生与学生之间的互动交流缺失，因为教学过程中师生交往互动是贯穿于始终的，通过课堂、课下教师与学生的互动交往可以及时得到反馈信息，便于学生的询问、沟通、解疑、探究等系列活动的发生，该问题是阻碍网络教学进一步发展的最大障碍。

其次，学生的自控能力、信息处理能力、"网络教学就等于课件教学"等观念束缚也严重阻碍了在线教学的发展；从传统教学组织形式上来分析，资源相对单一，较难接触其他信息资源，在资源传播途径上稍显滞后。标准化模式也为学生的个性化发展产生阻碍，全体同学在统一进度、统一教学内容严重阻碍了学生的个性化发展。基于线上与线下两种教学模式的优势与弊端，我们看到，将两种方式有机结合起来是最利于学生学业、身心等多重发展的教学形式。

混合式教学模式是传统面授教学与在线教学的有机整合，是对二者的优势与劣势进行摒弃与选择。三者教学方式的比较如表 3-2 所示。

表 3-2　面授教学、在线教学、混合式教学的差异比较

	面授教学	在线教学	混合式教学
教学场所	线上	线下	线上+线下
知识形态	相对静止	流动、分散无边界	流动+整合
知识传播途径	教师讲授	自主学习、在线讨论	教师讲授+自主学习
师生关系	亲密友善、交流互动	关系疏离	合作+共享+互动
教学优势	知识系统、教师指导	在线资源丰富	个性化教学+团队协作
教学评价	注重认知性评价	注重过程性评价	认知+情感+实践
互动方式	面对面交流	技术工具交流	线下交流+网络工具

由上观之，混合式教学极大部分是面授教学、在线教学二者的混合，无论是在教学空间、教学手段还是教学评价方式均是二者的折中。这样既避免了单纯在线教学的弊端，又扩展了教学途径。

综合看来，与传统教学模式相比，混合式教学模式更加强调以学生为中心，主张引入问题情景，重视自主探究式的学习方式，鼓励学生主动的意义建构，最后采取多元的评价模式对学生进行多方面的评价。

3. 混合式教学以激发学习兴趣为关键

混合式教学主要发掘学生对于课程的兴趣为主旨，激发求知、探索、整合、创新等行为。教师制作微课程、PPT、整合课程资源以及设计教学活动的过程中，时刻以学生的兴趣为基点，考虑学生的个性特征与兴趣关注点，激发学生的创造力。所以，明确学生的学习需求，找准兴趣点，才是混合式教学的根本任务。

二、混合式教学的特征

传统的高等院校课堂教学以教师为主导，对教学内容、场所及时间存在一定的局限性，而混合式教学则在传统的教学模式上有机地融入了以学生为导向的网络教学。二者相辅相成，实现了资源上的优势互补，更加全面地调动学生的积极性和课堂参与度，发挥学生的主观能动作用，实现新时代大学生创新应用能力培养的目标。混合式教学主要有以下五个特点。

（一）教学理论的"混合"

混合式教学模式的构建是基于建构主义、人本主义和多元智能等多种教学理论的指导。

此外，混合式教学模式的构建也同样受到多种混合式教学理论的指导。这体现在以下两个方面。

一方面，指导混合式教学的不同理论各有其优点和缺点，在教学中起到的具体作用也不尽相同。因此，要求教师应了解并熟悉各种教学理论的真正内涵，从对"教"与"学"两个层面的指导作用，认真进行归类划分，然后在教学实践中，依照不同的教学时间、目标、阶段和风格，采用相应的教学理论来进行指导，既能充分发挥教师对教学的主导作用，又能激发学生自我认识意识，发挥其主观能动作用。

另一方面，各种教学理论之间的作用并不是互相对立的，而是互相关联、相互促进的，对教学的作用也必然存在交集部分。因此，高等院校混合式教学体系的构建必须着眼于实际的教学，结合大学生身心发展的现实特点、不同课程的特点和教学大纲、师资队伍的实际混合教学能力和具体院校的教学环境等多种限制因素。这样才能使混合式教学模式在应用人才培养中的推进作用得到最大化的发挥。

（二）教学资源的"混合"

混合式教学模式中的教学资源丰富且多样，在实际教学中其混合形式有以下三个方面的体现。

1. 教学内容资源的混合

时代发展的新时期，社会对应用型、技能型的人才需求不断扩大，作为孕育时代人才摇篮的高等院校，整合型、多样化人才的培养必须得到重视。因此，在混合式教学模式中，提供给学生的不能仅仅局限在单一学科的传输，更应注重构建资源发散、条理清晰的知识体系。

2. 教学资源表现形式的混合

混合式教学模式中，多样化混合型资源的表现形式应顺应学生认知的一般规律。在教学活动中，知识的呈现方式不仅仅局限于书本和黑板等固定化、静止化的形态，而是随时随地皆可学。而混合式教学模式则结合了传统和新型的知识呈现形式，能够最大程度地满足当前学生的资源需求，实现个体的可持续化发展。

3. 教学资源整合的层级化

林志斌教授提出了教学资源的整合程度可分为轻度、中度、高度三个级别。轻度的资源混合是指在不改变原有教学活动原则下，只是在此基础上加入些许额外的混合元素；中度的资源混合是替换掉原有的教学方式，而采用混合式教学的活动方式；高度的资源混合是基于网络课程，构建混合式教学模式，从根本上进行教学活动的创新型设计和规划。在混合式教学的实践中需注意集中教学资源的优化，避免重复、浪费及无系统性等整合问题。

（三）教学方式的"混合"

混合式教学最大的特点就是学习方式的"混合"，把线上教学和线下教学相混合，充分发挥两种教学模式的优势。

在教学过程中既强调自主学习的重要性又要鼓励积极合作交流，既要学习理论知识又要做好实践锻炼，这样才能达到理想的学习效果。

（四）教学过程的"混合"

混合式教学模式分为线上和线下两个部分，线上部分是整个混合式教学模式的基础，线下部分是基于线上教学结果开展有针对性的、更加深入的教学活动。

混合式教学模式吸收了线上教学和线下教学两种教学方式的优点，摒弃了它们的缺点，并在此基础上进行了深入改变，形成了优于这两种教学模式的综合性教学模式，显示出了独特的优越性。

（五）考核方法的"混合"

混合式教学要同时考察学习的结果和学习的过程，考核的方法也多种多样。总结性考核除了线下传统的纸质试卷考核，还有线上教学时的学习测验考核；过程性考核则可以通过小组互评课堂表现等形式开展，教师也可为学生建立单独的学习档案。混合式教学通过多种形式的、全方位的考核将教学结果及时地呈现给学生和教师，让教师和学生都能及时地做出调整。

第二节 混合式教学中的"教"与"学"

一、混合式教学中"教"的要素

混合式教学强调"主导—主体"的双主模式，即在"教"与"学"的过程中注重"以学生为主体，以教师为主导"。在此过程中，教师的定位以及职能等都在发生变化，教师不是知识的简单传授者和灌输者，而是学习过程的设计者和引导者，是学生学习行为的帮助者和支持者。混合式教学的过程就是在适当的环境中促成学生主动建构知识的过程，其宗旨就是要"让学习发生"。

信息化学习环境决定了教师不再是学生知识获取的最主要来源，因此教师的教学目的和教学任务也要相应变化：传递知识不再是唯一目标，而是通过进行科学的教学设计、创建有利的教学环境、选择适当的教学方法和手段，以指导学生获取学习资源、学习途径，掌握学习工具和学习方法，从而促成学生的有效学习、高效学习。混合式教学中新教学目标和任务的设立，对教师提出了新的要求。具体来讲，在混合式教学中，教师的转变体现在以下几方面。

（一）教师角色和职能的转变

混合式教学模式下，教师的职能发生了巨大的变化，教师从知识的传授者变成了知识的研究者和开发者，从独立的教学转变为综合多种方法和资源的综合者，从直接灌输知识的人变成了知识的向导。

总的来讲，混合式教学中教师的角色定位及职能主要表现在以下三个方面。

第一，教师作为研究者和开发者，主要职能包括：主导混合学习体系的设计和发展；设计、测试和优化课程的设计和演变；通过试验新方法和工具，以设计个性化的学习；测试和提炼课程，根据学生的需要授课；辨别和记录技术工具的适用性。

第二，教师作为综合者，主要职能包括：融合现有内容和方法，创建最佳学习路径；编排新的内容和教学方法；主动与同事交流知识和教学方法。

第三，教师作为向导，主要职能包括：采纳其他团队的教学方法，辨别和适应；用数据帮学生选择和调整学习路径；允许学生与其同伴一起选择合适的学习路径。

混合式教学模式下教师角色及其职能的总结如表 3-3 所示。

表 3-3　混合式教学模式下教师角色及其职能

	开发者	综合者	向导
特质	以开发、创新为导向；设计者；测试者；小发明家	综合者；以优化为导向；开发者；不断提升性能；学科专家	执行者；改编者；顾问；教练；向导

续表

	开发者	综合者	向导
与传统角色的不同	创造个性化学习；测试新的教学方法；快速采用新方法以测试新观点；热衷于科技	决定最佳教学方法；融合线上线下学习；学科专家；实施个性化学习	重于辅助学生学习而非传授知识；善于管理有不同学习方法的班级；可辅助内容学习或只作督导；重在帮学生选择合适方法

看完上面这么多的职能，可能有些老师会灰心丧气：这么多的职能，我能实现得了吗？混合式教学还能实施吗？其实一个教师不必充当所有这些角色。总的来讲，混合式教学模式的实施需要的是一个团队。组建一个什么样的团队，要根据实施的目标而定。

（二）教师教学方法的转变

相较于传统的教学模式，混合式教学要求教师做到以下三点。

首先，教师要致力于促进学生的深度学习。深度学习理念强调学生知识结构的建立，强调学生的主动性和创造性。教师应通过多样化、多维度的教学资源的整合和优化以及各种教学策略的使用，来创设内容、层次丰富的教学情境以激发学生的探索欲望和求知体验，促进学生的知识建构；通过线上线下活动和任务设计，引发学生思考，进行思想碰撞，促进内容和思想的产出，促成其高级思维能力（如思辨能力）的提高；通过主题知识的线上拓展，加深学生的理解和迁移；通过方法渗透、参与刺激来提升学生利用所学知识解决问题的能力。

其次，混合式教学要求教师在现场交互的基础上加深在线（线上）交互。传统师生交互的即时性、情景化和针对性是优点所在，但现实情况是线下教学中时间有限，从而使师生交互的全面性受到限制。而线上环境中，教师可以通过多种渠道如教学平台、微信、QQ、钉钉等移动方式和学生进行更丰富的互动，打破了时间和空间的阻隔。教师要注意的是，即使在线上交互中也要注入情感因素，并且有针对性地将线上交互和线下交互进行结合，以实现最佳的交互效果。

最后，当前各种网络教学平台的应用十分广泛，为线上教学的开展带来了极大便利。教师要选择与本学科教学最具切近性的平台加以学习和利用，利用平台进行备课、任务发布、管理教学资料、提供在线测试和在线练习、反馈教学信息、与学生线上互动、管理学生的学习资料、追踪学生在线学习过程、对学生学习情况进行形成性评价等。总之，要最大化利用教学平台的优势，增强混合式教学的效果。

（三）教师所需技能的转变

为了在混合式教学环境中仍然能够成功地教育孩子们，教师必须具备的核心能力：能够最大限度地利用教学时间，教授严谨的内容，确保学生在课堂上积极思维，并确保他们已经理解。同时，由于提供高度个性化的教学所涉及的复杂性，某些能力对混合式教学的成功更为重要，包括规划、课堂管理、收集、分析和有效利用数据、协作、愿冒风险、学科专家等。

传统课堂中，上述的能力中的大部分都是需要的，但混合式教学模式中，成功与否在于能否高效地使用这些能力。

1. 规划

在大多数混合式教学环境中，教师不再为班级所有学生安排每天或每周的课程计划。相反，会规划更长的时间，并且必须内置几个分方案，以适应多个小团体和个别学生的教学。对于很多教师来说，课程以及上课计划的范围和次序在学年开始前就进行计划了。这种方法腾出时间让教师不断分析学生数据，使他们能够每天或每周调整教学计划，采取个性化的学习路径。

在实践中，这意味着混合式教学中的教师应创建包含各种资源和工具的短期和长期教学计划，并对这些计划灵活实施，以便能够实时更新和更改；个性化教学，使学生专注于工具、内容、技能和节奏。在混合式教学环境中有效的规划需要教师有很强的适应性，熟悉各种课程规划工具和教学方法。

2. 课堂管理

大多数老师认为，课堂管理中最难但也最重要的方面是，如何过渡到混合式教学环境。在混合式学环境中，学生经常在不同的步调和各种各样的分组中工作，他们要自我监控，并且在没有老师不断给他们重定任务的情况下继续学习。

在实践中，教师在混合式课堂中应该做到以下六方面。

第一，让学生管理自学和小组学习时间。

第二，从学年的一开始就对学生提出规范要求。

第三，确保学生了解如何独立完成内容，主动解决问题，并根据需要向同伴寻求帮助。

第四，在嘈杂的教室中，管理好学生，以适应多个小组的讨论。

第五，同时管理多个学习布局，确保全面指导。

第六，准备备案来解决使用在线课程资源和其他数字学习工具时可能出现的不可预见的问题。

3. 收集、分析和有效利用数据

把数据与日常学习相结合，发现学生新的绩效数据。这些信息可以为教师提供关于学生如何学习以及需要额外支持的宝贵见解。但是数据量有时很庞杂，混合式教学中，教师需要快速过滤掉关联不大的数据，这样他们就可以把注意力集中在能够帮助他们做判断的证据上。

混合式教学中的教师应该做到以下四点。

第一，从线上和线下的课程中收集数据，并且能够认识到在线数据可能更容易获得，但那些信息并不总是高质量的。

第二，培养敏锐的能力，识别出能够提供最具可操作性的学生表现证据的数据。

第三，准确分析学生数据，找出学习差距。

第四，利用网络工具实时提供数据点，并利用这些信息迅速进行调整。

4. 协作

虽然教师重视协作，但传统的教学形式往往把他们孤立在自己的教室里。相比之下，协作是混合式教学的内在特征，因为扮演不同角色的教师需要经常一起工作。在实践中，这意味着混合教学模式下，教师应该做到以下三点。

第一，测试创新的课程和教学模式，与同事分享所学，以促进全校的学业成绩。

第二，在团队教学环境中，保持工作的灵活性，与拥有不同强项的同事合作，更好地服务于学生的个性化。

第三，重新考虑传统的"级别"和"分数"的区别，利用老师们不同的专业领域，与同事一起帮助学生遵循个性化的学习途径。

5. 风险承担

虽然许多教师对探索创新教学方法津津乐道，但真正去做时还是会犹豫，因为这种冒险在传统课堂上很少得到回报。相比之下，创新是混合式教学课堂成功的根本。混合式教育作为一种相对新颖的教育模式，要求教师对新的教学实践进行测试，仔细评估其功效，并进行深思熟虑的调整。

这意味着，教师在实践中应该做到研究、试验、评估或缩放。

6. 专业的学科知识

混合式教学需要所有教师有扎实的专业知识才能有效，教师都需要能够评估内容和教学材料是否符合标准，特别是在线内容方面更要严格。在许多情况下，混合式教学还需要更广泛和更深层次的本学科的专长。混合式教学会导致更个性化的学习，在同一课堂上，学生可能会研究不同寻常的话题，同时按照自己的速度在不同的学习水平上学习。这意味着在实践中许多混合式教学的教师能帮助学习获取学习内容、回答问题，并评估学生的学习情况。

有些老师看到这么多需要的技能和素质，可能会产生畏难情绪。其实，这包括一些必备的技能，其他在操作过程中慢慢培养即可。下面是一些最基本的技能和高层次技能的列举。

第一，创新教学模式的整体结构或个别成分。

第二，新课程或教学方法。

第三，解决不能用传统策略解决的课堂管理问题。

第四，创新的评估做法。

第五，支持有助于学生学习进展的新方法，无论是在结构化的课堂期间，还是更灵活的日程安排的部分。

第六，以掌握为基础的进度，这可能会使部分或全部学生脱离本年级标准的课堂结构。

教师如果采取混合式教学，则可以从基本技能开始，渐渐提高要求，确定一个目标，从其中一项做起，最后得到整体提高。

二、混合式教学中"学"的要素

从"学"的要素来看，学生是混合式教学中进行学习的主体。在此过程中，学生学习的内容、学习的方式、角色定位等会发生变化，同时信息化教学环境对学生也提出了一些要求。学生不再是被动接受知识，而是要主动获取和构建知识。

一方面，要根据教师的课程设计和自主学习的需求，利用信息技术获取线上学习资源,来实现知识的掌握和运用;另一方面,学生不仅要知道"学什么",还要知道"如何学",要促使自己使用适当的手段实现学习的效果。线上学习要求学生具备自主学习能力、时间管理能力、协调合作能力、创新创造能力;另外,在网络化环境中,学生也要具备一定的计算机技术和信息素养。

除了上述内容,混合式教学中学生最主要的转变还是体现在学习方式和角色转变两方面,具体内容如下。

(一)学习方式的转变

传统的课堂里,教师的讲解占据了课堂的大部分时间,学生被动听讲。虽然教师也会设置问题让学生思考,但整体来看,整个教学主要是以教师为中心的。在混合式教学模式下,学生必须自己学习,教师或提供视频讲课,或提供一些资料让学生自主观看、阅读。

学生给自己设定目标,或与老师商定目标。在此目标下,学生自由度较高地选择自己的进度和学习方式。学生学习的方式可以是在家观看视频或做作业,也可以是在学校机房与同学一起学习;如果有个别学生的功课超前或落后,还可以参加特别的小组,与和自己进度相同的同学一起进行个性化学习;若需要特别的辅导,还可与教师进行一对一的辅导。学习方式非常多样:可以是仅有课堂理论的学习(但这种方式在混合式学习中占比重会较少),也可以是项目式学习或任务型学习。

另外,与传统课堂极大的不同是,教师会给定学生一段的时间,通常是一个班级每周有一小时的时间,对他们感兴趣的任何事情进行研究或工作。所以这是课堂之外的学习,学生可以产生自己的想法。这给学生提供一些自由学习的时间,他们在做自己喜欢的事情时也在学习,并有老师的帮助。学生自己必须拥有自己的数据,一般必须包括对学习的反思和自我目标的设置。

(二)学生角色的变化

1. 学生必须成为合作者

在传统教学模式下,学生是知识的被动接受者。教师在讲台上讲,感兴趣的学生会随着老师的节奏进行思考或记录,而如果学生对此不感兴趣,则可能会打瞌睡、看其他书籍等。根据课堂老师的观察,大部分不听讲的学生基本是在玩手机。

在混合式教学模式下，每个学生都有自己的任务：或者是老师给定的，或者是与老师协商后决定的，或者是自己的在线课堂要求必须完成的，或者在小组活动中被分派给的。因此，学生必须成为合作者，与教师合作，与同伴合作。只有如此才能完成学习任务，才能拿到规定的学分。

2. 学生必须成为沟通者

在传统教室中，学生可以自己埋头学习，而不必或很少与老师交流、与同学交流。因为传统教学模式中的交互性不高，很多时候学生个体即可完成学习任务。但在混合式教学模式中，其显著的特点就是交互性强，即互动的形式很多。

学生在小组活动中，为了完成某个任务，不得不与其他组员进行沟通、磋商，以保证所进行的项目统一、顺畅。因为混合式教学模式中有很多的在线学习，所以学生在网上学习中遇到问题，可能会需要请教老师或同伴。这就需要沟通，可并不是所有的疑问都进行面对面的沟通，现代技术使网络上的沟通更便捷，例如用微信、QQ、邮箱等工具，非常便捷。

很多网络学习平台本身就提供教师与学生或学生与学生交流的平台。因此，学生也是沟通者，需要在学习中提高自己的沟通能力。

3. 学生必须成为创造者

在混合式教学模式下，有很多的学习方式可供学生选择，学生自由探索和创造使用各种方式，进行传统的和在线的或技术上的活动。学生必须在这些方式中自由探索适合自己的方式，或者创造性地使用资源、工具，他们也可以用一些灵活的方式来证明已经学习到要掌握的知识。因此，在整个学习活动中，学生可以充分发挥创造性，自由地探索知识和学习知识的方式。

肯尼斯·格罗弗（Kenneth Grover）是美国一所高中的校长，他的学校实施的是"灵活模式"。他曾说过这样的话："学生们告诉我们他们要离开学校，因为他们很无聊。他们为什么无聊？因为他们没有感到在学习，传统的教室和学校不是他们想要的。我们问他们，什么可以使他们感兴趣。他们告诉我们，他们希望更多的控制、更大的灵活性、更多地接触教师。所以，我们创建了一所学校给他们这些东西。我们没有铃声，因为他们不需要。铃声是一个系统，告诉学生应该干什么，但我们的学生决定自己要干什么。"

从肯尼斯·格罗弗的话中，我们知道混合式教学模式给了学生更多自由发挥的机会、进行创造性活动的时间，因此学生参与学习的热情被调动了起来。

4. 学生必须成为研究员

在混合式教学模式下,给学生时间允许其进行研究,这可以形成学生自我引导式的学习。学生的学习任务和目标都是事先确实下来的,因此面对海量的多模态的学习资源,学生需要研究那些可以使其有效达到目标,或有助于解决问题。混合式教学的一种典型方式是基于项目的学习(project-based learning,PBL)。这种模式的学习设计是与以前传统的教学是逆向的。

传统模式下,教师先讲解某个知识点或理论,然后给学生布置作业或任务,让学生用所学去解决这些问题。而PBL模式是先给出要解决的问题,或者是一个方案设计,或者是一个产品制作。学生拿到任务后,根据任务,以个人或小组为单位研究解决问题所需要的知识,然后开始搜索相关的知识或学习教师提供的课件、视频等。因此,这个过程是研究性的学习,学生以研究者的角色出现在混合式教学中。

从以上分析可以看出,混合式教学确实和传统课堂有较大的不同。在传统的课堂上,老师不一定有实际分析评估数据的时间,老师必须记录数据,然后回去再看,这就延误了教学的即时转变;而在混合式教学中,老师可以使用系统程序即时反馈。因为学生在学习过程中使用在线工具,所以老师马上就有了这些数据,可以根据需要进行相关设置的更改。

在传统的学习课堂上,教师是内容知识的主要来源,而混合式教学模式鼓励学生探索研究不同的信息领域。在传统的学习课堂中,可用资源是有限的,很少有学生需要真正扩展他们的学习,这可能导致教师无法指导或促进学生更广泛地探索与所学知识相关的事情。

在传统的课堂上,设计的灵活性要小得多,在线平台支持的机会较少。大多数的学习是基于教师的讲授或以讲座为基础,而在混合式教学模式里有各种各样的资源,老师可以帮助区分学生的学习范围,或扩大或缩小学生的学习内容。

第三节 混合式教学与英语教学的融合

一、混合式教学与英语教学融合的意义

（一）加快英语教学理念的创新

要想在大学英语课堂中更好地应用混合式教学模式，首先要更新教学观念，不墨守成规，真正树立起混合式教学理念。将混合式教学理念融入英语课堂，能够加深英语教学与互联网技术之间的融合，从而更好地把互联网模式、理念或者技术等应用到教学过程中，这无疑有利于大学英语课堂教学的创新与变革。

另外需要指出的是，大学英语课堂混合式教学模式也促进了各种教学方法、理念和技术之间的相互融合，从而使英语课堂能够对各种方法和技术进行综合运用，发挥各种方法和理念的优势，解决实际教学过程中所遇到的问题，并使大学英语教学得到进一步的创新。

（二）构建混合式教学模式下多边互动的师生关系

如果将混合式教学模式应用在大学英语课堂中，那么必然会使教师与学生的角色功能、任务、关系等发生非常明显的变化。

首先，混合式教学模式更加强调学生的主体性地位，教师应该花更多的精力去帮助学生提高自主学习能力，引导学生通过各种平台和渠道搜寻自己所需要的信息资料并最终形成最适合自己的学习模式。

其次，教师的功能和任务也发生了极大的变化，在课堂教学指导方面以及教学设计方面都更为复杂。教师要及时更新自己的教学理念，及时了解教学新环境，在提高自身综合能力的同时加强对英语课程的合理设计，有效将各种混合式教学理念、方法和技术等融合起来，从而使英语课堂对学生起到更好的教育作用，并最终达到英语核心素养的培养目标。

最后，师生关系也变得更加密切。师生之间关于教学方面的交流和互动，不仅能够加深学生对知识的理解，促使学生对遇到的问题进行反思，

还能够使学生对课堂内容的记忆更加深刻。这无疑有利于学生对相关知识点进行熟练运用。

(三) 推进英语课堂混合式教学模式的多元化发展

将混合式教学模式应用在大学英语课堂中,使传统课堂发生了巨大的变化,并且课堂教学的所有环节都更加多元化,更加具有开放性,从而推动了英语课堂创新性的发展。

从教学资源方面来看,该混合式教学模式能够对新媒体以及互联网中优良的英语教学资源进行汇总和分享,从而丰富学生的英语学习资源。有了这些资源的支撑,学生能够增加自己的知识储备,并进一步提升自己的能力。

从教学手段方面来看,混合式教学模式所使用的教学方法和技术并不是单一的,这对教师提出了更高的要求。教师应该根据英语课堂的具体需求灵活使用各种教学方法和手段,从而有效解决课堂中的各种问题。

综上可知,大学英语课堂混合式教学模式在互联网信息技术的基础上,使英语教学更加多元和开放,使课堂教学的所有环节都更加完善,从而提高了英语教学的质量和效率。

二、混合式教学与英语教学融合的必要性

随着我国教育改革的深入,我国大学英语教学也逐步走上了创新与改革之路。即便如此,仍不可否认在英语教学中存在着诸多问题,下面给出具体的分析。

第一,在传统教学模式下,英语教学课堂更多的是向学生讲解和传授教材的内容。这种僵化的教学模式无法真正使学生的能力得到提高,学生始终处于被动地位。在这种教学模式下,学生无法增强自己的创造性思维能力,并且学生的主观能动性也得不到发挥。

第二,当前的英语教学不重视培养学生的英语应用能力。在传统教学模式下,学生对英语的学习更多的是对英语单词或句子等进行记忆,而无法做到真正的学以致用。在英语教学中如果忽视了对学生运用英语能力的培养,就会让学生逐渐失去学习英语的兴趣和信心,让他们觉得英语课程毫无乐趣可言。

当前英语课程仍旧要面对很多考试,在诸多考试的压力之下,很多英

语教师在英语课堂上更加注重对知识、单词、语法等的传授,并且将掌握这些考点作为学生的学习目标。这就使得学生对英语的应用实践能力得不到提升,学生的听力能力、口语能力都较差。

第三,网络以及多媒体内容极大地丰富了教学资源,并且增加了师生之间的沟通渠道,但与此同时,那些交互性、传播性极强的光盘课件以及网络课程等也对传统教学模式造成了一定程度的冲击。需要注意的是,尽管当前时代的物质环境十分优越,但是如果缺乏教师的监督、指导和帮助,那么学生通过网络进行自主学习也不能取得理想的效果。

通过以上内容我们可知,传统教学模式在某种程度上阻碍了英语教学课堂质量的提升,阻碍了学生英语成绩的进一步提高,这就让英语教学举步维艰。教师改革传统教学方法,将混合式教学模式融入传统教学模式中,并在现代教育技术的基础上,形成能够充分发挥学生主动性的英语教学新模式,是当前教师工作的重心所在。

第四节 大学英语混合式教学模式的应用优势

一、提高时间的利用率

传统课堂教学模式不能利用碎片时间,学生遇到疑难问题不能及时解决,大大降低了学习效率。教学既是教师传授知识的过程,还是学生掌握接受知识的过程,不仅需要师生之间保持良好的沟通,相互砥砺,共同进步,还要将教育教学的主体地位交还给学生。混合式教学将学生的碎片时间充分利用起来,学生可以不受课堂教学时间的限制自主进行学习,教师也可以进行线上答疑,增加了师生间的沟通。传统课堂教学无法实现这一点。

二、提高英语教学效率

在传统的课堂教学中,由于学生的英语能力及英语水平存在差异,教师只能根据学生的综合平均水平进行教学,使得基础薄弱的学生倍感压力,而对成绩优异的学生来讲又不具备挑战性。所以,不论是哪个英语阶层的学生都会感受到疲惫，对英语学习产生抵触。

混合式教学秉承着因材施教的教学原则，针对不同阶层的学生设定不同难度的教学内容，将教学课件上传到互联网平台中，实现资源共享，学生可以利用空闲时间进行学习，便于学生对知识的查漏补缺，以提升学习效率和学习成绩。

三、满足学生的学习需求

混合式教学可以进一步满足学生的学习需求。教师共享的资源可以让学生在课前了解到本节课的情况，从而解决了找不到朗读材料的问题。

同时，课前分享的提示也可以告知学生下一节课需要了解的内容，让学生提前学习，这样直接可以让学生对于下一节课需要学习的内容有了基本的了解，一些易于理解的知识点就在已有了解的基础上简单讲解即可，课堂的时间就着重解决学生可能会觉得难以理解的知识点和学习的难点上，也能够从根本上提高课堂效率。

讨论、集思广益，让学生有机会充分发表自己的意见，得到老师的表扬，一方面学生能够得到认可更加具备学习热情，另一方面也能够让学生之间彼此学习和共同进步。

四、提高学生的学习自主性

混合式教学对学习自主性以及积极性有明显的促进作用。在平台上进行评分，不仅是以分数的形式对学生的学习成果进行评估，也是帮助学生对于学习效率以及学习中是否存在问题提供参考依据，能够增强学生的竞争意识，让学生能够结合实际情况逐步分析自己的学习方式存在的问题和误区，继而进行相应的完善和提高，这样也能够对学习能力的提高带来帮助。

课程在开展前会提前把将要进行学习的相关资源以及学习要求进行公开，让学生提前进行预习和自主探索，以好奇心为驱使推动学习进度。讨论与集思广益可以提高学生在课堂上思考的积极性。学生也会更愿意在课后完成和检查作业，以便在课外作业中获得高分。

英语作为一门语言类学科，要通过不断学习和应用才能够得到提高，但大学生少有能够运用英语的场合，学生的英语水平得不到提高。互联网科学技术的到来从根本上改变了传统英语课堂模式存在的弊端，学生合理规划时间进行线上自主学习，将疑难问题做出归纳与整合，由教师线下集中答疑。学生有无穷尽的潜力，需要合理地制定教学和学习规划，养成自主学习的好习惯，完成教学目标。

五、拉近师生、生生距离

基于混合式教学模式的开展能够直接拉近师生、生生距离，加强互动与交流。学生可以在问答和讨论模块中充分发表自己的意见，教师可以对学生的意见进行评价和表扬，学生也可以提出自己的问题，由师生共同讨论解决。抢答、举手、随机选人等活动，让学生能够具备充分展现和表达自己的机会，激发学生表现欲和彼此之间的良性竞争，帮助学生更加适应学习的竞争性。

六、提升学习多样化

采用混合式教学能够提升学习多样化，真正实现让学生多方面同步发展，也能够给学生的学习过程带来协作与交流的体验，不仅仅让学生通过教学体验收获知识，也能够获取一定的技能，让学生开动自己的头脑思考和解决，加强学生之间的交流与沟通能力，培养创新思维。

通过混合学习活动，课堂教学不再是"教师示范、学生模仿"的统一模式，而是可以为学生提供更加丰富多彩的学习活动，如小组合作、讨论分享、头脑风暴等，可以有效地活跃和激励学生，提高他们参与活动的意愿。

学习资源的组合可以为学生提供多种选择，满足不同学生采用不同学习方式的学习需求，促进学生自主学习。

第四章 大学英语混合式智慧教育的模式探索

结合我国近年来的混合式教学实践，常见的混合式教育教学模式主要有五种，本章将会进行具体介绍。本章分为基于 MOOC 的混合式教育教学模式、基于微课的混合式教育教学模式、基于翻转课堂的混合式教育教学模式、基于移动云平台的混合式教育教学模式、基于移动 APP 的混合式教育教学模式五部分，主要内容包括：基于微课的混合式教育教学模式概念、基于微课的教育教学模式的具体步骤等方面。

第一节 基于 MOOC 的混合式教育教学模式

一、MOOC 概述

（一）MOOC 的产生与发展历程

1. MOOC 的产生

MOOC 只有短暂的历史，但是却有一个不短的孕育发展历程，它是长期积淀的结果。准确地说，它可追溯到 20 世纪 60 年代。1962 年，美国发明家和知识创新者道格拉斯·恩格尔巴特（Douglas Engelbart）提出一项研究计划，号召人们将计算机技术作为一种改革"破碎的教育系统"的手段应用于学习过程之中。之后，类似的努力一直在进行。

2007 年是 MOOC 孕育最重要的一年。这一年秋天，美国学者戴维·维利（David Wiley）基于 Wiki 技术开发了一门开放课程——"开放教育导论"。这门 3 个学分的研究生层次的开放在线课程的突出特点在于来自世界各地的参与者（学生）为这门课程贡献了大量的材料和内容。换句话说，也就是学生不只是来消费这门课程的，而是所有人一起在学习的过程中建设这门课程，并在建设的过程中学习这门课程。这样的设计是非常有意思的，也是很科学的。一方面，这门课程的性质决定了教师和学生必须持开放的态度，并拿出实际的行动；另一方面，戴维·维利所选用的 Wiki 技术平台为这样的共建共享奠定了良好的基础。

同样是 2007 年，加拿大里贾纳大学教育学院的亚历克·克洛斯（Alec Couros）教授开设了一门研究生层次的课程"社会性媒介与开放教育"。它始终是开放的，既面向以获得学分为目的的学生，也面向其他任何人。这门开放在线课程的突出特征就在于来自世界各地的特邀专家都参与了课程的教学活动。

2008 年加拿大爱德华王子岛大学的网络传播与创新主任大卫·柯米尔（Dave Cormier）与国家人文教学技术应用研究院高级研究员布莱恩·亚历山大（Bryan Alexander）联合提出 MOOC 的概念。同年 9 月，加拿大学者乔治·西蒙斯（George Siemens）和斯蒂芬·唐斯（Stephen Downes）开设了第一门——"连通主义与关联知识"（connectivism and connective knowledge online course, CCKOC），有 25 名来自曼尼托巴大学的学生（付费）以及 2 300 多名来自世界各地的学生（免费）在线参与了这门课程的学习。这门课程兼容并蓄，既借鉴了维利的开放内容和学生参与的思想，又吸纳了克洛斯的开放教学和集体智慧的举措。不仅如此，这门课程还支持大规模学生参与，采纳了连通主义学习理论和教学法。

在 CCKOC 课程中，所有的课程内容都可以通过 RSS Feed 订阅，学生可以用他们自己选择的工具来参与学习：用 Moodle（一个开源课程管理系统）参加在线论坛讨论，发表文章，在"第二人生"（second life, SL）中学习，以及参加同步在线会议。从那时开始，一大批教育工作者，包括来自玛丽华盛顿大学的吉姆·格鲁姆（Jim Groom）教授以及纽约城市大学约克学院的迈克尔·布兰森·史密斯（Michael Branson Smith）教授都采用了这种课程结构，并且成功地在全球各国大学主办了他们自己的 MOOC。这种 MOOC 类型基于连通主义学习理论，并在随后得到逐步推广，如 edu-MOOC、Mobi-MOOC 等。

2011 年，美国斯坦福大学教授塞巴斯蒂安·史朗（Sebastian Thrun）与彼得·诺维格（Peter Norvig）把为研究生开设的"人工智能导论"课程放在了互联网上，吸引了来自 190 多个不同国家的 16 万余名学生，并有 2.3 万人完成了课程学习。从此掀开了 MOOC 的新篇章。

2. MOOC 的发展历程

(1) 北美：MOOC 的发源地和"领头羊"

2012 年之后是 MOOC 快速发展的时期。在这一年里，Coursera、Udacity 和 edX 三大主流网络学习平台相继建立，且都获得数千万的资金投入支持，与全球近百家高校开展合作，学员越来越多且范围已经覆盖全球 190 多个国家和地区。

MOOC 作为新兴的在线教学模式，其发展的速度之快、规模之大令人称赞。值得关注的是，在 2013 年，Coursera 平台上的五门课程通过美国教育理事会的评估，并成功进入学分推荐计划。这意味着 Coursera 平台上学员选修课程并顺利结业所修的学分是可以获得美国传统高等教育的承认，此事标志着 MOOC 平台正式进入美国正规高等教育体系，而 MOOC 三大网络平台 Coursera、Udacity、edX 所提供的免费课程也都受到了高校、科研机构、企业等社会各界人士的认可。

(2) 欧洲：MOOC 多样化的探索者

在 edX，Coursera 和 Udacity 已形成三足鼎立的格局下，欧洲各国没有简单地加入某个或某些 MOOC 平台中，而是均在全力地创建自有的 MOOC 平台。

在英国，首先进入 MOOC 领域的是英国开放大学，并于 2012 年 12 月推出英国首个自有的在线教育平台——Future Learn，于 2013 年 9 月成功首发 20 门 MOOC 课程。在首批上线的课程中，除文学、历史、社会科学、市场营销、心理学等社会科学类学科外，另有计算与 IT、环境与可持续发展、物理学等自然科学类学科。

随后 Future Learn 又先后增设"品牌的秘密力量""网络科学：网络如何改变世界"等六门课程，且注册用户涵盖伯明翰大学、爱丁堡大学等英国著名高校在内的 26 所学校参与 Future Learn。

在德国，作为在线学习工具开发的——university 于 2013 年 9 月上线，成了德国的首批 MOOC 平台。虽然旨在成为全球性 MOOC 平台，并已经先后两轮成功融资，实力逐步走强，但目前的发展仍然是德国本土为主。

在法国，法国教育部于 2013 年 10 月宣布基于 edX 开源代码构建国家 MOOC 平台——FUN，是专门为法国的大学生服务的教学管理机构，FUN 成为全球首个政府直接参与的 MOOC 平台，且 FUN 首批上线 20 门 MOOC 课程，并已于 2014 年初开课。

除了英国、德国、法国外，其他欧洲国家亦相继构建自有 MOOC 平台,芬兰于2013年构建自有平台Eliademy,西班牙于2013年构建自有平台Miriada X,等等。与此同时,欧盟11个国家更于2013年4月发起泛欧洲MOOC计划,并组建了欧盟MOOC平台——Open up Ed。

(3) 亚洲:MOOC追随者

与欧洲国家多样化的探索不同,亚洲各国在构建本国MOOC平台的同时,亦积极加盟MOOC的Coursera、Udacity、edX三大平台。

日本于2012年1月创建了本国的首个MOOC平台——School,但School并非全球公开,它仅向日本本国的学生开放。日本东京大学于2013年2月宣布加入Coursera平台,并于2013年先后推出"战争与和平的条件""从宇宙大爆炸到暗能量"等课程,注册学习的学员也很多。

在印度,高校都积极地加入MOOC三大平台,但是印度理工学院、TCS公司和高特软件公司等联合成立了"产业—学术MOOC联盟",致力于构建全球性MOOC平台。

在越南,著名化学家杨甲文于2013年8月创建了首个越南语MOOC平台——GIAP School,并于同年9月上线首门课程"理解沟通"。

在中国,MOOC的发展态势同样势不可挡。国内985所大学都积极地搭建与edX、Coursera、Udacity三大平台的合作。清华和北大同时签约宣布加入edX。网易公开课也正式与Coursera平台合作,在网易公开课的基础上推出"网易云课堂"。优酷与Udaeity合作抢占了Udacity在中国的唯一发布渠道。

2014年,提供北大、清华、浙大、复旦等重点大学课程的"中国大学MOOC"项目正式在国内上线,随后"2014中国大学MOOC发展论坛"在北京成功举办,该论坛聚焦未来大学教育发展过程中的新特点、新趋势,各方学者对MOOC模式进行研讨,对于今后MOOC在推进传统教学模式创新、提升现今高等教育质量提出了新思路和建议。MOOC在中国宏观环境和利好政策的驱动下高势发展,MOOC在线网络学习也成了中国未来教育的新常态。

2020年11月15日,中国高校计算机教育MOOC联盟年会在北京召开。来自全国各高校计算机教学负责人、联盟成员单位联络人及计算机教学负责人、建设或者使用计算机类MOOC的主讲教师及团队成员、高校计算机教学负责人等相聚北京,共同探讨在后疫情时期,如何更好地推动计算机类在线开放课程在我国高校的广泛深入和创新实践。本次会议在总结联盟实践的基础上,深入探讨后疫情时期在线开放课程的广泛深入的模式和方法，以促进大学教育更好的发展。

（二）MOOC 的定义与内涵

所谓 MOOC，是 Massive Open Online Courses 的首字母缩写，意为大规模开放在线课程。随着实践的深入，MOOC 的定义不断变化和更新。MOOC 这个词原本是用来描绘联通主义的学习方法，即学生自定学习目标，借助数字技术并通过社会网络交互以建构知识。

MOOC 的创始人之一乔治·西蒙斯也从联通主义的角度定义了 MOOC：是过去两年中正在兴起的一种在线教育形式。它整合了社会网络的联结性，相关学习领域著名专家的指导和在线资源的自由获取，以使成百上千的学生根据自己的学习目标、先导知识和技能以及共同兴趣爱好，自愿加入，主动参与学习。

在乔治·西蒙斯看来，MOOC 的精髓在于网络的联通性，学生通过各种社交软件联结和分享知识，进行个性化学习。MOOC 的定义首先突出在线课程的特点，如维基百科对 MOOC 的定义是"一种针对大众人群的在线课堂，人们可以通过网络来学习在线课堂"。而百度百科对 MOOC 的定义是"新近涌现出来的一种在线课程开发模式"，它发展于过去的那种发布资源、学习管理系统以及将学习管理系统与更多的开放网络资源综合起来的新的课程开发模式。麦克米伦词典（Macmillan Dictionary）对 MOOC 的定义是"大规模网络公开课：可能通过互联网免费获得的一种课程，并且有海量的参与者"。

国内外学者主要从大规模和开放特征角度定义 MOOC。汤普森（Thompson）等认为 MOOC 是一种理论上对任何人都无任何限制、无须费用，结构化且有特定学习目标的开放课程，主要活动发生在因特网上。

尽管 MOOC，就其字面而言是大规模开放在线课程的意思。但这个脱胎于 CMOOC 时期的术语今天看来有太多的模糊性和不确定性。

（三）MOOC 的特征

1. MOOC 在网络环境中体现的特征

国家开放大学的授课教师韩艳辉认为："如果从两个维度上看慕课，那么可能一个维度就是聚焦于规模，另一个维度是聚焦于社区和联系。"这两个维度，前者当然体现了 MOOC 的大规模特征，后者则侧重于说明 MOOC 的开放性以及由开放而形成的社区联系特征。

(1) 大规模性

MOOC 的大规模特征首先体现在课程的参加人数上。较之传统课堂的只有几十人的学习人数和结业人数，都显示了 MOOC "规模"之大，受众之广。"人工智能"课的授课教师史朗表示，这门在线课所影响的学生数超过他 20 年来课堂教学的总和。除了那些已经造成轰动的已完结课程，现在很多 MOOC 平台的新加入课程的参与人数也动辄上千上万，这是传统课程所无法比拟的。

其次，MOOC 的"大规模"也体现在 MOOC 平台上有大量可供选择的、几乎涵盖全部学科领域的网络课程上。为了更好地接受不同文化的知识，各个 MOOC 平台都组建有学员们自己的翻译组和字幕组，使得其他不懂外语的学生的 MOOC 学习不再局限于以自己母语授课的部分课程，学习内容也随之增加了。而且，随着越来越多的学生加入，他们的学习意愿和学习过程都以数据的形式被记录了下来，形成 MOOC 学习的大数据。这些大数据可以帮助教师更好地选择和设计有效的课程与教学，促使 MOOC 的学习内容更为多元，几乎包罗万象。

除了以上两点可以体现 MOOC 的大规模外。MOOC 各个平台的合作伙伴中各研究机构以及世界级名校的数量之多，也足以担当"大规模"的名号。

值得一提的还有 MOOC 背后的教师团队以及大量人力和资金的投入。因为 MOOC 不再是三尺讲台上一位教师面对几十个学生的传统模式，它面对的是数以万计的网络自主学生，它的课程设计与制作，以及课程投放之后的管理与维护等都不是一位教师所能驾驭得了的。所以一门 MOOC 课程从开始准备到结课评估，都需要一个完整教学团队的分工协作、共同努力。

(2) 开放性

MOOC 的开放性很好地诠释了"有教无类"的思想。这种开放性其实也体现了 MOOC 自出现时便一直强调的教育公平原则。MOOC 的开放性，可以说是贯穿了 MOOC 学习的全过程。MOOC 自开始的理念便与教育开放、教育公平有关，它从学员免费注册到选择课程资源和学习讨论，以及之后的一系列线上线下的相关活动，都对所有注册者完全开放。而且得益于各大平台的大学合作者越来越多，跨学校、跨学科的学习以及大学间的学分互认也变为可能。

有人说教育的公平首先体现在学习机会的均等，而教育的开放，首先要做到的就是学习机会的开放。在 MOOC 中，学生无论在什么时间段、什么地区、有什么样的自身文化背景，只要处在互联网的环境中，都可以随时注册进入 MOOC 平台，选择自己喜欢或者需要的课程开始学习。这种对学生的全面开放，是 MOOC 最基本的特征。

从现有的 MOOC 平台数据上来看，注册的学生来自世界的 190 多个国家和地区，地域分布相当广泛。虽然几个最大的慕课联盟来自美国，美国的 MOOC 生源却只占总生源数的三分之一。因为一些原因，没有办法从人种学角度统计学生的民族成分，我们却可以从学生的注册信息以及话题讨论中了解到他们的性别、年龄、学历和生活经历。从已有数据上看，学生的性别比例差距不大，不过男性学生相对更多一点；20~30 岁具大学学历或者正在进行大学本科或研究生学习的学生占大多数，但是也有很多初中、高中就加入 MOOC 学习且取得成绩认证证书的学生，以及参加工作以后补课充电的各行各业人员。这种多样性还体现在学生加入 MOOC 的意愿动机上：有的学生需要通过相关课程提升自己的专业水平，有的学生是为了兴趣而学，也有一些参与者只是为了满足自己的好奇心，还有的则是像游戏通关积攒勋章一样，为证书而学……正是 MOOC 的这种开放性，吸引了处于不同年龄和社会层级、带有不同学习背景的学生加入，也因为参加者的不同身份背景，使得 MOOC 的许多学习讨论不局限于课程本身，进而成为一种文化的冲击与交流。

MOOC 的进入同样是开放的，准入门槛几乎没有。除了一部分需深入解读的课程需要一定专业理论知识做铺垫外，大多数课程初学者一进入便可以开始学习。同样的，它的教与学过程以及这一过程中使用的资源和工具也具有极大的开放性。MOOC 的每一节课都会限定一个大致的时间范围，即一门课的开课时间是固定的几周或十几周，每一周课程组织者上传一节课的内容和作业，学生可以在这一周内自主安排时间，随时开始学习。这种时间上的开放极大地方便了学生对自己的学习时间的规划，而且，学生的学习环境由学生自己选择，这里的学习环境既指线上讨论小组或者交流平台的选择，又指现实中学习环境的选择。

不同的学生对同一材料的理解、关注点和疑问都会不同，讨论组的设立给学生提供了交流答疑的平台。在平台中，所有参与者身份平等，提出问题和见解，互相交流讨论，即使是课程发起者也不会给定唯一答案或者固定答案；开放式的交流不会只限制在一个领域、一个角度。

学生可以通过讨论自主构建知识，也可以通过互动分享传播知识，使得知识更加延伸、开放。同时，在每个 MOOC 讨论区或者讨论组，都有已经完结课程的相关资源和学生分享的学习笔记，新加入的学生或者错过该课程的学员可以二次使用这些资源进行补充学习，充分提高了网络课程资源的利用率。

2. MOOC 在教育环境中体现的特征

（1）资源共享性

资源共享性包括两个方面：优秀的教师资源和丰富的学习资源。相较于古代的个别教学和产生于近代资本主义的班级授课制，可谓是世界教育史上的巨大革命。在古代的个别教学中，一般来说，学校的学生杂然集中于一室，教师轮番传唤，施以个别指导；而当社会进入资本主义，班级授课制产生以来，课堂教学每天只有 4 个小时，一个教师可以同时教几百个学生，而所受的辛苦则比从前教一个学生少 10 倍。

印刷术发明之前，文化的传播主要靠手抄的书籍，学习资源也相对较少，只有贵族才享有教育的特权。印刷技术的出现与通信技术的发展为平民阶层带来了福音，极大地增加了平民阶层的学习机会，并促进了各种书籍的共享。

如今的 21 世纪，随着互联网的诞生以及教育信息化的发展，MOOC、微课、翻转课堂应运而生，以此为载体的 MOOC 教育，借助信息化与大数据技术的支持，如 Edx、Coursera、Udacity 三大 MOOC 平台，有了这些技术的支持和平台的支撑，"让一个先生同时或不同时教数以万计、数以百万计，乃至数以千万计的学生成为可能"。

除此之外，关联主义认为，学习是各个节点相互连接形成网络的过程，而不是一个人的活动。通过技术的支持，如西蒙斯创建的 E-learning，全世界各地的学生可以在此对任何问题进行讨论和交流，使学生之间的联系更为便捷，个人的经历以及知识结构可能会成为别人的学习资源，作用于双方的学习网络。

（2）复合学习性

复合又称结合或联合，顾名思义指的是两种或两种以上的事物，复合学习即两种或多种学习方式的结合。互联网诞生以前，知识获取的渠道一般为教材或教学内容以及相关的辅助参考书，学习通常发生在课堂上，通过教师的讲授以及作业的练习等。

而互联网以及信息化与大数据技术的支持，使学习不再局限于单一的方式，学习的发生也不再局限于固定的场所和固定的时间。而且，人本主义强调"人"的作用，认为"人"天生具有自我实现的动机和潜能，力求变成他能变成的样子，即"成为你自己"，而"人成为目的本身，成为一种完美、一个本质、一种存在。"学生有自我实现的潜能。

MOOC 教育尊重学生的自我实现潜能，关注学生的发展，不再采用单一的课堂学习，丰富学习方式，故 MOOC 教育的学习具有复合性。这个复合性包含两层含义。

首先，通过网络技术的应用，将学习方式分为线上和线下，两种方式相互结合。线上学习是指学生利用电脑、微信、微博等移动客户端，通过微课、微视频、MOOC 等方式学习知识，或基于某一问题通过网络平台进行探讨，给予学生充分的学习自由。相对于线上学习而言的线下学习，包括课下学生之间的交流以及课上教育者与学生围绕问题产生的互动等，让学生主动探究、协调合作、积极表达，也允许出现不同的声音，而非一刀切。线上与线下相互联系，相互结合，线下的讨论离不开线上的学习，线上学习的知识通过线下的互动加深理解，促进内化。

其次，基于学习活动的发生，将学习分为发生在学生内部的学习和发生在学生外部的学习，内部学习和外部学习相结合，帮助学生进行教育活动。

关联主义认为，学习不仅仅可以发生在学生的内部，通过认知、建构等方式完成知识内化，也可以通过学生之间的相互交流和互动，将知识点与信息源相关联，进行学习活动，而这个过程是动态的和循环的。

（3）自主性

"自主"，顾名思义，自己做主，不受别人支配。从心理学角度讲，自主是指遇事有主见，能对自己的行为负责。人本主义强调人具有自我实现的潜能，苏联的瓦·阿·苏霍姆林斯基（Vasyl Olexandron sukhomlynsky）认为，学生具备自我教育的能力，并且提出"促进自我教育的教育才是真正的教育"。

既然学生具备自我教育的能力，MOOC 教育所要做的即为发挥学生自我教育能力，让学生自己做主，促使其对自己的行为负责。MOOC 教育的开放性，为学生提供了自我教育的机会。因为在丰富的教育资源以及获取教育资源渠道的多样化的 MOOC 教育环境下，教和学不再局限于特定的时间和特定的地点，学生需要学会如何在纷繁的教育资源中选取所需的学习资源，更要学会选择适合的学习方式掌控学习节奏。MOOC 教育中的学生有较多的自由时间，在完成规定学习的基础上，可以适当地拓宽知识面或加深对于知识的理解程度,这需要学生对自己的时间有一个良好的规划和管理能力。

借助教育媒体和网络平台进行学习时,更要发挥自我监督的功能。学生自主性的发挥并不意味着脱离教育者,教育者在此过程中扮演的是"导演",让学生作为"主角"尽情地去发挥,学习是通过学习者的主动行为而发生的,他学到什么取决于他做了什么,而不是教师做了什么。

除此之外,学习者作为个体的社会人而言,终究要独立地面对社会,处理各种复杂的社会问题,这不仅是一个社会问题,更是一个教育问题,而 MOOC 教育自主性的特点正是强调让学习者而非教育者或家长对自己的学习承担责任,这也是学习者学习成功的关键所在。

二、基于 MOOC 的混合式教育教学模式的理论基础

(一)泛在学习理论

随着信息技术的飞速发展以及素质教育的普及,传统的课堂教学模式已然不能适应新时代发展的需要,为适应新课改的培养目标,弥补传统教育的缺陷和不足,泛在学习模式应运而生。

顾名思义,泛在学习(U-Learning)就是指学习者可以随时随地进行学习的一种学习方式。泛在学习倡导学习者合理利用日常生活中的零碎时间(如等地铁、公交的时间)进行碎片化学习,这种学习模式对于提高传统教育的教学效率有着潜移默化的影响。而想要真正让学习者实现泛在学习,离不开客观物质资源的支持。

基于 MOOC 的混合式教学的"线上"学习活动实际就是学习者利用零碎时间随时随地学习,从而完成学习任务的学习过程。在这种环境下,学习者可以根据自己的需求进行学习,当然,学习者的学习方式也是多样化的,学习者不会受到任何环境、时间的限制。作为数字学习的延伸,它在很大程度上弥补了数字学习所存在的一些问题,学习者可以通过学习内容以及对象,选择自己所需学习的内容。同时,泛在学习也是学习者对知识的获得、储存、创造等的一种表现,它将会提高人们的创造性和解决问题的能力。

(二)终身学习理论

人们日常所说的"活到老学到老"和"学无止境"等就是终身学习理念的合理运用。终身学习是贯穿于人的一生的持续的学习过程。终身学习理念要求教师在教学过程中以培养学习者主动学习为教学目标,着重培养学习者的自主学习能力,从而使学习者在学习的过程中养成主动学习、不断探索的学习习惯,基于 MOOC 的混合式教学的最终目的就是要培养学习者的自主学习能力,并使学习者在学习的过程中养成主动学习的学习习惯、认识和接受 MOOC 的学习理念,使学习者在今后的学习过程中能够持续利用 MOOC 平台提供的资源进行终身学习。

(三)非正式学习理论

非正式学习是相对于正式学习而言的,正式学习主要是指学校的学历教育或工作后进行的继续教育,比如上课、听讲座、参加培训班等。非正式学习是指在非正式的学习时间、非正式的学习场所发生的,以及非正式的人与人之间交流时发生的学习,形式多样,不固定。它由学习者自主发起、自我调控,不论何时何地都能发生,具有自主性、社会性等特点。

非正式学习理论是移动学习的理论基础,移动学习使得学习者利用移动设备进行学习,并且不受时间和空间的限制。学习过程不再局限于传统的课堂教学中,极大地延伸了学习的场所。学习者通过 MOOC 平台,可以进行自主学习,与教师交流遇到的疑难问题,这可以说是传统课堂的一种延伸,而学习者学习的时间和场所是不固定的,具有更大的灵活性。学习者在利用 MOOC 平台进行非正式学习时,可以自我调控学习过程,自行决定学习的时间,获得更大的自由空间。

(四)教师专业发展理论

教师专业发展,主要是从事教师这个专门职业的教师个体在适应和符合不断变化的教育教学要求中,持续不断地学习和更新知识,不断提高从事教育教学所需的各种能力与水平,这是一个持续不断的发展过程。教师作为教育的领军人物,是为国家培养创新型人才的主力,因此,作为一名教师,更要时刻提升自己的专业化水平,积极面对新的挑战。

在教育信息化背景下,通过教师信息技术能力培训模式帮助教师更新教育观念,学习符合信息技术发展的知识与技能,并且教师可以利用

MOOC 理念拓宽知识面，认识学习伙伴，通过知识的交流与分享，实现终身学习，满足教师的发展和需求，最终实现教师的专业化发展。

（五）碎片化学习理论

课堂教学不能达到理想效果往往在于其教学内容的广泛性和系统性，每个学习者掌握学习的能力不尽相同，想要跟上他人的学习步伐，后期的努力必不可少。后期有针对性地学习可以通过碎片化学习来实现。所谓碎片化学习，指的是通过对学习内容或者学习时间进行分割，使学习者对学习内容进行碎片化学习的学习方式。使学习者在接受课堂集体教学之后，能够根据个人情况自主安排自己的学习时间和学习内容，进行自主复习。

（六）行为主义学习理论

美国心理学家约翰·华生认为心理学研究的对象不是意识，而是行为，认为人的行为都是后天习得的，环境决定了一个人的行为模式。伯尔赫斯·弗雷德里克·斯金纳（Burrhus Frederic Skinner）认为学习是一种行为，是循序渐进的过程，而教则是把学习者与教学大纲结合起来的艺术，教师起着监督者或者中间人的作用。这对基于 MOOC 的混合式教学中教师的角色定位有着很强的指导意义。

（七）BYOD 理念

BYOD 即自带设备，最初在企业中指员工能够利用自己的办公设备进行办公，这些设备包括个人电脑、手机、平板等（而更多的情况指手机或平板）。员工只需在自己的设备上安装很多公司的相关软件，就能够在任何地方登录到公司邮箱、在线办公系统，不会受到时间、地点、设备、人员、网络环境的限制。作为一种新型的信息服务方式，学校也将允许学习者把自己的移动终端设备带入学校，带入课堂，允许学习者使用自己的终端设备进行学习，这不仅能推动我国教育信息化的进程，同时也实现了学习方式的变革，也能培养学习者在信息化环境下的学习能力。

（八）认知主义学习理论

认知主义源于格式塔心理学派。认知主义认为，世界是客观的，人们对客观事物在头脑中的反应形成了知识，知识是可以迁移的，因此它可以通过教学的方式获得，而教学的目的就是使用最有效的方式实现知识的迁移。认知主义也强调环境在学习者学习过程中的作用,但是它认为环境作用的实现必须通过学习者的内部心理作用的过程,它认为生活处处皆知识,学习无处不在。

认知主义代表人物爱德华·托尔曼(Edward Chase Tolman)认为人的头脑中是有认知地图的,所谓认知地图也就是学习不仅仅是一种单纯的知识获得,同时也是对学习目标、学习过程、学习途径以及手段的清晰认知,也就是认知观念的形成。所以在学习过程之中,也需要对认知过程进行研究,强调学习的目的性和认知性。

认知主义的另一个代表人物杰罗姆·布鲁纳认为,学习的实质是将学习内容进行符号化和表征化的过程以及将这些表征进行应用的过程;皮亚杰则认为知识的获得是通过内部心理活动实现的,包括内在的编码以及组织,它重视意识在学习者学习过程中所承担的角色,认为在新的学习开始之前,学习者的心理已经存在一个心理结构,这原有的认知结构对于后续的学习有着重要的影响。学习者原有的学习策略,学习态度、知识经验以及情感、信念、价值观、态度等都是影响后续学习效果的重要因素。因此,他认为在教学的过程中既要重视学习者的主体作用,又要重视教师的外部刺激作用;既要重视学习者的内部心理过程,又要创设合适的条件来促进学习者的内部心理状态的发展。

认知主义理论指导下的教学模式将学习者的心理发展状态作为一个重要因素纳入教学设计中,在教学策略和教学内容的选择上与学习者原有的认知结构更为契合,学习者的主动性和积极性也能够得到更好的发挥。

MOOC中的每门课程都将"认知地图"的思想很好地体现出来,每次开课之前,都会将课程的大概给出一个相关介绍,并且还将教学大纲以及总时长数公布出来,每周的主题、主要内容、相关材料、课后作业、评分标准等等也会通过邮件告知。这种方式的使用能够使学习者预先建立"认知地图",从而更好地投入到学习中。MOOC在课程设计中,在每一节视频中,都会嵌入2~3道测试题,如果对了,会直接显示正确答案;如果做错了,学习者可以有多次选择的机会,而不会直接显示答案。这样的设计是源于学习者的游戏心理,学习者在玩游戏的过程中会有通关的设置,只有通过了基础的游戏关卡,才能升入新的一级,MOOC的设计借鉴了这一特点,依据学习者的求胜心和好奇心在课程中嵌入测试,只有通过才能继续学习。这种设计一方面是对学习者学习兴趣地刺激,另一方面也是对于学习者学习效果的监督。每一步的测试即对于之前学习内容以及学习情况的监督和检测，并且通过测试及时给予学习者学习的反馈，学习者也会知道自己是否理解课程所讲的内容。已经有实践证明，通过学习 MOOC 课程的学习者取得的成绩要比通过参加传统课堂学习的学习者的成绩好。

学习的主体应当是学习者本身。然而传统的教学模式由于技术条件、人力条件等问题的限制，使得教师成了所有学习活动的中心。教师是学习活动的发起者、执行者、监督者、检测者，多种角色集于一身，纵使有三头六臂也无法将所有角色都扮演好。何况，学习者间又有着明显的个体差异。在这种情况之下，学习者的个体差异无法被顾及也是在所难免，这也是说中国教育就是一个"复刻机"的根源所在。

混合式教育教学模式的发展是教育理论和科学技术不断发展的产物。它的理念即在适当的时间，通过适当的技术，运用适当的风格，对适当的学习者传递适当的能力，从而取得最优化的教学效果，把传统教学效率高、师生间可以进行情感互动等方面的优势与网络教学自由、多变、共享方面的优势相结合。在知识迁移的过程中，既充分发挥教师的引导、启发和监督的作用，又将学习者的在学习过程中的积极性、主动性和创造性充分调动和发挥，用最简单的办法实现知识的有效迁移以及学习者能力的获得。

关注学习者内部心理发展即关注学习者本身。基于 MOOC 的混合式教育教学模式的设计理念是以学习者为中心，课前资料的提供及学习任务单的设计，出发点都是学习者的接受程度、接受能力、已有的知识基础、关注的兴趣点等等，在此基础上设计相应的问题，引发学习者对所学习的内容的思考，激发学习者深入探究的兴趣。

同伴之间的合作既是一种彼此的促进又是一种彼此的监督，实现了纵向和横向监督并行的状态。课堂中已有教学资源的运用，既实现了物尽其用，又解放了教师，使得教师把更多的时间和精力投放到学习者身上，关注学习者的成长与发展。课后，交流平台的运用，延展了课堂的宽度和广度，使得课堂不再局限于仅有的 45 分钟，任何时候、任何地点，有任何疑问都可以与教师实现无缝衔接交流。大数据技术的应用，用科学的手段分析学习者的学习情况，进而进行科学性的改革和调试，使设计的活动更为适应学习者的学习需求和发展需求，通过内部及外部条件的作用，实现学习者的能力的提升、情感的提升、态度的培养。

（九）联通主义学习理论

联通主义学习理论认为学习是知识网络结构中一种关系和节点的重构

与建立。学习是一种将不同专业节点或信息源联通的过程,知识的流通是所有联通主义学习活动的最终目的。MOOC规模庞大,需要学习者在庞大的知识海洋中建立起相应的联系,并对知识进行意义建构,构建属于自己的知识网络。在学习过程中,学习者也需要和其他学习者进行交流,与各类学习资源建立连接,形成学习者的内部知识网和外部生态网。参训教师可以将好的学习资源进行分享,与其他学习者建立知识网络,提升自身信息素养。

三、基于 MOOC 的混合式教育教学模式的构建

(一)学习者特征分析

由于基于 MOOC 的混合式教育教学模式的一个重要意义是增加教学过程中的差异化教学和个性化教学的比重,在混合式智慧教育教学模式的构建过程中,对学习者特征进行分析是需要重点分析研究的方面。特别是由于很多大学将基于 MOOC 的混合式教育教学模式率先应用于通识教育素质选修课教学中,而大学通识教育素质选修课最大的特点就是没有学院和专业的限制,同一门课程的学习者来自文科、理科、工科等不同的学院和专业。因此,如何有效地进行学习者特征分析,采集并分析学习者的相关数据,根据学习者情况进行合理分类,设计适当的团队分组原则,是基于MOOC 的混合式教育教学模式的学习者特征分析的主要目标和意义。

1. 专业背景

专业背景是学习者所在的学院专业的客观信息,一定程度上可以反映学习者的知识结构,而且在基于 MOOC 的混合式教育教学模式中为了提高教学效率,所有的客观数据都应该从教务系统中自动同步。

2. 知识结构

学习者的知识结构可以参考其专业背景来分析,但是需要注意的是,当前学习者的知识结构越来越多元化,因此不能机械地用专业背景来推断学习者的知识结构,可以通过问卷调查和小测验的形式收集并分析学习者的知识结构。

3. 兴趣爱好

兴趣爱好往往对学习者的学习动机和积极性产生较大的影响,特别是

在面向差异化教学和个性化教学的教学设计中,根据学习者的兴趣爱好有针对性地组织教学内容并引导学习者进行探究性的学习是教学设计的主要目标。兴趣爱好可以通过问卷调查的形式收集数据。

4. 自评

自评的含义是要求学习者在正式开始课程学习之前,通过填写教师设计好的问卷,对自己当前的知识结构和能力水平进行自我鉴定与评估,帮助学习者正视自己的现状,分析自己的特长和短板,以便在学习过程中有针对性地弥补自身存在的知识短板。

5. 认识同学

基于 MOOC 的混合式教育教学模式的一个重要特点就是强调互联网环境中的团队协作式学习,避免出现很多教育专家担忧的 MOOC 让学习者学习过程更加孤僻的问题。团队协作的前提是认识和了解同学和可能的队友。因此,学习者的专业背景、知识结构、兴趣爱好、自评数据等信息应面向全班学习者公开,让学习者在充分认识自己的基础上充分认识同学,引导学习者思考如何在团队学习过程中充分发挥自己的特长,并且能够积极与团队成员进行合作,最终通过课程学习提高学习者的沟通交流能力和团队协作能力。

6. 痛点分析

与教师对混合式教学设计的痛点分析的目的类似,学习者在开始课程学习之前也应该对自己学习该课程的痛点进行分析,从而让教师能够进一步掌握学习者的特征,帮助学习者在学习过程中重点解决痛点。以大学一门与信息技术相关的通识教育课程为例:通过问卷调查分析可以看出,文科学习者的学习痛点是担心课程内容太难、学不会,而理科和软件相关专业的学习者担心课程内容太浅,会导致浪费时间,所以在教学设计中如何满足不同专业背景和知识结构的学习者的学习需求就是教学设计重点要解决的问题。

7. 性格特征

除了显性的专业背景和知识结构等信息之外,学习者的性格特征往往更难以察觉。在传统教学中对学习者性格的分析往往也会被忽视,但是在强调团队协作的混合式教学中,学习者的性格特征是非常关键的因素,有可能会影响学习团队内部的合作和协调,因此了解学习者的性格特征是教师对学习者进行有效的沟通、交流和辅导,以及合理制定团队分组策略的重要依据。需要特别注意的是，由于人的自我防御机制（defence mechanism），直接的问卷往往难以获取被测者真实的数据，因此可以使用专业的心理性格测试问卷对学习者进行性格特征分析。

8. 学习者特征分析的技术要求

传统的教育研究往往基于大量的问卷调查，在当今云计算、大数据、移动应用技术全面普及的时代，如果仍然沿用"纸质问卷+人工整理"，或是"网络问卷+人工整理"的形式，都会显得非常不合时宜，使教师和助教完全陷入机械的手工劳动中，教学效率不但难以提高，反而会因为对学习者特征分析的细化而进一步增加工作量。因此，在基于 MOOC 的混合式教育教学模式中，基于移动 APP 前端界面和自动处理数据并生成数据可视化报表的后台数据处理系统是进行学习者特征分析的先决条件。

具体的形式和操作流程是，教师通过教学 APP 发布问卷，学习者用手机就能完成填写和提交，提交后的数据自动生成可视化报表，教师可以通过后台管理平台进行进一步分析，学习者可以直接在手机中查看与自己有关的报表（如个人和同学的兴趣与能力雷达图）。

具体的技术实现，有条件的学校和教师可以自主设计并开发 Web APP，也可以使用一些 MOOC 平台内置的问卷和数据统计功能；没有条件的学校和教师可以充分利用互联网中的在线问卷网站服务来完成。

（二）教学特征分析

1. 网络课程与本地课程的互动生成

在基于 MOOC 的混合式教育教学模式中，MOOC 课程与本地课程应该是互动生成的关系。网络上的 MOOC 课程并不是学习者全部的学习内容，而应是对现有课程内容的补充扩展。基于 MOOC 的混合式教育教学模式强调网络与本地课程内容的混合，学习者在线上学习教师选取的优质 MOOC 资源，线下教师对课程学习进行补充深入，并对学习者进行个性化指导，促进学习者的深度学习，不仅增加了学习者获取知识的通道，更有助于聚焦本地，提升教学效果。

2. 系统学习与碎片化学习的结合

MOOC 利用信息技术的优势，为学习者提供大量而丰富的课程学习资源和系统化的教学板块，突破了传统教学局限于书本知识，教师主体的弊端，完整而系统的课程设计使各个年龄层次的学习者有效地摆脱了对于知识"有需求"而"乏途径"的境遇。基于 MOOC 的混合式教育教学模式的学习对时间的需求与传统学习方式有着显著不同,学习者线上的学习不受时空限制,可以在一切空余时间进行 MOOC 学习,利用碎片化时间学习碎片化知识,线下的面对面课堂教学则弥补了在线教学缺乏系统性、交互性等弊端,使得学习变得更加灵活、便捷、系统。

3. 教师主导与学习者主体的结合

MOOC 作为一种新的教学形式,其核心理念是以学习者为主体的师生交互创生观和以教师为主导的教学相互适应观的结合。与传统英语教学相比,基于 MOOC 的混合式教育教学模式更强调学习者的主体地位,线上高度化的自主学习加线下合作式的小组学习,强调学习者在情境中自主地进行知识建构,教师在整个教学中扮演主导者的角色。这种教学方式有助于让教师把更多的时间和精力转移到学习者个体上,有针对性地进行个性化教学,促进学习者自主、合作、探究学习能力的全面发展。

4. 自主学习与合作学习的结合

基于 MOOC 的混合式教育教学充分支持学习者的自主学习,整个学习过程完全基于学习者的个人需求,通过线上 MOOC 自主学习,学习者完成知识的自我建构。在面对面课堂中,师生、生生讨论、交流,进行思维的碰撞,进行基于任务的小组合作学习,有助于学习者团队合作能力与创新思维能力的培养。与单纯的网络课程相比,基于 MOOC 的混合式教育教学模式更关注学习者整个学习过程的体验,能够满足不同层次学习者的个性化需求。

(三)设计理念

1. 教学目标:注重学习者的自主发展

基于 MOOC 的混合式教育教学模式的教学目标往往以学习者的发展为本位。

第一,注重学习者的主体特征。教师在进入课堂之前,首先分析的是学习者的主体特征,和学习者能力发展的需要,要将知识的传授过程变为促进学习者主体能力发展的过程,而不是简单的知识传递的过程,为了讲授而讲授。

第二,注重学习者的个性发展。每个学习者都有自己的特点,有着其区别于他人的特点,这就要求我们不能统而概之地进行复制式的培养,要根据学习者的具体情况有针对性地给予指导。

第三，注重学习者的全面发展。一个人的发展需要的是全面的发展，不管是知识、能力，还是情感、价值观，需要的是教师的全方位的引导，再将这种全方位进行具体的细化、具体化，贯穿到每一次课程中。

2. 教学过程：注重学习者的主体参与

第一，教师在教学之前要认真研究各个学习者学习的不同起点，根据实际情况，确定教学策略、教学过程。

第二，设计不同层次的教学活动，组织全体学习者参与教学过程中，由于学习者的学习基础不同，要根据学习者的具体情况设计相应的教学活动，使其融入教学活动中。

第三，引导学习者全过程参与、全身心参与。学习者的参与不应当仅仅局限于教学过程中，更应当在教学内容的选择、教学活动的设计、教学结果的评价等方面，并且在参与的过程中不仅仅要有智力因素的参与，还要有非智力因素的参与，从各方面调动学习者的学习积极性，激发出课堂活力。

3. 教师任务：注重情境的多元创设

第一，创设探究情境。MOOC 平台的使用，可以为探究情境的创设提供多方面的便利：一方面，设置真实的探究情境，在真实的环境中让学习者通过实践实现对知识的理解和吸收；另一方面，设置虚拟的探究情境，利用 MOOC 平台，制造学习者的认知冲突，激发出学习者的求知欲，促使其积极主动地分析问题、解决问题，逐渐养成独立思考、解决问题的能力。

第二，创设协作情境。古语说："三人行，必有我师焉。"学习本身就是一种社会性的活动，师生交互、生生交互的过程也是学习的有效途径。学习者以原有知识与经验为基础，在交互过程中发现彼此间的差异性，通过深入探究了解差异的原因、根源，达成最后的共识，也是一种有效且深入的学习方式。我们可以利用基于 MOOC 的混合式教育教学模式的包容性设计相应的小组协作学习、组间合作等方式为学习者间的信息交流、沟通创造条件，还可以将 MOOC 平台的课后论坛充分运用，那是一个更广阔的讨论平台，多方意见的撞击，能够产生不一样的思维的火花。

（四）设计原则

基于 MOOC 的混合式教育教学模式的设计原则包括以下 6 方面。

第四章　大学英语混合式智慧教育的模式探索

1. 发展性原则

当今社会需要的是具有创新精神和创新能力的人，为使学习者适应社会的发展，深入实施以培养创新精神和实践能力为重点的素质教育。学校应以培养学习者的全面发展为目标。这就要求教师在英语教学的过程中，不仅要让学习者掌握一定的专业知识和技能，还应着重培养学习者的自主学习能力和创新能力，并使学习者具备一定的信息素养。为把智慧教育办成培养全面发展人才的摇篮，在基于MOOC的混合式教育教学模式的构建过程中应遵循发展性原则。与此同时，教师在组织开展基于MOOC的混合式教育教学模式的教学过程中，应以培养学习者的自主学习能力、创新能力为主，使学习者以终身学习理念为目标，从而真正实现对学习者全面发展的培养目标，真正实现智慧教育从知识本位向综合素质本位的转化。

线上教学是学习者通过MOOC平台进行在线观看教学视频，完成每一单元的在线测试的学习过程。与此同时，教师利用班级QQ群在网上开展线上交流辅导讨论，使学习者在与老师异地异步的情况下，可以随时向老师和同伴交流自己学习过程中的问题和困惑，从而使学习者的问题和困惑能得到及时有效的解决。线下课堂教学中，教师团队进行重难点和实验教学讲解，指导学习者完成实验项目。同时，在教师团队的指导下建立基于项目的研究性学习小组，选择研究课题，开展基于项目的研究性学习。

整个线上教学过程注重培养学习者的自主学习能力，线下教学过程注重实践和小组探究式的课堂教学，培养学习者的动手操作能力和团队协作精神，基于项目的研究性学习则在培养学习者之间协作学习能力的同时，也很好地培养了学习者的探究学习能力，真正使学习者实现全面发展。故基于MOOC的混合式教育教学模式的教学过程是以学习者的发展性原则为参考依据的。

2. 教学目标导向原则

教学目标是开展一切教学活动的前提。从教师的角度来说，教师只有在明确教学目标的基础上，才能更好地组织和开展教学活动，从而使教学效果达到最优化；从学习者的角度来说，学习者只有在明确教学目标后，才能明确自己通过学习应该达到什么样的教学效果，才能有计划、有步骤地学习，才能较好地完成教学目标。故基于MOOC的混合式教育教学模式的研究也应以教学目标为导向，进而组织和开展教学活动。课程设计突出实践性，激发学习者学习兴趣和动力，促进学习者理论与实践相结合，启发学习者技术创新。

119

3. 课程系统化构建原则

教学设计是一项系统化的工程，不仅包括混合式教学目标、教学者、教学内容的分析，还包括教学方法、教学活动、教学评价的设计，各个子系统相互依存、相互制约。在基于 MOOC 的混合式教育教学模式设计中，包括英语教学环节之间的系统性和教学资源的系统性。不仅仅是简单地将线上学习和线下学习进行结合，而是从课前的知识获取、课中的知识内化和课后的知识迁移三部分进行构建。这三部分即相互独立，又相互依存。

4. 个性化学习原则

基于 MOOC 的混合式教育教学模式最终目的是促进学习者的全面发展，在课程教学设计中要秉持"以学习者为中心"的原则，一切为了学习者的发展，学习者是学习的接受者，教学内容、MOOC 平台、学习活动的选择和设计都要符合不同学习者的特点，充分考虑到不同学习者之间的层次性差异，通过个性化的教学使其消除差距以达到英语课程教学目标。教师则引导学习者学习全过程的参与，努力实现教学效果的最优。

5. 混合式资源互补原则

学习资源是学习活动开展的基础，没有丰富的资源，在基于 MOOC 的混合式教育教学模式中，学习者的自主学习、合作学习很难有效展开，促进学习者全面发展也将成为空谈。在基于 MOOC 的混合式教育教学模式课程教学设计中，教师应根据教学的需要设计出充分的学习资源供学习者使用，包括线上自主学习的资源和线下课堂学习的资源，如文献资料、教学课件、案例素材、常见问题解答、学习网站、SPOC 平台、QQ 群等，弥补线上学习的不足，发挥线上线下资源的优势，实现各类资源优势互补，有效整合，满足学习者的不同需求。

6. 可行性原则

基于 MOOC 的混合式教育教学模式的教学设计应充分考虑现实的可行性，包括学习者的特点、已有知识的掌握情况、MOOC 平台的环境等，还需要考虑实施混合式教学的硬件条件，包括学校的教学环境等客观因素。当前我国的 MOOC 教学资源主要集中在重点院校，欠发达地区的 MOOC 教学主要采用引入与借鉴的方式，在没有购买平台的情况下，教师可针对本地课程特点，恰当选取网上优质 MOOC 资源，辅助线下教学；在购买了平台的情况下，教师则可根据 MOOC 平台的大数据来监控学习者的学习轨迹。地区 MOOC 教学采用混合式教学不仅有利于充分借鉴名校名师的教学资源，在课程基础上进行改进，更有利于发挥本地教师的教学主动性，更有针对性地对学习者进行个性化教学。

（五）总体思路

基于 MOOC 的混合式教育教学模式是建立在课内外自主学习与互动学习这二者交互作用基础上的一种混合教学模式。这种模式可分为感性接触、理性分析与综合应用三个阶段。由于混合式教育教学模式包容性的特点以及 MOOC 的完整性的特点，我们可以从学习资源、学习环境、学习方式、评价方式四个方面进行混合。

1. 学习资源的混合

学习资源的混合：MOOC 平台的课程资源+自制视频+教材+其他平台资源。

基于 MOOC 的混合式教育教学模式中的学习资源具有多样化特征，教师和学习者根据实际需要来选择适当的资源进行学习。教师在课程开始前，将学习任务单与学习内容一起呈现给学习者，学习者可以利用 MOOC 平台或者其他平台获取自己想要的学习资源，在课前进行提取、预习，然后通过课堂上教师的讲解，对知识达成更深一步的理解，并在教师设计的学习活动中完成学习内容的建构。

（1）MOOC 平台的资源的学习

有研究表明：个体结构化的学习活动仅占 10%~30%，其余 70%~90%的学习活动是通过非正式的课堂授课形式进行，对学习者来说，对非正式学习活动的支持有助于个人知识的增长。

MOOC 平台上有大量的适合学习者学习的资源，但是由于缺乏一定的组织，只是依靠学习者的自主性去学习，造成很多资源的浪费，我们可以借助混合式教学这样一种教学方式来提高这种高质资源的利用率。由教师先行选择适合学习者学习的内容，然后学习者自主选择所学习的内容，由于 MOOC 平台的每门课程都有其相应的学习任务单，视频内部也嵌入相应的测试并且会提供及时的反馈，这些独具匠心的设计都是为了更好地激发出学习者对于学习的兴趣。

随着新技术的发展，MOOC 平台的课程在手机上也开发了相应的 APP，使得学习更加便捷化。同时，教师还可以通过学习者的学习进度条、课后作业完成情况了解和掌握学习者在 MOOC 平台上学习的情况。这种面向学习者的学习过程、强大的课程交互，创造了学习者头脑风暴的环境，不但能够激发学习者的好奇心,而且同伴之间的相互讨论、交流也能够不断碰撞出新的思维的火花,给学习者以新的启发。

(2) 自制 MOOC 式视频资源利用

MOOC 的特点是课程视频的制作都是集体智慧和努力的结晶,课程内容也都是与时俱进的,非常符合当下的流行趋势,并且也具有广泛的适用性,能够实现资源的重复利用。

在一些公共的课堂,其中一些概念性的东西完全可以制作出像 MOOC 一样的视频课程,这样不但可以实现课程资源的重复利用,避免教师总是重复一样的内容,而且也减轻了教师的工作量,使得教师能够把更多的时间用于学习者的个体发展方面。

(3) 教学课件的利用

通过 MOOC 平台,校内的 MOOC 式视频资源的学习,学习者们获得了大量的知识,进行了预先的知识的学习以及思考,但是由于学习者知识结构的不完整性以及思维层面的浅显性,必然会有许多感到困惑的知识点,通过教师在课堂上的集中讲解,利用教材进行思维的梳理,学习者才能真正将学习的内容消化、吸收、内化为知识体系的一部分。

在课堂中让学习者发表他们对于自己所学内容的见解,一方面可以培养学习者的思辨性,另一方面也可以了解到学习者真正的掌握情况。这样教师在进行任务布置的时候会有一个恰当的控制,在下次备课的时候也会有具体的针对性。

(4) 其他平台资源的使用

现在有很多平台上的资源也都非常具有价值,例如网易课程,虽然视频内容比较长,但还是可以截取一部分来为课堂教学服务;还有大学微课比赛平台,该平台上都是教师精心制作的课程,对于其中一些概念性的课程知识,我们完全可以使用之,这样既减轻了教师的工作量,使得教师能够有更多的时间专注于学习者的个体发展,又可以物尽其用。

2. 学习环境的混合

学习环境的混合:网络环境+学习社区+混合式教学实验室和智慧教室+社会实践环境。

(1) 网络环境

基于 MOOC 的混合式教育教学模式所需的网络环境包括校园网络和外部互联网,并且特别强调无线网络和手机移动网络的接入,需要从多个方面进行整体的网络环境构建和优化。首先学校应该积极构建层次分明的校园教学网络，校园网的意义和价值不应该是简单的校园内接入互联网的接口，重点不应该是提供通用的互联网接入服务，而是应该将主要的带宽和资源用于保证教学相关的需求，并且合理划分网络层次，能够根据教学需要随时限制或断开与教学无关网络访问。

校园内的教学环境包括教室、实验室、图书馆。应该积极建设校园无线网络，确保学习者能够在混合式教学中充分使用个人笔记本电脑和手机等BYOD（自带设备）终端实现实时的信息检索，并通过移动教学APP与教师和同学进行交互；校园无线网络同样需要对非教学流量进行限制，通过限流保通的机制保证大量学习者并发接入时都能够正常访问教学资源。除学校自建的以教学应用为导向的校园网之外，在当今智能手机全面普及和移动网络资费不断下降的背景下，学校应该加强与手机通信运营商的合作，引入运营商为学习者提供适合学习者网络化学习的流量资费套餐，让学习者能够随时随地访问教学资源。

(2) 学习社区

学习社区包含课程的分组团队和互联网中的虚拟学习社群，教师对课程学习社区的营造和管理是基于MOOC的混合式教育教学模式的核心教学形式之一。教师在通过即时通信软件建立基于QQ群、微信群聊的网上学习社区后，要注重经常保持在线与学习者进行交流沟通，营造良好的网上学习氛围，具体的注意事项包括以下四方面。

第一，教师应该尽可能地保持在线，实时反馈学习者的问题，因为MOOC混合式教学的特点是学习者往往会在晚间和周末等没有课堂教学的时间进行MOOC的学习和思考，因此教师在这些非传统的工作时间段与学习者的交流就显得非常重要。

第二，需要特别注意的是，要求教师保持在线并不是要延长教师的工作时间和增加教师的工作量，只需要教师保持一种与学习者真诚沟通的心态即可，因为现代人对手机的使用黏度越来越高，很多人平时都加入各种好友、兴趣、社区、同事等群聊，并且对自己关心的群聊都能随时保持关注和参与。因此，在混合式教学的学习群中，教师只要能够像对待自己的个人兴趣群一样对待课程的交流群即可。

第三，教师在课程交流群中的主持、调动、引导作用远比传统意义上的答疑作用要重要，在基于MOOC的混合式教育教学模式的实施过程中，不同学习者的问题往往比较雷同，在回答之后就可以将该问题汇总发布到网上的FAQ（常见问题与解答）之中，今后再有学习者提出类似的问题就可以让学习者自己查询，经过一轮教学过程后，FAQ 的内容越来越完整，教师的工作量会逐渐减少。但需要注意的是，即使是简单地回复学习者去查 FAQ，这种实时的回复也非常重要。因为实时反馈可以有效体现教师对学习者的人文关怀，消除学习者对教师的心理隔阂，能够有效培养学习者的学习积极性和自主探究学习能力。因此，教师参与网上学习社区特别要避免采用定时答疑形式，以免给学习者产生例行公事的印象，从而减弱学习者参与学习社区交流的积极性。

第四，在基于 MOOC 的混合式教育教学模式中教师可以观察并挑选学习积极性高、学习理解能力强的学习者作为团队分组的组长，在网上学习社区中培养骨干学习者，通过骨干学习者在学习小组中传达教师的教学要求并协助教师进行答疑，通过学习者之间的交互进一步提高混合式教学的效率，并培养和锻炼学习者的协作学习能力。

（3）混合式教学实验室和智慧教室

基于 MOOC 的混合式教育教学模式除了线上的 MOOC 资源外，还需要有线下的学习环境，根据基于 MOOC 的混合式教育教学模式的教学目标，传统的多媒体教室已经不再适合团队分组教学和探究式学习的需要，因此学校有必要根据自己的课程特点设计并建设满足基于 MOOC 的混合式教育教学模式的线下教学需要的实验室（混合式教学实验室）和适应团队分组讨论的智慧教室。混合式教学实验室主要的作用是开展教学内容线上无法完成的实验操作，除传统的实体实验室外，学校还可以考虑建设基于虚拟现实和增加现实技术的数字化实验室。

能够满足分组讨论、智能手机和终端接入、网络远程交互的智慧教室是今后各大学实施基于 MOOC 的混合式教育教学模式需要重点建设的教学环境。目前大学的教学环境还是以讲授式的课堂为主，虽然大部分教室已经配备了多媒体教学设备和网络接入，但从总体来看教学模式仍然是传统的课堂讲授，投影机等多媒体教学设备的作用更多是"黑板粉笔搬家"；学习者在课堂内的信息来源渠道单一、参与度不高，更多是对教师讲授知识的被动接受，学习者从基础教育阶段延续而来的应试学习思维普遍存在。

因此信息化教学如何适应 2015 年《政府工作报告》中强调的"大众创业、万众创新"，以及《中共中央、国务院关于实施科技规划纲要增强自主创新能力的决定》指出的"到 2020 年使我国进入创新型国家行列"，培养创新型人才的要求，始终是教学环境设计和建设的首要问题，需要通过基于智慧课堂的教学引导学习者积极改变知识接受者的角色,紧密围绕创新创造能力培养这一主线,进一步深化,进而内化自己的知识,将其转化为自身的创新创造能力,从而实现"知、行、创"的统一。

(4) 社会实践环境

基于 MOOC 的混合式教育教学模式中除了实验实训以外,绝大多数内容都可以通过网络在线开展,因此教师应该斟酌线下教学活动的设计和组织,如果设计不当,很有可能会把完全可以在线上完成的内容又搬回线下,最终演变为"为了线下教学而线下教学"或"为了混合而混合",导致混合式教学沦为一种新的僵化的教学形式,从而失去混合式教学的价值和意义。因此,在目前大学生普遍缺乏社会实践经验,国家大力倡导大学生创新创业能力培养的背景下,基于 MOOC 的混合式教育教学模式中的线下教学走出校园,深入社会,让学习者在社会实践中深化对课程教学内容的理解,应该是各大学混合式教学设计的方向。

3. 学习方式的混合

学习方式的混合:自主学习+协作式学习。

课堂教学阶段既要发挥教师主导作用,又要充分体现学习者的认知主体作用。在知识的传授的过程中,教师是指导者和组织者,通过支架式教学策略逐步引导学习者从浅层的知识学习过渡到深层的知识的习得,并让学习者通过自主性思考学习与同伴间的讨论、探究、协作等方式逐步掌握学习策略。

(1) 自主学习

自主学习是学习者最常使用的一种学习方式,不管是在虚拟学习环境还是非虚拟学习环境,发挥自己的主观能动性,进行独立思考、独立规划,对于学习内容以及学习方式做出有效的决策,对于自己的学习生活担负起责任,在学习过程中根据学习情况进行自我反思、自我调节,争取效果最大化以及效率最高化地实现既定的目标,这也是学习者形成终身学习能力的关键。

(2) 协作式学习

在非虚拟环境中,学习者间的协作式学习是很重要的一种方式,很多任务单靠学习者一个人的力量是无法完成的,需要同伴的协作与支持。另外,网络环境本身就具有交互性、资源共享性等特点。网络的交互性决定了协作学习的必然性,而网络的交互与反馈又是实现协作学习的必要条件。在 MOOC 课程中课后的论坛讨论就是协作学习的一种表现方式,学习者利用网络与同伴间进行思维的碰撞，然后对信息资源进行整合，最后形成对知识的意义构建。

4. 评价方式的混合

评价方式的混合：诊断性评价+形成性评价+总结性评价。

基于MOOC的混合式教学在教学理念和教学目标上都与传统课堂教学有所不同，因此需要特别注意按基于MOOC的混合式教育教学模式的特点设计教学评价的要求和方式，否则经常会出现一种误区：在混合式教学的教学阶段充分运用了信息化、网络化的教学模式，体现了互联网背景下的智慧教育思维和理念，但到了最后的教学评价阶段，又一刀切地与传统教学一样进行纸质的终结性评价考试。这种做法不但在信息化教学流程中产生了"数字鸿沟"，更严重的是，非但不能改善应试学习思维，反而会进一步强化了网络背景下的应试学习，这对基于MOOC的混合式教育教学模式可以说是一种非常致命的打击。因此，在基于MOOC的混合式教育教学模式中，教学评价要特别注重形成性评价与终结性评价相结合，并且全程强调教学过程中的学习行为痕迹记录，以大数据采集和分析的视角重构传统的教学评价思维模式，使教学评价更加契合基于MOOC的混合式教育教学模式的初衷和目标。

（1）诊断性评价

在授课之前对学习者的学习基础、学习习惯与学习能力进行了解，再根据学习者的情况采取相应的教学措施，因材施教、因势利导。

（2）形成性评价

在教学过程中，对学习者的学习成果采取相应的评价。发现学习者的潜在能力，强化学习者的学习，并为教师提供反馈。教育实践的经验表明，形成性评价的使用，可以让教师和学习者有效地利用这些信息，根据需要采用适当的措施进行修饰，能够使教学成为一个"自我纠正系统"。

（3）总结性评价

在一个学习阶段结束后，进行总结性评价。一方面，方便学习者了解该阶段自己的学习情况以及学习效果，为学习者反思、提高提供平台；另一方面，也方便教师了解自己的教学情况，进行不断的改进和提高。

（六）实施步骤

基于MOOC的混合式教育教学模式倡导的是传统教学形式与网络学习的优势相结合，利用多种学习活动，将学习者由外部刺激和知识灌输的被动学习者转变为信息加工的主体和知识的主动建构者，从而最大程度提高教学效果。学习动机是激励学习者主动学习的内在原因，针对MOOC学习者学习动机不强的现状，依据约翰·凯勒（John Keller）教授的ARCS动机模型四要素：注意、关联、自信心、满足感，通过MOOC混合式学习活动设计，来提高学习者的学习动机，激发学习者的学习兴趣。首先要引起学习者MOOC学习的注意力和学习兴趣，再使学习者理解完成MOOC学习与他们的已有经验密切相关，接着让其认可自己，认为自己有能力完成MOOC学习，产生自信心，最后让学习者进行基于任务的学习后获得满足感，激发下一步的学习动机，符合学习者的心理发展过程。所以基于MOOC的混合式教育教学模式中的学习活动应该是多元化的，主要包括课前、课中、课后三阶段。

1. 课前阶段

课前阶段主要是学习者在MOOC平台进行自主学习，属于知识传授阶段，在这个阶段，设计了针对教师和学习者的不同学习活动。

在课前学习阶段，教师首先要给学习者布置MOOC学习任务，为学习者提供线上学习资源，符合学习者学习需求和学习特点的学习资源是学习活动顺利展开的保障，主要包括MOOC课程的学习资料、拓展资料、学习网站、与课程相关的论文、导学案、相关案例、自测题等，资源形式应该是多样化的。教师和助教老师在线上QQ群或论坛为学习者答疑解惑，引导学习者明确自己的学习目标。学习者的学习活动包括完成MOOC视频的观看，阅读教师提供的学习资料，在MOOC平台完成测验、作业互评、讨论交流、与同学之间的协作学习等，借助学习资源完成知识的获取。

2. 课中阶段

课堂面对面的教学是混合式教学中必不可少的核心环节，在课堂学习阶段，不仅要让学习者系统掌握课程知识，更要以培养其多方面的学能力为目标。

在基于MOOC的混合式教育教学模式的课堂面对面阶段，教师的任务是讲授、演示、指导，带领学习者合作、交流，进行探究性学习。

首先教师需要呈现新知识，花费一节课的小部分时间，对课程重难点、核心知识点进行讲解，完成对知识的系统梳理，帮助学习者建构完整而系统的知识结构；其次是安排小组合作学习，对有问题的学习者提供个性化指导；最后是评价学习者的项目作业和课堂表现，总结整个课堂学习。

学习者的课堂学习活动首先是积极参与课堂学习，巩固知识，与老师和同学进行讨论交流，努力将 MOOC 上的知识与课堂学习相结合；其次是基于任务的小组合作学习、探究学习；最后是成果展示汇报。需要注意的是，虽然混合学习强调以学习者为主体，但仍不可忽视教师的作用。教师需要在学习环境中确定任务、组织学习活动、为学习者提供帮助和引导。教师是整个课程中的组织者、引导者，是学习者意义建构的帮助者和促进者。教师对学习者进行个性化的指导，不断为其创设情景，让学习者在不同的情景下应用所学的知识。过程性评价贯穿于整个学习过程中。

学习者普遍存在课堂打不起精神，常处于倦怠的学习状态，基于小组合作学习的课堂为他们带来了新的活力。最后的结果汇报展示环节是一种对学习成效的检验，更是对每位学习者的鼓励，让他们体验成功，激发学习动机，提高他们的自信心和学习满意度。

3. 课后阶段

课后阶段是对学习者整个学习过程的检验阶段，学习者应该认真完成教师布置的作业，并进行有针对性的复习，同时也可以在线上平台与老师和同学讨论交流、分享学习经验、拓展学习思路。学习者还要对自己的收获进行总结，并且将自己遇到的问题及时反馈给老师或小组成员，以便及时解决问题，反思、改正自己的学习方式。

第二节　基于微课的混合式教育教学模式

一、微课的内涵及产生背景

（一）微课的内涵

1. 课与课程的界定

在智慧教育体系中，课程的概念是十分丰富的，同时也非常复杂，要理解其概念的确是不容易的。课程的研究已经有了一些可喜的成果，很多学者对于这一问题提出了自己的见解与看法。

张华教授认为，课程应该分为三类，即学科、学习目标、学习经验。

施良方教授则将课程分成了六类,即学科科目、具有计划性的教学活动、预期的学习结果、学习经验、社会文化的再生产以及社会改造。不同学者对于课程概念的不同理解,实际上丰富了课程的概念内涵,同时也表明,人们对课程的认识也有了不断地深入。课程的发展是有一定顺序的,它从"课"到"程",再到"社会目的与意义"等的层面上,实现了概念的不断拓展。

虽然课程的概念是复杂的,不过,在丰富的概念中仍然包含一些基础性的课题,这些课题主要有"在学校里何时教与学、如何教与学"等。由于课程的内涵极其丰富,理解起来不是非常容易,所以为了更好地理解课程的内涵,通常可以将其分为四个子项:课程计划;课程目标或标准;教材;课程资源。

对于课程的概念,我们并没有一个统一的认识,但是对于课的概念,却是非常明确的。通常情况下,课属于"教学论"的范畴,我们可以将课看成是一种教学过程的单位,且这个过程受时间限制,是有组织的。

课程与教学都是智慧教育体系的重要组成部分,因此,从教育体系内部来看,课程与教学之间的关系是密切的。美国学者塞勒(J. C. Saylor)等人对于二者的关系进行了详细的剖析,认为可以从三个隐喻对其进行考量:①如果把教育看成是一栋建筑,那么,课程就是这栋建筑的设计图纸,而教学就是要根据图纸进行具体的施工;②如果把教育看成是一场球赛,那么,课程就是这场球赛的踢球方案,而教学就是要根据方案进行具体踢球的过程;③如果把教育看成是一个音乐作品,那么课程就是这个音乐作品的乐谱,而教学则是音乐作品的具体演奏。

通过上面的分析我们可以知道,从本质上来看,教学与课程具有一定的差异。从学校教育的角度看,教学是一种过程、一种方法,而课程是具体的教学内容。教学就是课堂上教师与学习者互动交流的过程,是"教"与"学"的统一。由此可见,课与课程也是两个完全不同的概念,课属于教学论,而课程属于课程论,必须将课与课程的概念区分开来,切不可混为一谈。

2. 微课的定义

在国内,随着微课实践的不断丰富和相关研究的逐步深化。人们对微课的认识也越来越深刻、全面,众多教育技术学界的专家学者、教育企业及教育行政部门的微课活动都对"微课"一词给出了定义。

(1) 胡铁生的定义

微课创始人胡铁生老师在 2011 年、2012 年、2013 年先后对微课的定义进行了完善。"微课"是指为使学习者自主学习获得最佳效果。经过精心的信息化教学设计，以流媒体形式展示的围绕某个知识点或教学环节开展的简短、完整的教学活动。后又经过完善将定义改为，"微课"是以微型教学视频为载体，针对某个学科知识点（如重点、难点、疑点、考点等）或教学环节（如学习活动、主题、实验、任务等）而设计开发的一种情景化、支持多种学习方式的新型在线网络视频课程。

胡铁生老师对"微课"的定义重点阐明了如下内容。

①形式——自主学习。

②目的——最佳效果。

③设计——精心的信息化教学设计。

④形式——流媒体，可以视频，可以动画等。

⑤内容——某个知识点或教学环节。

⑥时间——简短。

⑦本质——完整的教学活动。

(2) 教育部教育管理信息中心的定义

"微课"的全称为"微型视频课程"。它是以教学视频为主要呈现方式，围绕学科知识点、例题习题、疑难问题、实验操作等进行的教学过程及相关资源的有机结合体。

(3) 教育部全国大学教师网络培训中心的定义

微课是以视频为主要载体，记录教师围绕某个知识点或教学环节开展的简短、完整的教学活动。

(4) "凤凰微课"的定义

微课是个微小的课程教学应用，是一种以 5~10 分钟甚至更短时长为单位的微型课程。它以视频为主要载体，特别适宜与智能手机、平板电脑等移动设备相结合，为大众提供碎片移动化的网络学习新体验。

(5) 焦建利的定义

微课是以阐述某一知识点为目标，以短小精悍的在线视频为表现形式，以学习或教学应用为目的的在线教学视频。

(6) 黎加厚的定义

微课是指时间在 10 分钟以内。有明确的教学目标，内容短小，集中说明一个问题的小课程。

(7) 张一春的定义

微课是指为使学习者自主学习获得最佳效果，经过精心的信息化教学设计，以流媒体形式展示的围绕某个知识点或教学环节开展的简短、完整的教学活动。张一春教授认为，微课的形式是自主学习，目的是最佳效果，设计是精心的信息化教学设计，形式是流媒体，内容是某个知识点或教学环节，时间是简短的，本质是完整的教学活动。因此，对于老师而言，最关键的是要从学习者的角度去制作微课，而不是站在教师的角度去制作。要体现以学习者为本的教学思想。

(8) 郑小军的定义

微课是为支持翻转学习、混合学习、移动学习、碎片化学习等多种学习方式，以短小精悍的微型教学视频为主要载体，针对某个学科知识点或教学环节而精心设计开发的一种情景化、趣味性、可视化的数字化学习资源包。

(9) 吴秉健的定义

为满足个性化学习差异的需要，以分享知识和技能为目的，师生都可以通过录制增强学习实境、实现语义互联的简短视频或动画（可附相关的学习任务清单和小测验等）制作，它们又能成为被学习者定制和嵌入的维基（Wiki）资源分享内容。

通过比较，这些定义从本质上并无太大差异，只是在不同的语境下有不同的内涵。广义的"微课"一词可以囊括"微讲座""微课程""微课教学"三种含义。尽管"微课"的理念、形式和实践早已有之，但借助当代信息技术与通信技术，微课演变成为一种可普遍推广的教学行为，一种由普通教师而并非需要专业人士就可以设计开发和记录优质教学资源的手段。并因此而促发催生多种基于微课的创新教学模式。

（二）微课的特点

微课具有以下 7 个主要特点：

1. 教学时间较短

教学视频是微课的核心组成内容。根据中小学习者的认知特点和学习规律，"微课"的时长一般为 5 至 8 分钟，最长不宜超过 10 分钟；大学的微课一般在 15 分钟左右，最长不宜超过 20 分钟。因此，相对于传统的 40 分钟或 45 分钟的一节课的教学课例来说，"微课"可以称之为"课例片段"或"微课例"。

2. 教学内容较少

微课不同于传统的教室，其在实际教学中主要针对特定的主题以及教学重点来展开，这更加便于老师进行对主题的教学。微课存在的价值是为了突出课堂教学中所要表达的重点以及难点问题。通过聚焦的方式进行二次学习，这样使得所要教学的课题更加精练，同时也便于学习者的学习和理解。

3. 资源容量较小

微课主要采用视频以及其他辅助教学硬件来展开，例如一堂微课在电脑上所占用的空间只有几十兆字节左右，同时在视频格式的选择上也是非常丰富，几乎涵盖了所有的媒体格式。这样师生在进行教学以及学习的过程中就方便了很多，同时资源量小的微课资源也非常便于储存和携带，通常一些常用的存储设备都能够很容易的进行储存和转发。这样更加方便了老师的讲课以及学习者的学习。

4. 主题明确

传统的教学存在很多问题。比如，知识点重复、重难点层次不清等。这些问题在很大程度上阻碍了现代教学的发展，也不利于学习者的学习。而微课则很好地解决了上述问题。微课制作的内容重点往往都是放在最重要的知识点上，使其比传统教学内容更加精简，教学的主题也格外突出。这就是微课教学非常重要的一个特点。

在教学过程中，根据主题选择教学内容是非常重要的，只有选择一些主题突出的内容，教学才能够吸引学习者的注意力。同时，学习者还能借助主题加强对知识的学习。

5. 多元真实

微课的多元性主要体现在资源的多样化上。微课的资源是极其丰富的，它主要由微视频组成，同时还包括微教案、微课件等。传统的课堂教学视频往往非常单一，而微课教学视频由于具有多样性而使得整个教学变得更加多姿多彩。

丰富的微课资源使师生都能从中获得很大的益处。一方面，学习者能够通过微视频进行知识点的学习，在复习巩固阶段可以通过微练习实现，在综合评价阶段则可以通过微反馈实现。通过微视频的学习，学习者的思维能力有了很大程度的提高。同时，因为使用的是短视频的形式，学习者的学习兴趣也被激发出来。另一方面，微课资源的多样化也促使教师不断提升自己的教学技能，通过挖掘与应用教学资源，教师的专业水平有了明显提升，课堂的教学效率也有了明显的提高。

真实是指现场情境的真实，在微课设计过程中，所涉及的场景一般都是真实的，这种相比传统视频教学的虚拟场景，能帮助学习者迅速形成一种学习的真实感。场景的真实是建立在现实生活基础上的，不同的科目都会根据自己科目的特点选择合适的场景。

6. 共享交流

在网络资源的很多理念中，共享便是其中一个比较核心的概念。微课的优势是非常明显的，主要集中在两点：第一，微课资源丰富，教与学的两方互动方便；第二，微课打破了传统教学在时间与空间上的限制，最大限度地实现了教学资源的共享。

另外，微课的作用不止于此，其还为教师与教师、教师与学习者之间提供了沟通与交流的平台，教师可以将自己制作的微课教学视频上传到相关网站上，其他教师可以借鉴、运用，在交流中使自己的教学水平得以提升，久而久之，所有教师便会形成一个学习共同体。

学习者也可以在学习完视频之后，通过网站与教师实现交流，在与教师的沟通中找到自己的不足，进而提高自己的学习质量。

7. 实践生动

微课受到了社会各界的广泛关注，尤其是一线教师，他们长年奋战在教学的一线，对于好的学习方法的感触是非常深的。

微课开发的主体是一线教师，他们凭借自己多年的一线教学经验为微课制作做出了突出贡献。很多一线教师利用自己学校的资源进行微课建设，开发出了很多有意义的课程，这种建立在学校资源基础上的微课显然具有很强的实践性。另外，对于微课的实践也是有一定要求的，微课的生动活泼不仅要在画面以及音乐上有所展现，而且还要在设计流程以及师生互动方式上有所展现。

（三）微课的价值

1. 微课促进学校教育教学模式改革

在学校教育中，微课不仅是教育资源的重要组成部分，而且它也是学校教育教学模式改革的重要基础。它在教师的教学、专业发展以及学习者学习方面都有极其重要的意义。此外，微课的发展必将会带来基础教育数字化教学的进一步改革。

近二十年来,开始尝试使用在线教育的学校越来越多,其中既包括中小学,也包括很多大学,学习者利用寒暑假的时间或者是课余时间通过网络进行自主学习已经变得非常普遍。而在在线学习中,微课无疑占据着极为重要的地位,这种"短小精悍"的视频受到了大家的欢迎。与此同时,因为微课相较于以往的在线视频来说时间更短,因此它能够节约教师的时间,更有利于教师在课堂上的演示和讲解。另外,微课视频往往是围绕一个案例或者一个知识点展开的,所以,它的针对性极强,这又为教师的课堂教学提供了一个极好的条件。

2. 微课影响教师的专业发展

通常来说,教师的学习往往是从实践和反思中得来的,是通过与同行、同事交流切磋得来的。教师们能够通过教师实践社群将自己的经验分享给其他地域或者其他国家的教师,并与他们进行沟通交流,使隐性知识转化为教师自身的显性知识,并将这些知识应用在具体的教学实践中。微课也是由教师制作出来的,它不仅体现着教师的教学设计思路、教学思想,而且也凝结着教师的智慧和经验。教师们通过实践社群分享自己制作的微课的同时,实际上也将自己的教学智慧分享给了其他教师,这无疑十分有利于教师的专业发展。

3. 微课改变校外教育的形式

微课兴起之后,很多在线教育企业开始试着将微课应用到商业领域,特别是在面向公众的技能分享、面向特定受众的在线继续教育以及中小学在线课外辅导等方面。

有很多原本开展线下一对一辅导的企业开始逐渐发展为在线辅导,当然也有一些企业就是从在线辅导起步的。面向特定人群的在线基础教育更多地倾向于技能训练,往往会涉及职称考试、自学考试或者是岗位培训等,因而这些课程所面向的人群通常有着刚性需求。那些面向公众的技能分享则通常会采用微信视频的形式,因为这样更容易有针对性地向受众展示技能。可以看出,这些在线教育企业试图将线上、线下结合起来,用微型教学视频的形式对相关的知识内容进行呈现,从而打造一个线上分享、学习知识和技能的环境。

(四) 微课产生的背景

"微时代",指人们以各种小巧便携的移动终端为载体,通过微博、微信等随时随地了解全球资讯的时代。在教育领域，微课正在开启教育的"微时代"。随着移动通信技术、社交媒体的逐渐运用以及以开放、共享为理念的开放教育资源运动的蓬勃发展。微课作为一种重要的教育资源。日益成为教学模式改革的崭新尝试。

二、微课与混合式教育教学模式结合的意义

微课和混合式教学二者能够相互结合、相互促进。微课能够为混合式教育教学模式提供教学资源，并且在混合教学模式中微课的各种理念能够得到有效利用。比如，合作学习、自主学习、个性化学习等，二者的结合能够使混合教学模式更加高效。

此外，微课与混合式教育教学模式两者所具备的特点十分契合。例如，微课便捷性强、不受时空限制，有利于混合式教育教学模式下学习者根据自己的学习能力、水平以及学习兴趣等自主选择学习资源。此外，微视频重点讲解某个知识点且时间较短，有利于学习者注意力的集中，从而使学习者取得更好的学习效果。

与此同时，不同于传统的教学资源，微课资源能够通过网络进行分享。因此，者能够随时随地学习微课，为学习者的个性化学习创造了更多的可能。

相较于原本的大型网络课程来说，如今的微课更加碎片化、微型化，更能够满足学习者的多样化需求。

三、基于微课的混合式教育教学模式的构建

（一）主要特点

1. 教学的主体内容突出

一个微课视频往往是对某个具体知识点的详细讲解。对每个知识点进行详细的讲述和深入的讲解，能够加深学习者对知识点的理解，同时更有利于那些基础知识薄弱的学习者进行自主学习。

英语语言的内容本身就比较抽象，即便在课堂上，教师对一些内容的讲解也并不十分透彻。此时，学习者就可以通过互联网找到相应的教学资

源进行自学。这样不仅能够使自身的英语水平得到提高，还能锻炼自己的自主学习能力。在英语学习过程中，学习者能够快速、准确地找到自己所需的微课视频资源，然后根据自身情况开展针对性的学习，网络的便利也会缩短学习者寻找相关视频资源的时间。

2. 教学时间短且容量小

互联网微课的视频内容主要是教学内容。一个微课往往只讲解一个知识点，虽然对于不同难度的知识点所录制的时长有所差异，但总体来说，微课视频的时长还是较短的。绝大多数的微课教学资源会以课程纲要为标准，将教学内容细致地划分为各个小知识点。这样不仅能够保证将每个问题都讲解清楚，而且能够让学习者产生完成课程的自豪感，从而逐渐树立起他们的学习自信心。

另外，网络上的微课还包括一些直播课程，大学设置的公共课程通常会采用这种形式，直播课程则会向全体师生开放。通过参加直播课程，学习者能够在网上和教师进行互动交流，可以在课堂上让教师对自己有问题的地方进行针对性的解答。这种直播课程十分有利于提高学习者上课的积极性。

因为语言学习往往比较抽象，所以英语微课的时长较短、容量较小。这样能够让学习者在注意力集中的时段完成课程的学习，保证自主学习的效率。与此同时，若是微课一次性承载的知识点太多，则可能导致那些英语基础较差的学习者无法完全对知识进行吸收，因而那些容量较小的英语微课更加有利于学习者英语知识的学习。

3. 教学设计与教学环节紧密相连

网络上的微课及其细分的小知识点都是根据教学大纲和教学目的设计出来的。在对每一个小的知识点进行讲解之前，教师会根据学习者的学习进度、学习顺序以及自己的教学经验，对教学内容进行详细的设计，这样不仅能够保证课程的有序性，而且有利于学习者对知识的理解和吸收。

与此同时，教师也要时刻关注教学的实际情况，要根据微课的收藏量、点击量等反思自己的教学情况，并且要及时关注学习者在评论区的留言，了解学习者在学习中遇到的各种问题及其学习进度、掌握情况等，并以此为依据不断改进和完善自己的教学设计。此外，要知道学习者的英语学习也是日积月累、循序渐进的，只有学好基础知识，才能为今后的英语学习打下坚实的基础。因此，教师的教学设计是十分重要的，优良的教学设计能够增加学习者学习英语的动力。

4. 教学方式灵活且应用广泛

相较于传统的教学方式来说，微课具有更加多样的展示学习内容的方式。以往的课堂教学中，学习者只能通过教科书以及教师的板书来获取学习资料，而在微课教学中，学习者可以通过文字、图片、动画、音乐等形式来完成学习资料的获取。将众多载体与学习知识相结合，能够使学习者对学习活动更加感兴趣，并且在学习过程中充分地将学习者的耳朵、眼睛等多种感官调动起来，使学习者对知识形成更加强烈的印象，从而让知识内容长期地存在于学习者的头脑之中。

在英语学习中，学习者的学习活动必然离不开听、说、读、写这几个重要环节，听力和口语与英语的发音、表达有重要关系，阅读、写作则关系学习者所掌握的单词量。在英语教学中，微课有一个不可忽视的优势，就是能够将外国人的语音通过各种方式展示出来，这增加了学习者了解标准表达方式的机会和渠道，有利于学习者的英语口语变得更加地道。

（二）设计原则

在制定英语混合式教育教学模式时，不能盲目制定，而要遵循一定的原则。通过调查分析与英语课堂教学管理活动相关的网络微课堂案例和我国教学发展中课程学习的一些理论基础知识内容，对当前形势进行调查分析，现将基于微课的英语混合式教育教学模式的设计原则概括为以下3点。

1. 学习者中心原则

微课教学的最终目的是帮助学习者更好地学习，学习者是最终实现用户。因此，教师在设计教学目标、内容和难点时，必须考虑学习者的水平和学习兴趣。微课作为提高学习者自主合作学习的网络信息技术资源，要达到理想的教学活动效果，必须具备两个重要条件：一是有用，二是有趣。只有一个有用的、有趣的、迷你实验课程才值得我们学习。因此，微课教学的设计必须以学习者为中心，否则微格教学的价值将难以实现。

2. 针对性原则

由于微课的篇幅一般在10分钟以内，内容简洁，想要在10分钟内集中学习难点和语法知识，就必须提高微课的相关性。这要求我们教师认真思考微课设计中各方面的影响因素，特别是要充分考虑学习者通过实际生活学习的发展，如学习的理论知识基础和学习工作能力，从而确定英语语法教学的难点和疑点。微课可以帮助学习者理解，只有帮助学习者解决英语语法学习中的实际发展问题，学习者才能感受到微课学习的有效性。

3. 交互性原则

教学过程就是教与学相结合的过程。大学生因正处于青春期，活泼好动，面对社会生活枯燥的知识更加容易产生厌倦感。在微课设计上，不仅可以用纯文本解释，还可以及时添加一些图片、动画、音频等材料，使微课内容更加丰富有趣。在设计微课时，可以加入一些中等难度的问题或探究性问题，让学习者进行分析和思考，以吸引学习者的注意力。

（三）实施步骤

在网络时代的英语教学方面，大部分研究资料更加倾向于讨论网络对学习者学习所产生的作用，而很少有人研究如何将传统教学的优势与网络教学的优势进行结合，更少有人提出能够运用于实际英语教学中的混合式教育教学模式的策略和方法。所以说，在当前的研究中较少涉及如何优化整合混合式教育教学模式与传统英语教学两者的优势，尤其是在微课被引入英语教学后，怎样运用微课资源把握混合式教学与混合式教学中传统教学的比例，更是极少有学者进行研究。在设计基于微课的混合式教育教学模式时，要以学校网络平台建设以及微课资源建设情况为依据，按照以下4个环节进行混合教学模式的具体构建。

1. 课前准备

教师以英语单元教学目标作为依据设计与制作微课，并且要将制作完成的微课上传至网络平台。在课程开始之前，学习者通过观看和学习微课视频对相关知识进行预习，并且将自学过程中所遇到的问题记录下来。教师在微课视频中不仅要讲解知识点，还要将思考题、学习任务等布置给学习者，学习者自学之后可以通过网络就自己遇到的问题进行讨论和交流。如此一来，传统的以书面形式为主的备课工作就转变为以网络形式为主的备课。需要注意的是，在微课的实施过程中也要结合传统教学模式中预习课本与布置作业等环节，这样才能充分发挥两种教学模式的优势。

2. 课堂学习

在进行课堂教学时，教师应该以教学目标为根据，为学习者创设最佳的学习情境，从而保证教学活动的顺利进行。举例来说，在进行写作教学时，教师可以运用各种工具如多媒体等为学习者创设与写作主题相关的教学情境，对于课堂写作任务可小组完成也可个人完成，师生之间随时可以进行互动交流，最后教师对学习者写作任务的完成情况进行评价。

因为在课前学习者已经通过微课学习了相关的知识点，并就自己的疑惑进行了交流和讨论，所以大大缩短了线下课堂教学的时间，这样课堂教学不仅效率更高，并且更具针对性。

3. 教学内容设计

教师应该着重梳理教学内容中的难点和重点，思考怎样通过微课的运用使课堂获得更高的教学效率。举例来说，如果课堂内容是教学习者写作"邀请函"，那么教师就可以将锻炼学习者英语实用能力作为微课视频制作的核心，并且注意导入环节要尽量做得充满趣味。教师可以通过微课将"邀请函"的范例展示给学习者，然后由此引发出相关的知识点以及学习目标。

微课的主要形式有 PPT 文件播放、录屏、实景拍摄等，教师要尽量在微课视频这短短的 10 分钟左右的时间内吸引学习者的注意力，并尽量让学习者通过微课的内容了解和掌握有关知识点。

4. 课后评价

评价主要分为以下两类：过程性评价、终结性评价。毫无疑问，前者主要指的是评价学习者在学习过程中的表现，如学习者在进行网络自主学习时提出和回答问题的次数、在平台停留的时长以及参与讨论的积极性等，教师可以从后台监控软件获取这些相关数据，并以此作为凭证对学习者的网络学习做出客观评价。与此同时，过程性评价也涉及学习者在线下课堂上的表现，如学习者的学习信心、学习态度等。而教师对学习者的终结性评价则可以以随堂测试的成绩作为依据，并通过评价增强学习者的学习动力和积极性。

139

第三节　基于翻转课堂的混合式教育教学模式

一、翻转课堂的基本概念

（一）翻转课堂的定义

目前，对于翻转课堂的概念，学界还没有统一的定论。现在部分学者对翻转课堂的认识还较为浅显。因此，为了使翻转课堂的概念变得更加丰富、有深度，我们有必要对翻转课堂的概念进行深入的探索。翻转课堂的英文是"Flipped Class Model"，直译为"反转课堂式教学模式"，不过，需要说明的是，这里的"反转"是相对于传统课堂式教学模式而言的。

乔纳森·伯格曼（Jonathan Bergmann）给出了翻转课堂的定义。他认为，理解翻转课堂可以从以下四个方面着手。

第一，翻转课堂是一种教学手段，它使教师与学习者之间的互动空间性增强了，课堂互动不再是师生互动的唯一方式。

第二，翻转课堂是一种非常个性的教学环境，环境的个性化能够使学习者在学习的过程中获得个性化的教育，学习者由于可以实现这种自学的个性化教育，因此就需要学习者具有学习的积极性与主动性。

第三，翻转课堂有信息技术作支撑，学习者可以根据自己的实际情况在网上进行巩固复习，对于那些因事缺席课堂的学习者来说，它还能让其有弥补的机会。

第四，翻转课堂是一种混合的教学模式，它是由直接讲解与建构主义学习混合而来的。

乔纳森·伯格曼对于翻转课堂的理解非常全面，他将翻转课堂的神秘面纱揭开了，让更多的人开始了解并使用翻转课堂。这一理解是对翻转课堂教学模式做出的比较实质性的探讨，从本质上来看，翻转课堂就是一种教学手段，通过该手段，教师可以有针对性地教学，而学习者也能够获得个性化的学习环境。可见，该定义的主要侧重点在"翻转课堂"的作用层面，与一般性的定义方式有着明显的差异。

也有一些人认为，翻转课堂就是一种教学形态，学习者在上课之前先利用教师制作的数字材料进行预先学习、之后再到课堂上与教师进行互动，将自主学习过程中遇到的问题反馈给教师，从而实现教师与学习者的有效互动。从这里可以看出，翻转课堂是需要一定的信息技术作支撑的，也就是说，翻转课堂并不纯粹，它是在信息技术的基础上发展而来的，并受信息技术发展的影响。还需要说明的是，翻转课堂所使用的材料并不局限于以信息技术为载体的材料，即使学习者在课前自主学习过程中所使用的材料是纸质材料也不会影响翻转的效果，毕竟学习的空间位置已经调换了

（二）翻转课堂的特征

在深入分析国内外相关研究的基础上，有学者提出如下基于翻转课堂核心概念的显著特征。

1. 个性化的掌握学习

翻转课堂首要的特征就是信息化与个性化，而个性化学习的理论基础正是掌握学习理论，因此，翻转课堂蕴含掌握学习模式。

传统课堂中，教师以班级中等学生为标准设定课程进度，以使班级大多数学生都能接受，但却无法兼顾班中的学困生（struggled students）及优秀学生。而在翻转课堂中，由于知识异步传授，学生可"自定步调、自定节奏"，按照自己的步骤、节奏学习，既可暂停、倒退或重复教师的讲授。也可通过网络社区等形式寻求教师或同伴的帮助，有利于根据个人情况完成学习，夯实基础。这种个性化学习既能有效帮助学困生，学有余力的学生也可不受集中听讲的束缚，更多地关注拓展内容，并在帮助他人过程中巩固知识，加深理解。

教师可通过学习管理平台，及时发现问题，并立即介入，给予学生及时讲授（just-in-time teaching，JiTT）等指导，从而解决了忽视学习中"瑞士奶酪式"间隙等问题。萨尔曼·可汗（Salman Khan）认为通常学习中有"瑞士奶酪式的保证通过原有基础继续建构的间隙"，这个间隙就是指学生在原有基础上学习新知识所需花费的时间，而每个学生所需的时间是不同的，提供足够的间隙能有助于学生掌握所学的内容。因此，在翻转课堂中，所有学生都能受益。

2. 优化的认知过程

翻转课堂并非课堂教学与课后活动次序的简单颠倒，也不是简单的先

学后教理念的翻版。翻转课堂的精髓是根据认知负荷和认知过程选择合理的学习场所和学习方式。

本杰明·布鲁姆（Benjamin Bloom）将认知领域目标分为六大类，即识记、领会、运用、分析、评价和创造，其中识记（remembering）指从记忆中提取、回忆和识别知识。领会（understanding）指理解意义、转化、改写和解释说明问题。运用（applying）指将概念运用到一个新的情境中或自发地使用一个抽象物。分析（analysing）是指为了让组织结构能被理解，将组成部分中的材料和概念进行区分。评价（evaluating）指根据一定的标准和指标通过检查或批评而做出判断。创造（creating）指将要素重新组合成一个新的模式或结构。前三类为低层次认知目标，而后三类则被认为是高层次认知目标。

翻转课堂课前主要是知识的传授，因此主要培养低层次认知能力，而课内关注知识的拓展和应用，培养创新及批判思维，因此更多的是高层次认知能力的培养。翻转课堂信息化教学前移使学生既有更多的时间锻炼高阶思维能力，也有更多的时间锻炼识记及初步应用等低阶思维能力。

在这种重构的学习环境中，学习效率得到显著提升，学习更为专注和投入，所需学习时间也更少，而效果并未降低。乔纳森·伯格曼报告说"每个单元仅需原来25%的时间，而且学习效果比翻转前更佳"。

3. 灵活的翻转模式

美国的两位高中化学教师乔纳森·伯格曼和亚伦·萨姆（Aaron Sams）当初推出翻转课堂的目的之一就是帮助学生以灵活的方式补上落下的课程。灵活性是翻转课堂的核心，这不仅是指翻转课堂教学时空的灵活和多样，而且教师可根据教学风格、学生特点及其他因素，采用不同的教学方式。

国外翻转课堂在教学模式上比较灵活，既有全部翻转（国内称为"前后翻"），形式包括"家校翻"和"校内翻"，即知识传授等前置学习在家庭或学校进行，而课堂全部用于知识内化等活动，也有部分翻转（国内称为"半空翻"），即知识传授和内化均在课内，即课堂上既有前置学习又有知识内化活动，以满足家庭学习条件不够的学生或减轻学生课外学习负担。

此外，教师还可根据某个单元具体学习内容，采用一种或多种翻转课堂教学模式。翻转课堂教学环境相对灵活，除教室物理环境外，学生可利用电脑或自带设备（BYOD）方便地开展泛在学习。翻转课堂尤其关注形成性评估，其评估体系也更为灵活多样。

4. 增强的交互模式

翻转课堂成功与否的关键并不在于视频的应用与否，而是视频使教学前置，从而提供给师生充足的课堂交流活动时间。因此，翻转课堂蕴含交互型教学模式。翻转课堂通过技术手段增强了师生之间的交互性，营造良好的师生关系。教师不再是讲台上的"圣人"，而是学生的顾问、朋友和专家。

教师既能与学生在虚拟空间随时互动，了解学生课前学习的困难并给予及时的帮助，又能有更多的时间与学生在课上开展面对面的互动交流，提供个性化的辅导。学生则通过合作学习与同侪互助增强交流，而不是像传统课堂上那样整堂课都忙于听讲和记笔记，并在交流过程中产生信息重组，建构知识。翻转课堂中教学视频和公开的教学要求也增强了学校与学生家长的交互性，从而配合学校督促学生完成课外学习活动。

5. 专业化的教师角色

教师是翻转课堂的重要因素，与传统课堂相比，翻转课堂赋予教师更加重要的角色，给予教师更大的教学自主权，也提出了更高的要求。教师需要具备更高水平及能力，即不仅拥有过硬的教学能力，还应该具备高水平的信息化素养和课堂管理能力。

具体来说，翻转课堂的有效实施首先就是教师角色的转变。传统课堂中教师是知识的传授者和学生的管理者，而学生是被动的信息接收者。但翻转课堂的"课外知识传授"和"课内知识内化"的策略，使教师转变为教学的设计者和学生学习的促学者。同时，对教师也提出了更高的要求，教师不仅要有深厚的学科素养，还要有正确的教育教学观、课堂组织与驾驭能力，并关注学生多方面的发展。

首先，教师需要分析教学目标，决定哪些内容适合讲授，哪些内容适合学生课前自学探索，哪些内容适合合作及协作学习。同时还要能制作教学视频，组织课堂和管理课堂，并及时反馈学生问题，评估学习进程。

其次，在翻转课堂中，学生已不是知识的被动接受者，而是主动学生，是翻转课堂的主体，基于项目和问题的主动学习能够提高学生的学习动机并且锻炼高阶思维能力。学生课前自主管理，自行设定学习节奏，异步学习，课内积极参与知识内化活动以及课内外师生互动交流，分享信息或寻求帮助，并以此探索和建构知识。

再次，信息技术在翻转课堂中发挥了重要的作用。第一是因为教学资源及相关教学指导信息的发布若有信息技术的支撑则会更快捷。第二是师生需要信息技术的支撑开展互动交流，而教师也需要信息技术了解学生的学习情况，因此信息技术助推了翻转课堂，即信息技术作用由传统的内容展示成为自主学习、交流反馈和协作讨论的工具。

最后，翻转课堂中教学内容的形式也从传统的文本转向多模态多媒体的教学资源，尤其是微视频。课堂教学内容也由知识传授变为基于问题和任务的学习。而教学流程则从传统的课堂讲解、课后练习转变为课前学习、课堂探究的形式。综上所述，翻转课堂是以学生为中心，以学生的学习活动为主线，在教师的指导下，运用信息技术自主学习课程内容，教师与学生在多维环境中所组成的双边互动的教学过程。

（三）翻转课堂的教学条件

1. 学生的角色翻转：从被动接受到主动探究

虽然我国的基础教育已经通过各项改革取得了一定的成效，但是纵观教育的整体情况，我们不难发现，学生被动听的角色并没有发生改变，即使学生进入大学，有了更加自主的意识之后，这种情况也依然没有改变。

在翻转课堂模式下，教学活动都是由教师精心设计出来的，这些活动无疑能够让学生的学习更加主动和积极：课前自主观看视频进行学习，课上积极探索、参与讨论，课后完成知识的内化，总结学习经验。根据建构主义的看法，这种课堂有利于学生建构深度知识，学生在课堂上处于主体地位。换句话说，翻转课堂指的是学生在教师的引导之下，进行自主学习的一种教学模式，这产生了两个比较积极的作用：一是它有利于取得良好的教学效果，二是它能使学生获得自我的良好发展。但是，当前中国很多的教学模式更加偏向于"填鸭式"，要想在这种形势下引入翻转课堂无疑是一个挑战。

2. 教师从课堂主导到课前、课中、课后的综合翻转

传统教学中，教师主要是在课堂上通过板书或者是口头讲授进行教学，而在翻转课堂模式下，教师所发挥的作用更加多维。

首先，在课前发布教学资源以及教学视频是开展翻转课堂的必备条件，而教师就是这些资源的研发者。这就要求教师以课程要求为根据，设计和制作出具有吸引力的、逻辑正确的高质量视频材料。由此可知，在翻转课堂模式下，教师要具备更高的素质，在课前准备时能够从课程出发，运用信息技术将教学内容生动形象地演绎出来，让学生在乐中学。

其次，在翻转课堂模式下，在课上师生之间、生生之间通过互动和交流解决问题，完成知识的内化。而传统教学的"一言堂"课堂很明显无法实现这种交流。在翻转课堂中，教师应该在尊重学生个性的基础上发散学生的思维，让课堂更加积极和开放。

二、翻转课堂与混合式教学模式结合的意义

（一）顺应信息化发展的时代潮流

在网络和多媒体如此发达的今天，可以说人们已经进入了互联网信息时代，信息化成为未来的发展趋势。与此同时，信息化也在不断冲击着大学的教育模式和体制，不断推动着智慧教育事业的创新和发展。

时代处于不断的发展变革之中，为了与之相适应，教育教学手段也要及时得到更新和发展。所以，在英语教学中运用基于翻转课堂的混合式教育教学模式是与信息时代的发展趋势相顺应的，不仅使课堂教学与信息技术的融合更加深入，而且加快了教学的信息化改革进程。

（二）促进教学理念的转变

基于翻转课堂的混合式教育教学模式的出现，让智慧教育改革有了全新思路。传统教学模式中，课堂的中心是教师，学生始终处于被动地位，接受教师的知识灌输，在这种模式下培养出来的学生非常缺乏创造力。

随着时代的发展和社会的进步，传统教学模式的弊端便逐渐暴露出来。而信息化社会的进步和发展催生了网络课堂教学，但是应该注意到这种教学方式也是存在弊端的。比如，在学生进行网络学习时教师很难对其进行监控，教师也无法及时给学生提供帮助。

而传统教学模式下教师的监控、启发、引导作用则能够为解决以上问题提供思路。正是在这种契机之下，越来越多的课堂开始使用"翻转课堂模式"。翻转课堂模式将传统课堂和网络课堂结合起来，使英语教学有了新的教学理念和教学方法，这无疑是教育界的一场革命。

（三）提升了课堂教学的效果

传统教学模式中的课堂所存在的弊端是显而易见的，如课堂气氛低沉、教学方法单一、师生缺乏沟通、教学效率不高等。虽然在各大学实行

教学改革之后，在一定程度上提高了学生的主体性地位，并且取得了一定的成果，但是从实质上来说，教师主导的传统教学模式并没有被真正改变。

在互联网如此发达的今天，有了足够好的环境和条件供英语教学开展信息化教学。"翻转课堂"更加重视学生的主体性地位，为学生个性化学习的实现提供了良好的条件。这不仅有效利用了课堂资源，还能够深度激发学生的学习兴趣，让他们的学习更加有效，对知识的掌握更加牢固。

因此，翻转课堂使原本僵化的课堂授课形式转变为如今的互动式课堂教学，让师生在课堂上有了更多的交流机会和互动时间。这种"以学生为中心"的教学模式能够真正提高课堂效果，达到学以致用、理实结合的教学目标。

（四）激发了学生学习的兴趣

混合式教学的各种优点都在翻转课堂中得到了充分体现，翻转课堂能够使教师与学生之间形成一种新型的师生关系，让一切教学资源都能够得到充分的利用。基于翻转课堂的大学英语混合式教育教学模式的改革是在网络科技飞速发展的基础上进行的，这种教学模式的创新是大学英语智慧教育的一次跨越式发展，具有非常重要的意义。

首先，这种教学模式能够有效地打开学生的学习思路，鼓励学生发挥自己的积极性，主动开展自主学习。在学生自主学习的状态下，教师的教学时间就可以适当地缩短，将更多的时间留出来进行答疑解惑。学生自己提出问题，再与同学、教师一起讨论解决，这种教学模式会让学生感受到一定的学习成就感，从而激发学生的学习兴趣，以此形成一个良性循环。

其次，翻转课堂混合式教学主张让学生自己去发现、去研究、去思考，教师不再"满堂灌"，这种教学模式会极大地提高教师的教学效率与学生的学习效率，并且教学效果与学习效果也会得到增强。

随着信息技术在大学课堂中普及应用，学生除了能在课上学习知识以外，还能够在课下获取丰富的学习资源，越来越多的学习形式进入学生的学习生活，同时，各种学习英语的软件以及大学网络教学平台也为学生营造了一个良好、便利的学习环境，使学生能够随时随地获取自己想要的知识信息。因此，基于翻转课堂的混合式教育教学模式使学生从过去被"逼迫"着学习变为"主动"地学习，使学生的主动性、积极性得到了充分的发挥，这对学生的全面发展有着非常重要的意义。

三、基于翻转课堂的混合式教育教学模式的理论基础

（一）掌握学习理论

传统课堂教学中，教师给予不同的学生相同的教材、教学方式和评价方式，这必然会导致学生学习成绩出现明显分化，陷入学生的成绩差距越来越大的困境。实际上，好的教学带来的结果应当是绝大部分学生都能达到优良的成绩，就像布鲁姆的掌握学习理论所说的那样，在给予足够时间和适当教学的前提下，绝大部分的学生对绝大部分的内容都可以达到掌握的程度。

因为学生的认知结构客观上存在着差异，布鲁姆认为在前期对学生进行诊断性评价，在了解学生的学习基础，进而判断学生是否需要帮助，需要哪种程度的帮助。掌握学习理论的核心在于，在实施统一教学的同时，给予学生频繁的反馈以及个别学生针对性的帮助，但由于条件限制，统一教学与个别教学间的矛盾一直难以彻底得到解决。在科技高速发展的当下，成熟的信息技术为这一问题的解决提供了新思路，掌握学习理论也为混合式学习的课前准备阶段提供了理论支持。

（二）首要教学理论

学生所面临的实际问题往往是复杂而繁重的，教师一味地讲授难以满足学生解决实际问题的需求，只有让学生自己运用从教师那里获得的知识技能，由易到难，才能不断提高解决问题的能力，最终得到实际问题的解决。

美国知名教育学家梅里尔（Merrill）在总结了前人经验的基础上，提出了以促进学生的学习为最终目的的首要教学理论，包括激活、展示、应用和整合四个教学阶段。梅里尔认为教学当以问题为中心，问题的提出能够促进学生的学习，通过提问激活学生原有的知识经验，教师再向其展示相应的知识技能，让学生掌握并应用到实际问题的解决中去，最后实现知识技能的整合内化。

（三）自主学习理论

在传统的接受学习模式下，课程实施强调机械记忆，学生被动接受知

识却难以将知识内化,学习效率低下,思维能力也难以得到提升。自主学习则是以学生自身发展为核心,教师指导学生制定学习计划并进行自我监督和自我评价。研究表明,相比于被动学习时死记硬背的短时记忆,主动学习会给学生留下更深刻的印象,从而能够长期保留参与学习活动时的记忆。

因此,为了提高学生的学习效果和学习效率,让学生完成自主学习并与同伴合作探究解决实际问题,教师在教学中往往起到引导学生的作用。在实践探究的过程中,学生自然而然地完成了知识的内化和技能的提升,提高了发现、分析和解决问题的能力,丰富了情感态度与价值观,最终实现了个人的全面发展。

四、基于翻转课堂的混合式教育教学模式的构建

(一)实施步骤

1. 课前预习

虽然课前预习这一教学环节经常被忽视,但是该环节在英语混合式教学中具有相当重要的地位。

(1)学案编写

学案是教师从引导学生自主学习的角度出发,在对教材进行再创作之后,为每节课学生的学习所专门设计出来的文本。学案有利于学生的合作学习、自主学习以及探究学习等。在基于翻转课堂的混合式教育教学模式的构建过程中,为了编写出合适的学案,教师应始终遵循学案的相关编写要求与原则。

①关于翻转课堂英语学案的要求,具体内容如下。

在设计翻转课堂英语学案时,不能照搬照抄教材内容以及课程标准中的相关要求,而是要以促进学生的有效学习为目的做出合理的设计。教师应该以教学要求为根据,从学生的自学能力和知识水平出发,同时多方参考教学信息,科学合理地制定出最佳学案。

其一,要帮助学生梳理知识体系。只有吃透了教材,才能更好地帮助学生对知识体系进行梳理。将教材的育人因素挖掘出来,努力做到让学生全面发展;吃透教材的知识体系以及编写目的,完成知识结构的建构;明确教材中对不同水平学生的要求,真正做到因材施教;吃透学生知识习得

的整体过程,把握能力的生长点、知识的停靠点、思维的激发点,激发学生思考和探求问题的积极性。

其二,能够为学生提供适宜的学习方法和学习策略的指导。原本教学的重心在于教师怎样"教",而学案教学则要求将学生怎样"学"作为教学的重心。如此,学案教学就要有指导性和预见性,让学生在学会独立思考的同时达到掌握知识和发展能力的平衡,让学案成为学生建立知识体系、掌握学习方式的载体和教师开展教学活动的重要依据。在对学案进行设计时,应将更多的精力放在设计学生活动上面,既要提前设定好学习内容和学习方法的指导步骤,还要考虑好通过课程发展学生的何种思维,让学生习得怎样的解题方法,提高哪一种学科能力等,使原本处于静态的学习内容变得更加动态化。

其三,学生的个性发展与全面发展要统一。应该对不同层次学生的知识水平和能力做出充分的考虑,这样学案的适应性和弹性才能更强。本书认为,若是学案过于对共性进行强调,那么就丧失了教师的个性。每个教师的个性是不同的,他们的思考方式也不一样,所以教师们可以根据自身的长处对学案进行补充。学案的使用也不是僵化不变的,可以按照情境和学生的实际情况灵活应用。

其四,要处理好课内与课外的关系。要想把教材和课外拓展,学生的主体地位和教师的主导作用、紧扣学案和课堂有机生成之间的关系处理好,那么学案就要具有以下特征:既要有针对性,又要有探究性、导学性、发散性;既要有实用性,又要具有创新性和开放性;既要注重学生成绩的提高、方法和能力等的培养,也要关注学生优秀学习品质的形成。

②关于翻转课堂英语学案的原则,具体内容如下。

其一,学习知识与掌握方法结合原则。翻转课堂学案必须按照下列三条线索进行设计,即知识线、情感线、方法线。这三个方面实际上也对应着课程标准中的三维目标。

需要指出的是,在这三条线中,情感线是隐性的,在学案中没有清晰的体现,而其他两条线则是显性的,在学案中会明确地体现出来。从知识线方面来说,学案的设计应紧扣教材,始终以完成教学目标为目的,并且要体现出知识间的内在联系和教材的知识结构,让知识更加系统和条理。

尽量做到每一个课时都有相应的学案,这样不仅方便对知识总量进行控制,也能够让学生明白自己所要达到的目标,从而提高课堂效率。从方法线方面来说,学案中一定要包含非常明晰的学习方法的指导,只有这样，学生才能知道怎样做以及怎样做得更好。

在培养学生的学习能力中，学法指导可以说是核心要素，学法指导既能够视为知识体系的内容，也能够视为能力结构的内容。只有对学法指导加以重视，教师才能在此基础上更好地教会学生怎样学习。所以说，学法指导应该贯穿学案的始终，学案从学习目标解析、疑难问题提示到集体的方法和思路等内容要形成一条方法线，对学生的学习进行指导。学法指导要始终以学习目标为依据，并提供适当的例题给学生，让学生通过例题的联系逐渐掌握解题方法、相关的注意事项等。

其二，时空开放与自主创新相结合原则。时空开放指的是学案要有适当"留白"，让师生对此留白进行丰富和完善，这样学生就会拥有一定自由发展的空间。这不仅有利于提高他们的能力，发展他们的特长和个性，还有利于学生的健康成长。在学案中设计"留白处"的原因有如下三点。

一是让知识的讲解拥有一定的余地，不要把知识一下子全都灌输给学生，而是要在重点、难点处让学生有更多的学习空间，这样学生才能对重点的知识点产生更加深刻的印象。

二是思维训练需要时间，因为学生只有通过自己的努力才能完成知识的习得，所以学生需要必要的思考时间。基于此，学案要对综合训练进行设计，例如动眼观察、动手操作、动脑思考、动耳倾听、动笔书写等能力。

三是在完成阶段性的学习之后，学生需要适当的空间和时间对知识进行内化和吸收。学案设计不仅需要教师付出努力，也集结了备课组的集体智慧；学案设计需要学生参与进来，它更注重的是一种合力。

从学生方面来说，自主创新就是在增强自己创新能力的基础上，应用新技能或者新知识解决发生在新情境之中的新问题。自主学习实际，上也是自主创新的表现，同时自主学习也意味着学生在自主进行知识体系的构建。学案鼓励学生动手参与，并鼓励学生用多种学习方式进行学习。

教师在学生自主进行知识体系构建的过程之中发挥着极为重要的作用。一是教师要把有关的实践应用练习提供给学生，让学生知识体系的构建从多角度、多方面展开。二是教师要为学生创设相应的学习情境或者是问题情境，让学生知道知识应在何种情景下使用以及怎样使用。三是教师要将学习策略提供给学生，并给予相应的指导，从而增强学生的自主学习意识以及能力，同时教师积极引导学生的思考和探索，培养学生的创新意识和问题意识。

其三，课时性原则。学案应该根据课时进行编制，学案应该和教师的授课维持在同一步调。要分课时对学习内容进行处理，通常来说，一个专题的学习内容应分成一到两个课时来进行学案的编制，切忌将几个专题的内容都通过一个课时的学案呈现。

其四，主体性原则。处于学习活动主体地位的是学生。要想让学生的主体性在学习活动中体现出来，就要让学生学习的主动性充分发挥出来。要创设不同情境供学生应用知识，在"内化"知识的同时也要将知识"外化"。

将教学过程进行优化的目的在于让学生更加主动地参与到学习活动中，掌握学习的方法，让学生成为学习的主人。因此在设计学案时，要注重突出学生的参与性学习。通过精心设计的学案来增强学生参与的兴趣和意识，提高他们参与的能力，让学生体会参与的成功，并通过参与完成课程目标。

（2）分析教学目标

一谈到翻转课堂，人们的第一反应就是制作教学视频。但是在制作教学视频之前，我们需要分析教学目标。教学目标就是通过教学活动期望达到预期的结果。明确教学目标，我们期望学生通过教学视频知道什么、获取什么，这是任何教学所首先要明确的关键事情。

只有教学前确定清晰的教学目标，我们的教学才有针对性，才能明确我们要采用的具体的教学方法、教学材料，然后确定哪些需要用探究式的教学方式，哪些内容需要直接的讲授，等等。实施翻转课堂教学模式之前的教学目标的分析，不仅有利于我们分析什么内容适合通过视频的方式直接讲授给学生，什么内容适合课堂上通过师生的合作探究获得最佳的教学效果。明确教学目标，可以避免教学中的盲目性和无目的性，或者陷入技术的漩涡而忽视了教学本身。

（3）制作教学视频

在翻转课堂中，知识的传递很大一部分是通过视频来完成的。教学视频可以由教师自己录制，也可使用其他教师制作的教学视频，或者借用网络上各种教学网站、MOOC网站上的优秀视频资源。在录制教学视频过程中应考虑学生的年龄段、心理特点和学习习惯，以制作出有效的教学微课。

一些实施翻转课堂的学校在录制教学视频中并不呈现教师的整个形象，而只是呈现双手和一个白板，在白板上教师写下讲授内容的概要。有些学校是教师全出镜讲课,在讲解要点时切换到幻灯片上的文字或图片。也有的是教学幻灯片的录屏,当然还有实景录像、课堂实录等等形式。

具体选用哪一种形式,教师可分析自己的学生,或通过观察学生观看效果,慢慢积累经验。录制教学视频必须要选择一个安静的地方,这样制作出来的视频不受周围噪声的干扰,能让学生有较好的体验。

(4) 做好视频编辑

在实施翻转课堂的初级阶段,大学英语教师可以在录制完教学视频以后分发给学生,之后再进一步发现视频后期制作的价值。这可以让教师改正视频制作中的错误,避免重新制作视频,节约了时间也保证了质量和效果。

(5) 做好视频发布

发布视频是为了让学生能够观看到教师制作出来的视频。在此阶段教师面临的最大的问题在于,把视频放在什么地方可以使学生都能够观看。不同的学校会根据本地区、本学校和本校学生的具体情况来确定视频发布的地方。大学教师可以把制作出来的教学视频发布到一个在线托管站点,如网络平台等,也会为家里没有网络或者电脑的学生制作教学视频。

为了让学生观看到视频,学校可以把校园多媒体中心开放时间延长两个小时,在这里学习的学生可以使用属于自己的账户,登录到校园多媒体中心后观看教学视频。总之,学校可以选择一到两种方法满足学生的需要。

2. 课中学习

课中学习环节是基于翻转课堂的混合式教育教学模式中的核心环节。在这一环节,教师可以让学生根据此前的视频预习,提出一些问题,通过这些问题了解学生的英语学习思路以及学习过程中的难点。教师可以让学生组成学习小组或团队,围绕这些问题展开讨论,也可以组织辩论、演讲等课堂活动,让学生深入了解问题,解答问题,获得全方位的发展。这种教学模式突出了学生中心,学生的自我展示以及团队展示被置于课堂中心,他们成了课堂中最吸引目光的人。这种教学模式使学生从被动变为主动、同时,教师的身份角色也由"灌输者""逼迫者"变为了"引导者"。

3. 课后拓展

基于翻转课堂的混合式教育教学模式对课后拓展环节也非常重视。课后学习环节是对课前及课中学习的总结巩固,这一环节有助于学生深入理解知识,强化知识信息的记忆。

教师可以在课后环节通过网络平台布置作业，这份作业不应该是机械的、简单的重复作业，而应该是结合学生此前的表现，结合课堂教学过程中的重难点以及学生学习英语过程中的薄弱点，有助于提升学习能力的作业。这份作业可以不用传统的方式提交，学生可以借助音、视频等各种形式完成作业。

除此之外，对一些学习进度较快、学习能力较强的学生，教师可以布置更多的课外拓展作业，开发他们的思维能力，鼓励他们继续保持良好的、积极向上的学习状态。

4. 教学评估

教学评估对英语教学来说相当重要，随着英语教学模式不断地更新、改进，传统的教学评估方式自然无法与当前的教学模式相适应。混合式教育教学模式注重"以学生为中心"，因此其教学评估方式不应是单一的、死板的，而应该是多样的、多元的、形成性的评价。形成性评价不是只关注最后的考试成绩，只关注分数，而是将整个教学过程中所有的教学环节都纳入了评价范围，同时也会对学生各方面的表现进行考察，包括学生的自主学习、合作学习、小组讨论、课后学习等，除此之外，还会考察学生的学习态度与学习状态。这种评价方式没有将学生"钉在一根柱子上"，而是全方面地开展评估，能够予以学生充分的鼓励，促使他们更加积极向上，朝着好的方向发展。

（二）实施策略

1. 针对学校的策略

（1）开展教师技能培训

教育信息化在不断深化，计算机在教学领域的应用也在不断深入，这对英语教师队伍的信息素养提出了更高的要求。为了适应现代化教育的要求，学校应当根据学校教师使用计算机情况，制定针对性的技能培训方案。并按照方案面向全体教师开展技能培训，增强教师的计算机知识水平和操作能力。同时，邀请混合式教学领域的专家来校开展培训，或者送教师去相关学校进行学习，通过培训，让教师熟悉基于翻转课堂的混合式教学的具体操作，并应用于实际教学中。

（2）组建基于翻转课堂的混合式教学研究团队

在基于翻转课堂的混合式教育教学模式的课前自主学习环节中，网络学习资源种类丰富但良莠不齐，教师亲自录制视频则需要耗费大量的时间和精力。如果每个教师都要单独备课的话，对于教师来说是不小的工作量，同时也会影响教师的教学计划。因此，学校可以分学科成立研究团队集中备课，选举学科负责人，再通过负责人分配任务，每个教师再完成自己的任务，这样不仅能够减轻教师的备课负担，还能在交流中共同进步。

（3）举行基于翻转课堂的混合式教学公开课比赛

关于提高教师实施基于翻转课堂的混合式教学的积极性方面，学校可以举行基于翻转课堂的混合式教学公开课比赛。参赛教师在准备过程中可以更加熟悉基于翻转课堂的混合式教育教学模式的具体操作，还能在竞争中互相学习，其他教师也可以通过观看比赛学习相关知识以提升教学技能。

2. 针对教师的策略

（1）加强对基于翻转课堂的混合式教育教学模式的研究

教师想要在教学中应用基于翻转课堂的混合式教育教学模式，就必须加强对基于翻转课堂的混合式教育教学模式的研究，每个班的学生都存在着客观差异，教师要根据班级的实际情况进行实践操作。可以通过开展基于翻转课堂的混合式教育教学模式的集体教学研究活动，共同探讨如何在实际教学中更好地运用这种教学模式，同时还可以对实际操作中遇到的问题进行反思和总结，解决问题并形成文字成果，甚至发表研究论文供其他教师参考。

（2）参加基于翻转课堂的混合式教学培训

如果教师希望通过基于翻转课堂的混合式教育教学模式来提高教学效果，那就必须熟练地掌握这种教学模式的具体操作。培训的形式多种多样，可以参加学校组织的集体培训活动，也可以自己向有关方面的专家请教。最重要的是要认真对待培训活动，从中汲取知识和经验，应用到自己的课堂教学中去。

（3）转变教育教学理念

教师要做到终身学习、与时俱进，即使是拥有多年的教学经验，也仍然要勇于尝试新事物。因为自己上课时极少使用多媒体辅助教学，既不熟悉操作也觉得没有必要，这种想法是不正确的。教师要随着智慧教育事业的发展，及时转变教育教学理念，不断更新教育教学方法，提高教育研修能力。

3. 针对学生的策略

（1）加强独立思考和交流合作意识

基于翻转课堂的混合式教育教学模式中核心的部分在课堂探究活动中，学生在这个环节的表现很大程度上影响着最后的结果。由于个体差异性的客观存在，学生往往有不同的想法，在课堂探究活动中，学生既要积极表达自己，又要认真聆听别人，思维碰撞才能产生灵感的火花。强调独立思考和合作交流，有利于学生从不同角度看待问题，使每个学生都能够有所收获。

（2）积极参与教学活动

提高学生的课堂参与度是提高基于翻转课堂的混合式教学效果的重要途径，也是提高基于翻转课堂的混合式教学质量的重要保证。师生角色转变是双向的选择，既要教师转变成主导，也要学生转变成主体。学生只有积极参与教学活动，才能深刻体会到自己的主体地位，强烈的主体地位感又能反过来促进学生自主学习的积极性。

（3）提高自制力

相比于传统课堂教学模式，基于翻转课堂的混合式教育教学模式实施过程中存在更多的外在干扰，如网上学习时来自网络的干扰，课堂谈论时来自同学的干扰，等等，这些干扰的存在会分散学生注意力，以致学习效率降低。想要排除干扰不能仅依靠教师家长的约束，更要学生自己提高自制力。学生的自制力与自觉性、坚持性等有关，想要提高自制力可以通过这些方面下手，比如养成良好的学习习惯，通过锻炼提高意志力，等等。

第四节　基于移动云平台的混合式教育教学模式

一、移动云平台概述

移动教学云平台（移动云平台）是在创新2.0的背景下，"互联网+教育"的新形态，是互联网思维在教育教学上的进一步实践，是移动互联网、大数据、云计算等新一代信息技术与教学的融合。移动云平台与传统网络教学平台不同，它结合了先进的互联网技术和科学的教育教学理念，为整个教学的全过程提供信息化服务，同时能够为教学和科研提供数据支持和分析决策。

移动云平台不仅仅是教学资源的载体，借助平台学生可以根据自身学习需求在教师的引导下进行自适应学习、个性化学习，还可以加强老师和学生之间的互动交流，实时记录学生的学习行为。通过积极构建基于移动云平台的教学，革新了学生传统的学习方式，提高了学生学习积极性，提升了教学质量。随着信息技术更进一步的发展和成熟，采用移动云平台进行教学将会得到更广泛的应用。

二、基于移动云平台的混合式教育教学模式的构建

(一) 目标与意义

1. 主要目标

当前移动应用是大学信息化建设和应用的趋势，本研究通过手机App和微信公众号等程序，打造符合实情的移动端课程资源库，开发线上、线下的课程来辅助课堂教学和实践教学。通过更新教学理念、转变教学模式，能使课堂教学环节更加丰富，使课堂学习内容更加生动有趣，提高学生上课的积极性和参与度。基于以上移动课程，教师可开设多个班次的互动教学实践，形成系统的教学档案，追踪过程性教学评价。

2. 重要意义

移动云平台，可以让老师方便地进行课程开发集成，对促进教学工作开展、提高教学质量的作用和意义主要如下。

第一，移动端在线课程，不受时间、空间限制，随时随地学习。课件知识点展示简明扼要，课件使用和制作简单方便，展示美观大方，可以很方便地辅助课堂教学和实践教学。

第二，符合学院要求，能融入本校建设的试题库。随时随地为在线测试提供机会，并且能够实时出成绩，方便学生和老师及时查看成绩和及时改错。

第三，课程平台的互动教学效果好。比如小组合作研讨、微信留言、场景表单反馈、问卷、抢答、头脑风暴等互动工具众多，可以在课程教学过程中进行即时互动和测试等。

第四，课程平台提供良好的在线资源盘共享。课程用到的实践课程案例、课件、课例、视频、微课、MOOC等资源可以在线共享，方便实践教学。

（二）实施步骤

1. 云课堂预习

传统课堂教学前，选取教学内容的预习微课内容、动画或情景视频案例上传云课堂，进行线上教学活动——课前预习，学生借助移动终端（Phone 或 Pad）观看学习，然后学生分组进行讨论后，进行知识点预习、案例分析，提出小组学习方案，教师对每组的表现进行点评，并引导学生设计一个更为合理的学习方案。

2. 课堂教学

课堂教学时，教师根据实际情况，采用讲授法和演示法进行英语知识点与技能点的讲解，如飞机票类型的英语表达方法，飞机航班号、时刻表的英语表达方式及电话礼仪，等等。同时，采用分组角色扮演方法引导学生积极思考、乐于实践，提高教学效果。

3. 云课堂复习

线上观看微课是课后复习的主要学习手段之一，这极大地激发了学生学习兴趣，提高了课堂教学质量。同时，课后教师通过移动教学云平台发布下达在线交流讨论、复习巩固任务，检查学生的实践效果与词汇、知识点、技能点的获得结果，结合在线答疑，学生上传作业的师生—生生互评数据找到学生学习学习弱点，帮助学生完成巩固学习环节，并引导学生自主探究式学习。学生通过合作讨论、探究复习内容及任务完成的基本、协作及突发情况，激发求知欲望，逐步形成一个感知心智活动的良性循环，从而培养出独立探索的自学能力。

4. 线上—线下测试

将传统的线下测试与移动云课堂发布的在线测试、在线竞赛等有效结合，客观评价学生真实的学习情况，动态掌握学生的学习效果。教师对学生的传统课堂测试数据与移动云平台线上测试、竞赛数据进行比较分析，检验大学英语教学的有效度，获取完善的教学反馈信息，也提供了更全面的教学改革依据。

三、基于移动云平台的混合式教育教学模式的实践探索

（一）基于移动云平台的混合式教育教学模式改革实践的流程

基于移动云平台的混合式教育教学模式设计流程包括教师的平台选择、线上资源建设、线下教学法探索、教学互动反馈和评价设计等。学生课前学习新知，课中实现知识内化，课后知识巩固，线上个体学习，线下团队合作学习，其中突出让智能手机在学生学习中发挥作用，以及对学生学习动机的激发，让学生的学习行为有效发生，显著改善学习效果。

1. 选择和利用混合式教学的平台

围绕在教学中能够将学生的智能手机充分利用起来开展混合式教学，可选的方案包括：①选用专为移动信息化教学设计的平台，如云班课，这种方式适用于有自主知识产权教学资源的课程，尤其采用渐进建设策略的课程；②以传统 Web 版教学平台为主，用云班课等以移动端功能见长的课堂内外交互工具进行补充，这种方式适用于选用了非自主知识产权课程资源的课程；③针对不同的教学目标和课程建设基础，研究对平台的评估、利用、改造、多平台协作以及与通用社交平台的协调等问题的原则、标准和方法，根据学情、教学目标选择合适的平台或平台的组合，真正促进学生的学习。

2. 开展混合式教学的教学资源建设与利用

针对专业教学的培养目标和学情状况，自主设计与开发适用的特色教学资源。在建设中，充分考虑信息化教学资源的一般性原则，也要关注到利用手机开展混合式教学的特殊要求。资源包括用于学生课前自主性学习的视频、图片、网络链接、案例、课件、习题、文档等，也包括开展课堂教学需要的测试、互动讨论、小组任务等。自建资源建设主要以适用性为原则，探讨利用有限成本自建能满足学生学习需要的教学视频、在线测试、实践项目、数字化教材等资源的方法。这些资源，针对学生和教师必然是个性化的，尤其是要在课堂内外围绕教学设计开展交互性强的活动，方便学生实现泛在学习、移动学习、多维学习。

（二）基于移动云平台的混合式教育教学模式改革的任务内容

基于移动云平台的混合式教育教学模式改革的意义就在于知识传授部

分的借助互联网技术如云班课在线上完成，线下课堂采用翻转课堂的方式，重心转为探索如何设计教学活动去检验学生学习情况，激发学生的学习动机，能力培养和价值塑造。

充分利用移动互联网技术和资源，应用云班课等移动云平台，课前将教学 PPT 课件、微课视频、图片等教学资源上传至平台，布置任务要求，课中利用平台签到、提问、设计活动交流等训练学生能力，课后可利用平台发布电子习题巩固所学知识，这样实现了课前学生可以利用手机自学教学资源、课中学生展示、检验自学效果，教师设计训练能力，课后巩固练习。

知识更多的借助线上资源学习获得，线下侧重能力培养。教师讲授对提升学生能力帮助不大。教师需要根据不同的内容，设计不同的方法，让学生参与课堂巩固知识、能力训练。

混合式教学线下教学方法除传统的讲授法外还有诸如小组讨论合作学习法、学习竞赛法、辩论法、服务学习法、问题导向、任务驱动的项目化学习、关键词、卡片学习法、魔盒法、站位法、活动学习法等，改变传统课堂枯燥沉闷的课堂气氛，提高了同学们的学习积极性，培养学生自主学习的能力和通识能力。

第五节 基于移动 APP 的混合式教育教学模式

一、基于移动 APP 的混合式教育教学模式的理论基础

第一，移动学习理论。移动学习的实现需要特定移动设备的支持，这种移动设备必须能够实现师生的双向交流，且可以为学生全面、准确的呈现出学习内容。对于移动学习而言，其有效摆脱时间、空间对学生学习行为的限制。

第二，微型学习理论。微型学习主要将整体知识细化为微小（微型）的学习内容组块，并依托让学生学习微小的学习内容组块，最终实现整体知识的掌握。依托微小的学习组块，学生可以在更为轻松、愉悦的环境下完成学习，最终达到理解、掌握新知识点的效果。

二、基于移动 APP 的英语混合式教育教学模式的构建

（一）设计理念

首先，科学合理设置课堂教育内容与教学环节，并且在课堂上引导大学生完成智慧教育活动，充分掌握学习内容；其次，应结合学生课堂学习需求，对课堂教育内容展开呼应设计，并利用移动 App 平台向学生发布课前学习任务、课堂学习资料以及课后自主学习资源等，让学生能对自身所学知识做到"预知""预学""预探"与"课后巩固"，不只与课堂教育内容相呼应，还能延续课堂教学，从而使课堂教育与移动 App 网络平台教育形成良性循环。针对课堂教学时间的限制，英语教师也可有效应用网络平台，为学生设定学习目标、制定学习路径与学习方法等，使大学生能够快速进入学习状态，明确前进方向。

（二）设计原则

1. 以学生为主

依托移动 APP，学生对教学中的重难点内容、教师多次强调的内容实施标记反馈；在课堂教学阶段（课堂测试）与课后反馈总结阶段，教师对学生的实际学习情况展开统计分析，因此达到优化教学策略、调整教学结构的效果。在实际的教学过程中，必须秉承着"以学生为本"的原则，确定不同英语学习水平、能力学生的英语学习现实需求，结合教学反馈完成教学规划，确保大学英语教学的展开与学生的实际学习情况高度匹配，满足学生的多样化学习要求。在此过程中，教师还应当着重强调对知识重难点的讲解，保证学生相应知识点的理解程度。

2. 因材施教

在大学英语教学模式中，相关教师可以在移动 APP 内获取学生的在线教学活动参与程度数据信息，结合学生在课堂教学、教学实践活动、随堂测试、课后习题作答等方面的参与情况，完成对学生当前英语学习能力、学习兴趣的判断。同时，可以参考学生的个体差异实施针对性教学（分层教学），解答学生在英语学习中遇到的个性化问题，真正意义上实现"因材施教"。

3. 线上线下结合

对于传统的教学模式而言，其单一性较强，无法适应当前大学英语教学的相关要求，特别是在多种学习 APP 盛行、防疫工作持续展开的今天，这种教学模式极为滞后，必须要进行优化改进。在大学英语教学模式中，主要利用移动 APP，并在保留课堂教学优势的基础上引入互联网线上教学模式，能够实现对传统教学模式中存在问题的有效规避。实践中，教师在课堂教学的同时可以利用移动 APP 向学生实时发放测试题目或是教学资料，以达到丰富教学内容的效果。同时，学生也能够在移动 APP 中实时反馈疑问，并获取教师的针对性解答，促使针对性教学成为现实，推动大学英语教学的效率效果提升。

（三）实施步骤

1. 课前准备阶段

在授课之前，教师可以借助移动 App 为学生安排预习任务及学习任务。借助移动 App 强大的实时监测功能与出色的系统分析能力，更好地掌握每位学生不同的学习情况。例如，教师能够借助 App 软件的检测功能获知不同学生每天通过相关移动 App 进行学习的时间，对应的学习内容；在此基础之上，借助系统的强大分析能力，可以分析学生学习时间、学习内容等相关数据，对学生的整体学习能力与学习热情、综合素质进行初步定位，更好地因材施教，为不同学生制订不同的学习计划。通过移动 App 与学生分享这些学习计划并根据学生反馈的意见，对该类计划进行适当调整以满足不同学生的学习需求。

2. 课堂教学阶段

在大学英语混合式教学实践中，相关教师可以设置的教学活动主要包括以下 5 几方面。

（1）签到活动

在以往的大学英语教学中，教师需要消耗一定时间用于统计考勤，促使课堂时间的利用率降低。基于此，教师可以依托移动 APP 中的签到功能，由教师发布在线签到任务，迅速、准确、自动完成学生出勤情况的统计。为了提升签到活动的趣味性，也避免代签等问题的发生，可以应用更为多样的签到方式，例如照片、位置、手势、二维码等，达到节约英语课堂教学时间的效果。

(2) 选人与抢答活动

在移动 APP 的支持下，大学英语课堂教学中的选人与抢答活动形式得以更新，可以充分发挥出移动 APP 中的选人与抢答功能的作用。依托移动 APP，随机选人成为现实，提升学生课堂注意力的同时，也达到增强教学趣味性的效果。当遇到多人想要回答的问题，教师可以开启移动 APP 中的抢答功能，结合适当奖励，鼓励所有学生均参与进教学活动中。

(3) 分组任务与主题讨论

在课堂教学前，教师可以设置一些开放性问题、讨论主题，让学生在课前收集、整理相关资料，展开思考，并以线上回帖的方式阐述自己的观点。当发现其他同学与自己的观点相一致时，学生可以进行点赞或是评论。通过这样的方式，能够进一步强化学生的思考能力与问题解决能力。在课堂教学中，教师可以引入分组讨论模式，相应讨论过程可以使用直播或录像的方式保存，为教师分析、了解学生课堂教学活动参与情况提供支持，并达到提升学生英语听说能力的效果。

(4) 投票与问卷活动

在移动 APP 的支持下，教师可以迅速组织投票或是问卷调查活动，以此确定学生对某项观点、某一问题的意见与思考，也能够了解到学生对当前大学英语课堂教学的满意程度，实现对教学方法的及时优化调整，提升学生对大学英语教学的满意度与认可程度，增强大学英语教学的效率效果。

(5) 测验

实践中，教师可以依托移动 APP 随时向学生发放测验问题，切实了解学生对相关知识点的掌握程度。在此过程中，教师可提前在移动 APP 中输入测验试题，并设定发布时间，或是直接以手动控制的形式将测验试题在适当的时间段输送至学生端。此时，学生直接应用移动端对相应问题进行作答，并在提交后，由移动 APP 自动完成批改与评分，确保相关教师迅速、准确掌握学生学习情况。在此基础上，教师可以对学生存在的共性问题展开着重强调，并回答学生的针对性问题，加深学生对相关知识点的掌握程度。

3. 课后反馈总结阶段

教师可以通过移动 App 在班级中构建学习小组，学习小组能够借助移动 App 在线上对各个组员的作业进行评价。除了小组成员之间的互评之外，学生还可以通过移动 App 对教师的教学进行评价打分，高效、真实地

第四章 大学英语混合式智慧教育的模式探索

反馈有助于教师更好地认识自己、改进课程内容与教学方式。

另外，教师还要对学生网络学习情况展开评价，根据学生线上自主学习时间、学习资料下载数量、教学平台访问频率以及作业提交状况等，对学生学习情况展开综合考核，发现学生线上学习存在的问题和不足，并展开针对性指导。如此，不但能督促学生积极自主参与网络学习，而且还能提高学生线上学习质量和学习成效，充分发挥网络平台的作用和功效，为学生更好地学习英语知识提供帮助。

第五章 大学英语混合式智慧教育的实施技巧

大学英语混合式智慧教育的实施需要一定的技巧，本章分为网上教学的互动技巧，教学视频的使用技巧，教学档案袋的使用技巧，鼓励学生自主学习的技巧四个部分。主要内容包括使用课程讨论板、巧用网上交流工具等网上教学互动技巧，教师视频概念界定，教学视频中合理使用字幕、选择英语教学视频材料等使用技巧，教学视频使用启示，教学档案袋及功用、建设及使用建议，学生自主学习目标的确立、组织技巧、激励技巧等鼓励学生自主学习技巧等。

第一节 网上教学的互动技巧

一、使用课程讨论板

网上互动教学最常见的方式之一就是使用讨论区。讨论区中的论坛是保证学生学习质量的重要元素之一。如果利用得好，各种想法、信息、资料将在论坛汇集，在讨论、分析的基础上，产生出新的火花、新的认识，这里将充满智慧的声音。

（一）使用方法

1. 创建论坛

讨论板是课程整体的讨论区，可以分为两种类型，即一门课程讨论板或若干小组讨论板。在指定的讨论板中，可以添加各种论坛。在课程讨论板中，教师必须事先添加好论坛，否则学生将无法进行发帖。在小组讨论板中，则可以由小组成员自己添加论坛。

①进入课程。点击课程菜单中的"讨论",点击"创建论坛"。

②输入论坛名称及描述。在文本框中输入论坛名称及描述。

③论坛可用性和显示起止时间。确认论坛可用,并根据需要输入论坛显示起止时间。

④设置论坛属性。根据需要设置论坛属性,完成后点击"提交"。

2. 发帖

话题俗称"帖子"。通常,在论坛中的讨论就是以发帖、回复的形式进行的。在每个具体的论坛中,可以由教师或学生发起新的话题。

①进入论坛。点击论坛名称进入论坛。

②发表帖子。在"创建话题"里发表帖子。

③输入新话题的主题及内容。在文本框中输入新话题的主题及内容。

3. 回帖

①查看帖子内容。在话题标题里查看帖子内容。

②对帖子发表评论。

(二)网上讨论的监控和反馈

在开展网上讨论活动时,教师需要及时关注讨论区反映出来的学生参与情况和学习成效。教师需要利用网络教学平台的工具监督和评价学生的讨论情况,了解课程的运行反馈情况,以便及时修改教学策略。

①使用成绩指示板观察学生的讨论情况。在通过成绩指示板查看学生讨论情况时,还可以直接在这里向学生发送邮件,用于提醒那些没有按时参加讨论活动的学生。一般可通过成绩指示板获得下列数据,单击论坛名进入后可以看到学生在该论坛中发布或回复的所有帖子。

②评价学生的讨论情况。在 Blackboard 平台的网络课程中,对学生论坛评分有两种形式:为论坛评分和为话题评分。当需要评估整个论坛中学生的表现时,建议使用为论坛评分;当需要评价某一个话题中学生的表现时,可以使用为话题评分。在使用为话题评分时,学生无法创建新帖子,只能回复帖子。因此,教师需要事先在论坛中添加好话题帖。

如果事先设定了对论坛评分或对话题评分,那么也可以在为论坛和话题评分时看到学生的讨论情况。

同时,设置良好的评价制度,对于论坛的顺利运行有很大的好处。要评价一个学生在论坛中的行为,可以从主动性、发帖质量、参与度和贡献度四个方面进行。主动性,指学生在论坛中分享自己在活动、作业等各个方面的进展，并积极参与讨论的主动性。发帖质量，指学生所发帖子与主题相关情况。参与度是指学生发帖的数量情况，以及回复其他人的信息，提出建设性的意见，鼓励他人的情况。贡献度，是指学生为问题的解决贡献自己力量的程度。

（三）有效引导网上讨论

在课堂教学之后开展相应的网上讨论，有助于学生深入地理解课程内容。讨论板其实是在模仿传统教室环境中师生、生生之间面对面的交流，是可以让学生产生求知欲的有效方式，但是网上讨论也常会遇到很多困难，比如不参与讨论、跑题、不当言论等，因此如何保证论坛的秩序，并进一步促进交流是教师应当具备的技能。

1. 设置论坛规则

在网络课程一开始就要说明本课程论坛的规则，说明论坛中鼓励的行为和不鼓励的行为，比如不要在讨论区内讨论与课程无关的话题等。可以和学生约定好发帖的要求，比如可以要求学生每周发三个帖子：第一个是原创帖；第二个帖子是对别人帖子的回应，必须要谈自己的看法和观点；第三个帖子是对自己原创帖子所有回应贴的总结和评价。总之，论坛规则最好简洁明了。

2. 营造安全的学习环境

网上讨论最大的难度在于要保证让学生在感觉安全的环境下分享他们的个人经验、观点和思想，探索新概念，加深他们对材料的理解。鼓励学生积极、大胆发言，不要因为害怕错误而不敢发言，允许学生有批判性的思考。

3. 让学生成为讨论的主角，不要干扰讨论方向

网上讨论的主角必然是学生，学生们在论坛中一起讨论、贡献知识。如果教师过多地介入，会打断学生的原有思路，学生会把教师当作"权威"，可能会由于畏惧"权威"而不再发表不同观点，或者刻意等待教师的发言。

4. 精心设置论坛分区，防止学生"跑题"

课程中会有一些较为活跃的学生，他们积极发言，但其帖子有可能"跑题"，对此，需要及时将学生带回主题。比如每周话题区可以安排与本周所学内容相关的话题进行讨论，作业讨论区内讨论作业，包括对作业要

求的理解，可以展示一些优秀作业，或者针对作业中出现的共性问题进行解答；平台使用技术问题讨论区内讨论解答在平台学习过程中所遇到的技术问题；教学建议区讨论学习体会，收集教学建议；休闲咖啡区供学生讨论一些与课程无关的话题，允许他们在那里抒发感情，畅所欲言。精心设置的分区有助于帮助学生养成好习惯，清晰的结构配合有效组织的话题，方便学生快速找到感兴趣的话题，促进学生的积极参与。

5. 设置论坛的专项管理人员

如果论坛版块较多、发帖量较大，教师自己管理论坛可能难以兼顾，则可以在每个讨论区设立专门的管理人员来直接管理讨论板中的帖子，以促进有效的对话和讨论。可以为论坛中用户指定具有管理功能的论坛角色，如管理者、主持人和评分者。

管理者可完全控制论坛。管理者可更改论坛设置、仲裁帖子和指定成绩。管理者角色只能指定给课程教师或其他具有类似责任的人员。默认情况下，具有教师或助教的课程角色的用户将被授予此论坛角色。

主持人在帖子对于课程中的所有用户可用之前复查帖子。主持人也可删除或修改任何论坛中的所有帖子，即使该论坛不使用"待审核队列"。确保主持人富有责任心并且了解相应帖子的标准。默认情况下，会将这一论坛角色授予具有课程制作者课程角色的用户。

评分者将复查讨论区帖子并在成绩中心中输入成绩。评分者拥有某些访问成绩中心的权限，并应被分配给负责指导和评估学习的用户，例如教师或助教。评分者的论坛权限中不包括访问控制面板的权限。默认情况下，具有评分者课程角色的用户将被授予此论坛角色。

6. 通过举办活动推动讨论

在论坛不太活跃的时候，教师可以抛出一些问题，引发学生的讨论，营造讨论氛围；在学生积极参与论坛的时候，也可以提出一些更有深度的问题促进学生进一步思考和反思，引导学生提出更多问题。这些问题应该具有开放性，以促进答案的多元化。这里要注意只是抛出问题，不要对问题进行作答，让学生自由发挥，起到让学生自己探索、在协商中建构知识的目的。还可以设计一些观点投票活动，然后根据投票结果，组织一些辩论活动，或者要求学生收集某些话题资料在论坛中共享。

7. 提供小组合作的机会

人数很多的时候，可以把学生分成若干小组。系统自动分组、教师分组、自己组队这些方法都可以使用。小组可以是长期的，也可以是临时的。建议采用"组内异质，组间同质"的原则进行分组。

二、巧用网上交流工具

除了讨论板外，教师还可以使用网络课程中提供的各种交流工具和学生互动，学生之间也可以使用这些工具进行自发的交互活动。

（一）公告/电子邮件

公告是教师在网络课程首页向学生发布官方信息的通道，这些公告还可以同时发送到学生的电子邮箱。公告/电子邮件的内容不仅包括每周学习内容的介绍、作业和测试的重要时间点的提醒，也包括对学习中发现的共性问题的回答。

公告/电子邮件设计标题明确，使学生能够快速了解公告/电子邮件的确切目的。无论要通知学生重要的时间点，还是想要学生填写调查问卷，公告/电子邮件最好只谈一个话题。话题多了会让学生感觉困惑，抓不住老师要表达的重点。用指向课程信息页或者指向论坛的链接来代替附件。许多学生注册了不止一门课程，所以要确保你的学生可以快速识别出这是来自你这门课程的邮件，而不是来自其他授课老师的邮件。要让学生感觉到像是老师在和他面对面交流一样，语言尽量简短、生动。

（二）博客/日志

博客能够迅速便捷地发布自己的心得，及时有效地与他人进行交流，是集丰富多彩的个性化展示于一体的沟通交流新形式。在 Blackboard 平台的课程中，有两种博客形式：个人博客和课程博客。个人博客只有作者和教师能够访问，课程博客是全体同学和教师均可以访问。

日志是一种允许学生发布对课程的看法或讨论和分析课程相关材料的自我反思工具，类似博客，但给予学生私密性，只有教师能查看学生的日志。

（三）Wiki

Wiki 逐渐成为网络教学的重要课程工具。一般情况下，由教师在 Wiki 中发布教学要求或教学目标，学生通过自发地搜集相关资料、整理所需资源来完成具体的学习任务。在这个过程中，每一位学生都有机会和能力对某一内容发表自己的见解（这些见解往往是在他人编辑的基础上进行的二次编辑）。通过这种方式，Wiki 的内容不断地得到更新和丰富，学生也可以从其他同学身上学到不同的知识。

教师在网络课程中使用 Wiki 应该首先为学生讲解什么是 Wiki，如何使用 Wiki，为什么要使用 Wiki。在 Blackboard 平台的课程中，有两种 Wiki 形式：课程 Wiki 和小组 Wiki。课程 Wiki 由教师创建，并且任何课程成员都可以添加页面（除非教师希望成为唯一作者，并将 Wiki 用作课程内容）。小组 Wiki 是由教师启用的，并且所有课程成员均可阅读，但是用户必须为该小组的成员才能编辑页面或在小组 Wiki 页面上添加评论。

用 Wiki 可以开展的教学活动很多，比如收集习题集、案例集；建立课程相关概念的术语词典，类似于百度百科或维基百科；交流学习经验和学习成果；小组成员通过 Wiki 完成小组项目的共建，实现成员的分工合作，并且老师可以很清楚地看到每个成员的贡献度；记笔记，总结学习过程中的常见问题。Wiki 实现了学生之间的知识共建，大家一起来分享知识，贡献自己的学术力量。

三、有效组织网上实时交流

基于网络教学平台的网络课程允许学生自定时间、自定步调地进行学习，但有时，一些在线的实时网上交流和同步互动往往能起到意想不到的效果，越来越多的老师已经认识到在线实时交流的重要作用。组织一次成功的在线实时交流，大体可以分为三个阶段：前期准备阶段、实时交流阶段和后续跟踪阶段。

在前期准备阶段，需要完成以下工作。

第一，确定交流活动的主要参与者是某一个小组还是整个班级；主讲人是教师还是某位学生。

第二，确定交流的内容。内容最好是学生所感兴趣的，有必要提前跟学生协商确定讨论的主题和角度，防止话题过"散"。

第三，确定交流使用的平台。Blackboard 平台提供了在线实时交流的工具——"聊天"和"虚拟课堂"。"聊天"工具和普通的网络文字聊天室类似，主要是基于文字的集体讨论，和论坛相比，其汇集文字对话的形式更加适合于实时的文字交流讨论。"虚拟课堂"工具比"聊天"工具功能更加强大，除了支持文字聊天之外，还可以进行分组文字聊天，使用白板进行资源的共享和协作互动。还可以选择别的平台，老师们可以根据自身需要和网络情况自行选择。

第四，熟悉平台工具的使用流程。

第五，提前发布实时交流公告，以便于学生做好准备。

在实时交流活动中，避免过多地讲原理、概念，重在交流和分享，而不是教学和讲授。在实时交流结束后的1~2天内将交流的文字记录或者录像和其他资料及时发布在课程中或通过其他方式共享给学生。

四、教学设备的配合使用

在网上教学中，教师教学设备及学生学习设备的配合。混合式教学在课前要求教师上传相关课件及教学资源，这就对教学设备提出了较高要求，如性能良好的电脑，良好的网络系统，高清摄像头和收音话筒等。学生为了能够保证顺利获得教师提供的教学资源也要有良好的电子设备，如电脑或智能手机。除此之外，在课后答疑过程中为了确保实现师生互动，还应有相关软件支持，如 QQ、微信、钉钉、腾讯会议等，保证师生能够及时且顺畅的交流。

第二节　教学视频的使用技巧

一、教学视频概念界定

（一）教学视频

关于教学视频的定义有很多，从广义上来讲，教学视频是指将知识录制成视频的形式，供人们在生活中甚至网络中来学习。视频内容比较广泛，比较流行的是舞蹈以及烹饪相关的知识。从狭义上来讲，教学视频是指用于课堂教学的一切视频资源，即将部分教学过程以视频的形式在课堂前、中、后进行展现。

不同的学者对教学视频的定义不同，但其实质相差不远。在线开放课程中的教学视频是指通过有限的时间来表达更多更优质的教学信息。从视频的用途上,王廉则认为教学视频不仅仅对真实的授课过程的录制,还包括了广泛录制用以网络教学的教学视频。从不同资源类型的角度,陈宗让等人把教学视频分为教辅资源以及学习资源两种类型。学习资源主要指能够为在线学习提供帮助的资源;教辅资源在实际课堂教学过程中起帮助作用,它不是学习的主要手段,而是教师在讲授知识的时候不可缺少辅助方式。

(二)教学视频的呈现方式

教学视频的呈现方式可以体现为同一形式的教学视频不同时间或阶段的呈现,如在课前呈现、课中呈现、课后呈现;呈现方式也可以理解为不同类型的教学视频。例如于青青等人从制作方式上将教学视频归纳为内录式和外录式,国内学者王健的研究中将教学视频分为图文类和视频类。

对于教学视频的呈现方式,不同学者有不同的定义,国内外能找到少量不同呈现方式的教学视频的学习效果的相关研究。王健等学者对四种不同视频对自主学习效果进行了实验研究,并从学习认知和学习满意两个方面进行测量,结果表明"视频类+解说字幕"形式的教学视频效果比较好。郑俊及其团队利用眼动追踪,比较视频中教师区域与PPT区域注视与效果的关系,结果表明教师形象更加能使注意力集中过来,且当教学视频中同时有教师和PPT时,教师形象对效果无显著影响。杨九民聚焦于教学视频中教师图像的研究,探索了教学视频中教师图像的最佳比例,教师姿势的作用,比较了大教师呈现、中教师呈现、小教师呈现三种教学视频的效果,结果表明教师呈现比例较小的教学视频学习效果最好,并将有教师教学视频与无教师教学视频以及传统课堂的学习效果进行比较。皮忠玲探讨了四种不同模式的教学视频对学习效果的影响,并利用眼动追踪技术对视频影响学习的机制进行探究,结果表明有PPT与教师的视频最好。国外学者通过实验研究、脑电系统以及形波动系统探讨不同认知风格的学生学习课堂实录型、三分屏型、画中画型三种教学视频认知负荷、情感体验、学习效果、持续注意的差异,结果表明视觉偏好者与言语偏好者在学习这三种视频时产生的持续注意、情绪变化、学习效果有显著差异,课堂实录型与画中画型教学视频效果显著好于三分屏型教学视频,言语偏好者比视觉偏好者产生更高的持续注意。

（三）教学视频的设计与制作

关于教学视频的设计与制作，主要包括三个方面的内容。

一是教学视频的呈现类型，就教学视频的呈现类型而言，按照不同的分类标准可以将教学视频分成多种类型。针对不同的教学视频类型是否会对学习效果和学习心理产生明显影响，已有许多学者进行了相关的研究。汪存友和罗慧敏对比在视频教学过程中分别采用课堂实录型视频和PPT录屏式教学视频的学习效果差异，发现两者并无显著差异。有学者研究了课堂实录型视频、画中画型视频以及PPT配合语音讲解型教学视频对不同学生的学习效果及认知负荷的影响，发现课堂实录型视频和画中画类型视频对学习成绩的提高显著优于PPT配合语音讲解型，且PPT配合语音讲解型带给学生更多的认知负荷。马秀麟等分析了学生对课堂实录型视频，三分屏视频以及微视频的使用情况，发现微视频使用较多且适用性较其他两类要好。尽管相关学者就教学视频的呈现形式对学生学习效果、认知负荷和学生满意度等方面进行了许多研究，但各研究结果之间存在较大差异，目前关于教学视频呈现形式的研究仍然有很多的不足，主要体现在对教学视频没有相对统一的分类标准以及未能充分考虑学生风格差异和知识点类型的不同。

二是教学视频中各要素的合理布局与设计，目前关于这方面的研究主要以多媒体学习理论和认知负荷理论为基础，以眼动指标，学习认知，学习满意度和认知负荷等评价指标来探讨教学视频中各要素的不同呈现方式对学习结果和学习过程的影响。如曹卫真等利用眼动实验研究了视频中主体的出现位置与学生注意力的关系，发现主体位于画面中间时学生的注意力更集中；古岱月利用眼动实验及学习效果测试等手段分析了教学视频中的重难点突出方式对学习效果及学生认知负荷的影响；王雪在分析现有微课视频现状与特点的基础，提出了教学设计和画面设计的原则并对比了原则指导下设计的微视频与原有微视频应用效果的差异，发现前者的应用效果显著改善此外，教师的角色呈现是教学视频区别于一般多媒体视频的一个重要特征，大量的研究分析了教师角色的在视频中的呈现对学生学习效果、认知负荷等方面的作。教学视频中各要素的合理布局与设计的已有大量的研究，但大多数研究都只是针对视频中某一个要素或几个要素进行分析，缺乏对视频整体布局，整体色彩搭配以及各要素之间相互作用的系统研究，此外，很多的教学视频只是课堂实录或录屏之后经过简单的后期剪辑，缺乏艺术性和美学价值，对学生的吸引力不够，学习观感体验不佳，目前，一些研究开始尝试教学视频的创意设计，使得教学视频也具有像电影一样的视觉表现力，如杨聪通过动画型微课的设计与应用，将教学与娱乐相结合，克服了传统教学视频枯燥乏味的特点。王洪梅在对现有教学视频的优缺点充分分析的基础上提出了面向智慧学习的视频创意设计策略。尽管在提升教学视频的艺术性和美学价值方面已有了一些尝试，但缺乏系统的方法总结，实证研究不足，其适用性和应用效果有待进一步评估。

三是教学视频中的交互设计，建构主义理论认为交互有助于学生对知识的自行组织，提高对知识的理解和记忆。如王雪等对比了不同交互程度下学生的学习效果与认知负荷等指标，发现完全自主选择的交互程度有助于学习效果的提升和认知负荷的减少；针对如何实现学习过程中信息的双向流动，沈夏林和周跃良在充分分析当前教学视频交互设计现状的基础上，提出了一些具体的交互策略，如个性化视频课堂、基于知识点的主题研讨；刘心宽以系列位置效应理论为基础，提出了新的交互策略并将其运用于《教育技术学导论》课程的设计。此外，许多研究在交互技术上也做了大量的工作，如流媒体服务器的运用、基于 Flash 技术的交互设计和基于 WEB 的视频学习资源系统交互设计口。

（四）教学视频的应用

多媒体技术和信息化的发展为教学视频的应用带来了极大的便利，教学视频在课堂教学和开放环境下的自主学习方面都发挥着重要作用，关于教学视频的应用主要包括两个方面。

一是将教学视频作为开放学习环境下的自主学习材料，通常作为MOOC、微课、智慧学习等自主学习模式的信息载体，目前国内外大多数的开放学习平台，如五分钟课程网、终身学习网、Khan Academy 和 Open Learn 等都属于这一类。目前关于开放学习资源的应用研究还相对较少。

二是将教学视频作为课堂教学的辅助材料，大量的研究表明在课堂教学过程中适当加入视频资源作为补充有助于学习效果的提升，如张小斌对比了传统的多媒体教学方式和视频教学方式在计算机类技能性课程上的教学效果，发现视频教学的效果显著优于一般的多媒体教学；范福兰等设计了一种新的交互式视频资源并将其运用于课堂教学，与传统课堂教学的对比结果证明交互式视频资源在课堂教学中的使用有助于知识的学习。

此外，翻转课堂教学模式和混合学习中视频资源的使用也可以看作是视频资源对课堂教学的一个补充，如张屹等以"教育技术学研究方法"课程为例设计了教学视频作为课后学习的辅助材料并与无视频资源作为复习材料的控制组进行对比，发现前者的后测成绩显著高于后者。以上结果都证明视频资源在课堂教学中对提高学习效果具有一定的意义，但关于视频资源对提升课堂教学学习效果的有效性是否因学生的个人特征而有所差别，Mendoza等通过问卷法调查了教学视频在不同学生群体中应用的效果，发现教学视频在促进学习的有效性随着学生知识水平的不同而有所差别。

无论是作为课堂教学的补充，还是作为开放学习环境下的学习材料，视频教学资源都发挥着重要的作用，大量的研究就视频教学资源的设计与制作及其应用效果进行了分析，比较一致的结论是作为课堂教学的补充，教学视频的使用能提升课堂教学的效果，然而就教学视频本身的设计与制作而言，尚未总结出普遍的制作原则和设计策略，没有形成统一的制作规范，在提升教学视频的艺术性和视觉表现力方面也还有很大的发挥空间。如何布局和设计教学视频各要素，使之能够最大程度地适应学生的心理，获得较好的满意度，达到最好的学习效果还有待更加深入和系统综合的研究。

二、教学视频使用技巧

（一）合理使用字幕

近年来，越来越多的英语教学视频材料把重点放在多媒体教学的实证研究上，同时，对字幕视频材料的研究也普遍得到关注。如梅耶的多媒体学习认知理论就支持了字幕在英语视频教学中的使用；学习风格理论证明了学生的学习效果不仅受智力因素的影响，非智力因素也会扮演者重要的角色。合理地使用字幕会对英语教学产生积极作用，可以为教师的课堂教学是否使用字幕和如何使用字幕提供一定的理论支撑。

1. 英语视频理解应选择合适的字幕类型

在混合式智慧教育教学中，当教学任务侧重于视频理解时，汉语字幕效果最佳。在外语学习环境中，学生的视觉语言处理能力往往高于听觉语言处理能力，例如在我国的英语学习中，学生的听力理解能力较差，而英语阅读理解能力较强，这也是外语教学中普遍存在的一种现象。但是在视频教学中可以采用字幕手段以形成一种补救关系,对视频理解的作用汉语全字幕排在首位,双语字幕次之,但双语字幕中的英文字幕在视频理解方面可能会产生冗余效应,所以如果英语视频仅仅是考查学生对内容的理解,汉语字幕是最佳选择。在选择字幕视频时,教师应对教学视频材料采取合适的编辑策略,有些网络视频资源中的字幕有自由切换模式,教师根据需要进行适当地调整;在自主开发设计教学视频时,需注意汉语字幕与内容的关联性,尽量使添加的汉语字幕简洁、凝练,同时做到字幕与音频的相对应。

但是,也有一线教师和学者对字幕的使用持怀疑态度。作为第二语言教学手段,视频中的字幕是否能真正地发挥教学的功效,这是一个值得长期深入探究的问题。因为人的感官是视觉先于听觉,学生在观看视频的过程中,很有可能一味地去阅读视频中的字幕,从而导致对音频、画面等信息的捕获。这种担心虽有一定道理,但更加值得注意的是,在进行视频教学的过程中,学生对字幕的关注并不是全部注意力的投入,而是对各个信息点都有所分配。这就提醒教师要对视频中各个知识点的布局进行有效把控,强化视频中与教学目标密切相关的字幕信息、音频信息或动画信息等。

2. 词汇教学应选择合适的字幕类型

在混合式智慧教育教学中,双语字幕最有助于附带词汇学习。互联网和字幕技术的快速发展为英语教学者提供了契机,为了使英语教学效果得到最优化,在英语原声视频的基础上,需对字幕进行有效的调整。对于一般英语学生来说,双语字幕可能是最佳的选择,在附带词汇习得中,中英双语字幕提供直接的目标语输入,字幕中包含的信息量和词汇量比较丰富,而且中文字幕和英文字幕之间是对应出现的,当学生在习得附带词汇时遇到不理解的目标词汇时,可以迅速地从汉语字幕中找到对应的含义。需注意的是,虽然汉语字幕和英语字幕在内容上是一致的,但两者在句型结构和表达方式等方面存在差异,这就要求学生在运用双语字幕进行附带词汇习得时,必须注重两种语言之间的结构转换以及目标词汇的定位。

汉语字幕和英语字幕之间在词汇词义习得上没有显著差异,但从数量优势上看,汉语字幕在词汇词义习得上有优势。如果学生的英语基础一般,对英语民族语言的背景文化知识理解不透彻,则会在词汇学习中遇到较大的困难,那么汉语字幕可能是最好的选择。英文字幕更适合那些英语水平相对较高的学生,因为他们基本能看懂大部分的字幕,但纯英文字幕在英语词汇学习中的应用，如果不能合理地控制难度，则会降低学习的积极性，不利于附带词汇学习能力的提升。一般情况下，英文字幕要求学生必须充分地结合视频中故事情节的发展以及字幕中前后文的语境来对其中不认识的单词词义进行推测，并且针对一些不太常见的词汇学生也需具备一定的语言文化素养。

3. 使用多媒体教学材料需依据学习风格

有些研究在数学等其他学科中发现，学习风格的不同并不会对学习成绩造成影响，他们认为，学习风格无优劣之分，仅仅个体学习方式的不同而已，所以对学习成绩没有影响，但在王华容、谭顶良的研究中陈述到，学习风格可能具有学科特点"，因为有些学科确实符合某一学习风格的特点，所以如果教师的教学内容、教学方式等方面与学生的学习风格相匹配，其效果会优于那些失配的教学策略。许多研究已表明，在网络教育环境下应考虑个体风格差异，尤其是在二语学习中，学习风格的不同会影响语言的学习，学习风格对学生的测试成绩存在影响。言语型学习风格的学生明显少于视觉型学生，这也证明了视觉学习的普遍性特点，尤其是在英语学习中，大多数学习材料是文字类信息，如板书、试卷、课件等，学生也养成了视觉学习的习惯。

字幕类型对视觉型学生的影响较大，而且人数居多，教师在设计视频字幕时，应尽量在图片、动画等视觉信息进行巧妙地设计，使其承载更多有价值、有意义的信息，以满足大多数群体的需求，让大部分学生处于"舒适区"，达到教学效果的最优化。对于学生自己来说，应该了解积极主动地研究审视自己的学习风格，发挥其长处，并不断拓宽、改进原有的学习风格，突破其局限性，这样才能不囿于自己的"舒适区"，然后通过不断的练习、修正，建立起适合自己风格偏好的行之有效的学习策略。

对于言语型来说，不同的字幕类型对测试成绩影响较小，但言语型学生的学习效果高于视觉型，尽管这一群体的学生较少，并不意味着忽略这一少数群体，现代教育理念要求每个学生都能公平地、积极地在课堂上表达、反馈和交流信息，教师各方面的突破创新都应该以学生为主体。所以在进行多媒体材料设计时，教师应合理布局视频中的信息，采取补偿策略来调节，对言语型学生所偏爱的信息加工方式进行强化，例如教师可以使用播放软件对视频播放速率进行调节，在视频材料中加入可理解的单词，合理安排文字与其他信息的搭配，使教学视频既满足学生的差异化，又提供最全面的教学内容，同时结合传统的教学方式如提问、复述故事等，充分发挥言语型学生的语言优势，帮助他们获得英语学习的成就感。

（二）选择英语教学视频材料

对于英语视频材料的选择来说，最容易获得的资源就是各类电影，电视节目以及纪录片和新闻等视频，而一些例如广告，预告片或宣传片等短小的视频经常会被忽略。教师们在收集素材时应注意广泛收集各种题材，不同长度的视频，有些可能并不能立刻将其运用到课堂上，但可将其存储下来以备日后使用。

针对不同程度的学生，教师需要选择难易程度不同的视频资料。就如何判断视频的难易程度来说，可以采取以下几种方式。通常一段对学生来说比较难的视频会有如下几个特征：话语很多而动作很少，例如访谈类或脱口秀节目，在视频中有若干人经常同时性或在同一段时间内间隔很短的交替讲话；儿童卡通片，其中的卡通人物的嘴型，面部表情以及肢体语言无法像真人一样生动；说话人具有比较浓厚的地方口音的视频。而对学生来讲相对比较容易理解的视频则具有如下特征：视频中的人物在讲话的同时做出很多动作，且这些动作与说话内容相符合；视频中所讲述的事件具有清晰明了的故事情节；视频中事件的发展速度相对缓慢；视频中的说话人发音清晰且标准。

（三）整理与剪辑英语教学视频

在收集了不同的视频材料之后有必要对其进行归类整理。最好的方法是对现有的视频文件和光盘先进行命名，然后根据类别对其进行归类。然后在每一类别中按照字母顺序对文件进行排列。为每个视频文件写一份简短的说明也十分必要，这样可以避免由于时间久远对视频内容的遗忘，可以在说明中记录视频的大致内容，时间，背景，以及这段视频适宜开展哪些活动。

在剪辑视频材料时，要遵循难度适中，情节引入，反映当代生活的原则，剪取有积极意义的视频片段，使学生能以正确的视角来了解西方文化。视频材料与其他教学材料一样，所隐含的价值观和人生观会潜移默化地影响正处于青少年时期的学生，因此所选视频应该有益于学生树立健康向上的思想观念，使他们能以正确的角度和心态来解读西方人的意识形态、价值观念道德标准、风俗习惯等。

（四）活跃英语课堂教学气氛

在开展各项视频活动之前有必要对视频的背景做一个详细介绍，包括视频中场景发生的年代和地点，即将出现的人物的姓名和性格特征等，使学生对即将要观看的视频有一个大概的了解。在观看有故事情节的视频之前通常可以开展的一个活动是让学生们预测故事的内容和发展方向，然后在观看结束后进行验证。

学生对词汇的掌握很大程度上也影响了他们对视频内容的理解，因此开展一些与词汇相关的活动也是非常必要的。可以在观看之前选出一些在视频中出现的关键词或短语，或者对学生来说难以理解的句子预先进行解释。还可以在观看之前给出一些生词或句子，然后让学生在观看过程中根据对视频内容的理解猜测单词和句子的意思。在观看完视频之后所进行的活动则可着重于对视频内容的理解。可以就视频问题向学生进行提问，或者让学生相互之间进行问答，还可以让学生复述或者用角色扮演的方式将视频内容演绎出来。

首先让他们每人先选定一个角色，然后在观看时着重注意此角色的言语和动作。虽然根据不同的视频材料，教师们可以采取不同的课堂活动方式，但是在不同的活动中存在着一些通用的注意事项。首先在上课之前一定要仔细检查将要用到的设备，确保电脑和投影仪，或者电视和播放机工作正常，画面清晰，声音清楚且响亮。

其次是要掌握好对视频解说的长短与次数。解说得过少会令学生对视频内容感到疑惑，对自己的理解能力产生怀疑，而解说的过多则会剥夺学生自主学习的乐趣。同时在观看过程中尽可能不要插入解说或活动，最好能令学生完整的观看完一段视频后或者在视频开始前进行解说。

最后一点是不要忘记让学生对视频进行模仿和复述。英语教学视频材料为学生们提供了一个真实的语言范本，令学生将其模仿或复述出来会对他们的语言运用能力有很大帮助。

三、教学视频使用启示

（一）对教学视频资源建设的启示

教学视频中呈现的内容不是越多越好，视频的速度、节点提示、教师的声音和语速、教学设计、快捷键总结、交互等都会对视频学习效果产生影响。在设计教学视频时，首先，需要考虑其形式。不同知识类型的教学视频有不同的呈现形式，应根据相关原则进行选择。其次，需要对教学视频进行精心设计，包括教学设计（明确教学目标，需要确定教学内容的授课形式以及教师活动、学生活动等，避免出现无关的内容）、时长控制以及画面设计等。设计与开发视频时需要兼顾教学规律与学生的视觉习惯。

（二）教学视频的翻转学习层面的启示

在利用教学视频进行翻转课堂的教学实践时，要注意教学视频的应用应该在课前、课中还是课后。对于程序性知识的教学视频的翻转学习，可以录制成操作录制型，这样会有较好的学习效果。而研究表明，学习比较复杂，不同的学生对视频的呈现方式有不同的偏好，给所有的学生提供同一种呈现方式的教学视频不是最佳的学习仿式，应利用技术的手段让学生根据个人偏好进行自主选择，这就需要自适应或者学生自主控制系统的产生。

（三）教学视频字幕对英语学习的启示

国内一些学者探讨了字幕视听材料对学生外语词汇习得、听力水平以及视频理解能力的影响，如汪徽分析了在影视材料中使用字幕对学生外语词汇学习的影响，发现字幕的使用对词汇教学有显著的积极作用。陈玉黔对比了中文字幕、英文字幕及无字幕三种情况对学生听力水平的影响，研究结果表明有字幕对提升学生听力水平有积极的影响。陈毅萍对字幕有无以及出现顺序进行研究，设计三组对照实验，对同一英语电影视频观看两次，第一组先看有字幕视频再看无字幕视频，第二组先看无字幕再看有字幕视频，第三组则两次均观看无字幕视频，研究发现有字幕视频更有利于学生对视频的理解，且先看有字幕视频再看无字幕视频理解效果更好。

（四）教学视频对英语课堂教学的启示

目前，大多数学生学习英语的目的都是希望通过对英语语言的学习而进一步了解真实的英语国家。学生们希望能看懂英语新闻，体育转播，影视节目，甚至是英语广告，这可能正是一些学生学习英语的原始目的。而在课堂学习中满足学生们这一方面的需求，可以更好地激发他们对英语学习的兴趣。

使用视频文件能将连续的画面与声音有机地结合起来。不同于单纯的听力练习，学生们可以通过对画面中场景，人物的表情和动作，来帮助他们对语言进行理解。对学生来说，视频文件还是一个反映英语国家文化的窗口。学生们在视频中可以看到英语国家的方方面面，从日常居家生活到总统选举，从股票交易市场到审判法庭，各种不同场景展现了生活的各个细微方面。某些特定的场景，例如医院和法庭等，对学习专业英语的学生尤其具有很大的帮助，学生们可以结合专业英语课本中所学内容，加深对特定场景的了解，还可以从中学到很多专业词汇。

使用视频文件（纪录片等视频材料除外）所使用的是互动式语言，对于学生来说，他们很少有机会与英美人士进行面对面的对话，所以他们的口语对话显得极其之不自然，他们的对话中经常会出现使用不当的词语，不正确的语调和误用的习语或俗语。而视频文件不仅是一个非常具有吸引力的教学手段，同时也为学生们提供了真实的语言范例。视频文件能够真实地呈现当下的流行词汇和句法规则，以及人与人之间在语言互动时所常用的表达方式。如果想要训练学生能够自如地用英语进行交流，必须首先让他们看到并听到英美人士彼此之间的对话。

第三节 教学档案袋的使用技巧

一、教学档案袋及功用

（一）教学档案袋

教学档案袋是借鉴学生学习成长记录袋（学生学习档案袋）而开发的一种对教师教学进行评价的工具。教学档案袋评价是通过有目的地收集教师在教学过程中的各种作品以及其他相关人士如学生、其他听课者等的材料，把其编制成档案袋的形式，来对教师的成就和成长过程进行记录并据此进行评价的方式。而后在使用过程中很多教育机构都发现其同时还是促进教师专业发展的有力工具，因此，又把其广泛应用于促进教师专业发展的活动中。在国外，尤其是美国、加拿大等国，教学档案袋正被越来越多地运用于评价教师的教学及提升教师的专业能力。教学档案袋评价是不同于以往仅仅强调他评、单单关注教师的教学结果的一种新的教学评价方式，又因为此种评价方式同时还起到以评促教，为教师整理实践性知识、促进教师进行教学反思提供了一种重要渠道，因而也成为促进教师专业发展的一种有效方式。

（二）教学档案袋的功用

1. 丰富、完善教学评价

首先，教学档案袋作为一种新的教学评价工具，弥补了一般教学评价过于重视被评价者的共性、过于注重教学结果、过于强调评价的比较、选拔功能以及被评价者在评价中被动的局面，而更为凸显对被评价者的个性尊重、主体尊重，注重评价教学过程，以及更为突出评价的发展功能。

①凸显个性评价。教学档案袋评价作为一种评价方式，其更为关注被评价者的个体差异，有利于凸显被评价者的个性。我们知道，传统的教学评价往往有整齐划一的标准，常要求被评价者提供相对统一的材料，相对忽略对被评价者的个性成果的考评，而教学档案袋评价则极为尊重被评价

者的个性，也为被评价者的个性展示提供了舞台，被评价者可以依据自己的个性和优势在评价标准认可的条件下选择合适的类型丰富的作品，突出自己的特色。

②尊重自我评价。顺应教学评价的发展趋势，教学档案袋评价注重多元评价主体的参与，强调自评与他评的结合，尤其尊重被评价者自身对自我教学的评价，促进其自身主体能动性的发挥，使其脱离被动评价的局面，极大地调动被评价者主体性参与，真正的重视被评价者的自我理解，促使被评价者在参与自身的教学评价中提高其批判意识、反省意识. 和自我评价能力。

③注重评价教学过程。教学档案袋评价是一种强调终结性评价与过程性评价相结合的教学评价，在评价重点上，更为注重评价教学过程。传统的教学评价常常是"不问耕耘，只问收获"，在教学评价时多关注的是教学成果，而较为忽略对教师平时教学过程的关注。教学档案袋不只是对教学结果的收集，而且还收集了如教师自己的各项准备材料、学生的平日课业习作、课堂活动的各种声像记录、师生课下交流的内容记录、教师的反思叙述等等，是对相关教学的整个学习或教学活动过程的整体表现的记录，更能真实展示一个教师在教学过程中的成长、收获、不足、个性、优点等，有利于形成对教师更为公平、合理、客观的评价。

④突出发展性评价。传统的教学评价更多是通过评价来对教师的教学进行比较、并对其教学效能进行判断。对教师的教学效果及能力等分类、排队、发挥甄别、选拔的作用。而教学档案袋评价不是不对教师的教学效果进行评价。也不是不对其教学效果进行同行间的横向比较，而是更为关注评价教师在教学过程中的成长、发展。更为关注这一教学评价对教师教学能力发展的促进作用。而作为评价主体的他人，在对教师进行评价时，也不是站在对评价者选拔甄别的立场上来进行评价，而更多着眼于通过评价，发现被评价教师在教学过程中的进步轨迹及可塑空间，为被评价者教师提供以后发展的可行性建议，促进其快速发展。

2. 促进教师专业发展

（1）催生高校教师成为反思性实践者

首先，教学档案袋评价催生了高校教师成为反思性实践者。我们知道。教师专业发展一般有三种趋向：教师专业发展的理性取向、教师专业发展的实践—反思取向、教师专业发展的生态取向。我们认为，三种取向的专业发展各有特色，都是促进教师专业发展的重要途径。而在当前理性取向的专业发展被过于重视的情况下。我们更需要其他教师专业发展方式尤其是实践-反思取向的教师专业取向的引入实践-反思取向的教师专业发展非常重视教师的实践性知识。认为教学知识应产生于实践又能指导实践，认为教师应合理地管理和应用自己的实践性知识，这对于教师的专业素养的提高、培养教师的反思意识与能力提升教师实践品质都有着重要意义。这一取向弥补了理性取向过于注重理论知识学习而忽略实践知识的不足。教学档案袋评价突出了教师在教学研究中的主体性地位通过制作，整理研究评价教学档案袋。促动教学档案袋的制作者对自己的教学实践进行管理，努力去理解复杂的教学情境。主动去解决各类教学问题，积极对教学行动进行反思。积极依据问题情境及行动结果调整自身的思路和行动。

(2) 成就高校教师作为教学研究者

教学档案袋评价也成就了高校教师作为教学研究型教师。我们知道高校的科研可大体分为两类：教师对某专业领域的科学研究以及教师对专业领域教学进行的研究。随着高校对教学质量的愈益重视，高校课程教学的研究已经成为高校科研的重要部分。尤其是在高校教师的职称评定中。高校课程教学的研究成果已经成为教师职称评定中的必要组成内容。而教学档案袋评价以评促教。以评促研为高校教师进行专业领域的教育教学研究提供了一条有效途径。我们知道，教学反思是教学档案袋的重要部分之一。教学档案袋的制作、评价过程就是教师对自己的教学进行反思、研究的过程。教学档案袋内丰富的材料为教师的教学提供了多样和相对全面的反馈信息通过制作教学档案袋。教师会更有意识地了解自己的学生及教学。不仅会看到学生在知识技能方面的表现。也会了解学生在情感、态度、价值观等方面的表现；不仅看到学生学习的结果，还能了解学生的思维过程和学习过程；不仅能看到自己在教学中的表现。也能看到学生、同事对自己教学的回馈。还能在课后及时对自己课堂教学的优点与不足进行反思。教师在教学过程中本身是教学实践者。但在教学的过程中。教学档案袋评价又促使其对自己实际面临的独特的教学情境进行研究。并尝试超越已有的教学理论和技巧。努力去构建一种新的能适用于特定教学情境的理论。发展出一种"处于专业能力的传统边界之外的、直觉的、默会的、行动中的知识"。教学档案袋本身是一种评价方式，但是其在评价的过程中同时也促进了教师对自己的教学进行反思研究，促进教师更好地设计以后的教学及进行其他教学决策，使教师主动地参与到课程教学的研究中来，使高校教师不仅是专业领域的研究者，而且也成就了高校教师作为教学研究者。

另外,教师教学档案袋评价的过程也是教师间对话、交流的过程。因此其也促成了教师合作文化的生成。

二、教学档案袋建设

教学档案袋是教师反思教学、呈现信息、寻求专业发展的重要途径。教师教学档案袋建设需要以教师为主体,通过各种教学培训、建设社区等方式加以推进,这也是构建教师教学发展综合体系的重要基础。教学档案袋的构建并非一蹴而就,需要长期建设。

(一)基础建设

在教师教学档案袋基础建设阶段,我们采用纸质版调查表收集教师的教学情况。主要依赖手动采集和录入基本教学信息方式,初步了解教师教学基本情况,为后续教学档案袋建设奠定基础,也为教师教学发展中心确定下一步教学发展工作提供重要的参考依据。但是,这个阶段处于探索期,远远达不到帮助教师进行教学反思、促进教学改进的目标。这个阶段主要由教师发展中心开展大量的基础数据收集工作,教学一线教师没有深入参与。

(二)规范化建设

在前期纸质版数据采集基础上,教学档案袋进入电子档案建设阶段。电子教学档案袋不仅能支持视频、图片等多媒体形式的教学展示,便于教师整理教学资源,而且能够轻松进行同行间的交流分享。电子档案袋具有数据整合和展示的优势。

基于此,教师教学发展中心在这一阶段推进教学档案袋信息平台建设。我们在做好前期数据迁移的同时,还要培训教师对该平台的使用,引导教师主动建设自己的教学档案袋。教师教学发展中心不仅要对教师建设教学档案袋提供技术支持,而且要通过组织教学沙龙、讲座等,跟教师一起探讨教学档案袋的建设方法和意义。一线教师需要在教师教学发展中心的支持下,逐渐完善教学档案袋,整理教学资源、撰写教学理念等,使教学档案袋建设成为常态。当教师教学档案袋建设初具规模后,教师教学发展中心可以根据教师教学的详细情况,帮助教师开展期中评估,也可以与慕课教师探索混合式教学等等。随着各项工作的全面展开，教师教学发展综合体的雏形也将逐渐浮现。

（三）特色化建设

在这个阶段，各高校可根据自己的实际情况和本校对教学档案袋的定位，开展各具特色的教学档案袋建设工作。以北京大学为例，我们希望教师的教学档案袋能够全方位、立体化地展现教师的教学情况。因此，资源整合就显得很重要。这里的资源不仅涉及教师自己手中的教学素材，还有一些跟教师教学密切相关的、存储在学校不同部门的数据资源，例如教师教学发展中心记录的教学培训与发展信息、课堂录像等，教务部门掌握的学生对教师的教学反馈、教学评估数据，研究生院记录的研究生助教的培养情况，等等。

这些数据从不同角度反映了教师的教学面貌。如果能够将这些数据和资源进行整合、共享，有助于更好地发挥教师教学档案袋在教师发展、人才培养中的作用。因此在这一阶段，我们不仅要整合部门内部的资源，还要逐渐打通学校部门之间的信息资源系统，推动资源整合。在.此基础上，教师可以更快捷地形成自己的教学档案袋。

（四）常态化建设

经过前面三个阶段建设，教师教学档案袋已初具规模。教师在这个阶段的重点工作是对教学档案袋中的教学内容进一步梳理和完善，准确阐述教学理念、教学策略、教学方法，对自己的教学情况进行反思。而教师教学发展中心通过教学培训、沙龙等常规的教学交流活动，帮助教师更好地利用教学档案袋改进教学。此时，教学档案袋平台内容也越来越丰富，但这个平台不应仅仅成为资源收集器，更重要的是要成为教师交流教学心得、分享教学资源、形成学术共同体（或小组）的交流社区。在这个平台上，大家可以分享、合作，发挥优质教学资源的辐射作用。同时，教师教学发展中心在推动教学档案袋建设的过程中，逐渐整合教学资源和教师发展项目，形成教师教学发展的综合体系。

三、教学档案袋使用建议

（一）明确教学档案用途

在整个教学过程中，教学目标的制定是非常关键的一环，它是教学的出发点也是归宿。为实现教学目标，就必须将高校的整体目标与教师的个人教学任务相联系，这就是教学档案袋的重要内容。

教学档案袋在资料收集的过程中也围绕着教学目标进行，这是对教师教学任务的一种规范，也是一种促进。美国当代著名教育家布卢姆指出：教师所期望的学生的变化，便是教学目标。教学目标，具体而言，就是在教学活动之后，学生应具备哪些特征。作为教师，必须特别重视研究教学目标，并且有针对性地实施，从而达到较好的学习效果。

（二）建立教师教学档案电子信息管理系统

学校不同部门协调一致，以教学目标为准绳，提高对教学档案建立重要性的认识，把它作为促进教师成长和教改依据的重要组成部分，持续改进和完善。信息时代的来临为档案管理工作带来更多的可能性，同时有利于教学档案利用率的提高。随着高校各种在线系统的研发，例如办公系统、选课系统、排考系统、教材系统等信息系统的开设，教学档案管理信息化也有望逐步实现。

电子教学档案方便资料的归档，有利于检索查找，并且电子档案中的资料可以被其他人看到，不像纸质档案袋，只能查看某个人的档案，从而让教师可以随时翻阅自己以及他人的"档案袋"，在相互学习中得到启发。

（三）教学档案评价内容遵循定量与定性相结合的原则

档案袋中的评教内容应该遵循客观公正、实事求是的原则。在评价中，教师教学过程中既允许存在"个体差异"，形成每门课程独有的特点，也要尽可能地量化评价标准，以提高评估结果的可靠性和可比性。

不管是学生评教还是同行、督导听课评价，在细化标准打分的同时，将不能得满分的原因留出说明空间。也就是说，教学评价部分要定量和定性相结合，尽可能降低学生情绪化和同行、督导误解的影响。

第四节　鼓励学生自主学习的技巧

一、确立自主学习目标

教师在活动之前关于如何进行计划，主要有两种不同的取向：一种是"整合计划"模式；另一种是"目标手段详细计划"模式。我们采取第二种模式，这是一种技术性、策略性的取向，先把宽泛的目的一步步地分解为具体的目标，然后根据详细的目标选择、组织教学内容，选择合适的教学行为、教学组织形式，形成详细的教学计划，即教案。

大学英语教学是以英语语言知识与应用技能、学习策略和跨文化交际为主要内容，以外语教学理论为指导，并集多种教学模式和教学手段为一体的教学体系。大学英语的教学目标是培养学生英语综合应用能力，特别是听说能力，使他们在今后工作和社会交往中能用英语有效地进行口头和书面的信息交流，同时增强其自主学习能力、提高综合文化素养，以适应我国经济发展和国际交流的需要。教学目标是教师进行教学活动的指南，教学目标与学生的学习目标应该是相同的。让学生对目标认同并真正理解，积极参与目标的制定，有利于发挥其主动性。

混合式学习模式可以明显增进学生对于教师教学目的和教学活动意图的了解，促进学生学习目的的转换，提高学生的努力程度以及帮助学生跟紧教师课堂的进度。究其原因，混合式学习模式下，学生需要发挥主观能动性，课前积极准备，完成预习、观看微课、线上习题等任务，这些充分的课前准备有利于课堂学习的顺利进行。通过课前的线上学习，学生对于接下来所学的知识有了大致的了解，这样在课堂上就很容易跟得上老师的思路，同时，在听课学习过程中，逐渐在脑海中理清新旧知识之间的关系，建立起新的知识结构网。教师的教学目的与要求渗透在课前、课中、课后的各个环节中之中，如果学生能够积极地参与到线上学习和课堂学习中来，那么，学生就会自然而然地参透教师的教学设计意图。

确立学习目标与制定学习计划包括五个方面：除教师布置的学习任务外，有自己的英语学习计划；能够根据自身实际确立学习目标；调整英语学习计划；规划英语学习时间；根据大纲要求确立学习目标。

混合式学习模式可以明显增强学生制定英语学习计划的意识并促使其付诸行动，帮助学生灵活调整英语学习计划、规划学习时间，以及根据大纲确立自己的学习目标。混合式学习模式下，教师结合课程标准和大纲，通过给学生布置线上线下的学习任务，引导学生关注学习的重点难点，逐步帮助学生树立起英语学习目标，培养学生良好的学习习惯，制定英语学习的短期、中期和长期计划，并且引导学生在完成计划的过程中，能够根据自身实际动态调整自己的计划，使英语学习计划一直在学生的"最近发展区"里，不会过难，学生产生畏惧心理，拖延推迟，逃避问题；也不会过于简单，学生失去挑战的兴趣，草草完成，敷衍了事。经过一段时间的学习，学生确立学习目标与制定学习计划的能力自然得到了提升。

二、组织技巧

课堂组织是成功完成教学任务的一个主要因素。没有教师的有效组织，任何活动都不会起到应有的效应。教师有必要掌握一定的方法和技巧，合理安排课堂活动，有效了解课堂问题，保证课堂教学顺利进行。课堂上教师重要的任务是"创造有利于学生自主学习的环境"。现代外语教学理论的发展使人们对语言的学习和语言的教学有了新的认识。交际教学的普及、人本主义理论的运用把学生推上了课堂的主体，使教师的角色发生变化，教师成了课堂教学活动的组织者、控制者、检测者、启发者、参与者和信息源。

课堂组织要选择适当的交互模式，课堂内的交互活动是教学活动的载体。交互活动决定着学生的参与程度，交互模式是否得当、运用是否合理等都会直接影响课堂的组织。课堂活动的互动方式一般分为四种：班级、小组、同伴、个人。不管采用什么方式，都应尽可能让学生参与到教学活动中来。例如，在进行读写译课程教学时，教师可配合课前准备的教学课件，通过文本、图像、影视、动画及音响等多种呈现方式，突出教学重点，在有限的教学时间内提供广泛而充足的语言输入信息，扩大知识面，使学生以多种感官接受"刺激"，使大脑两半球都活动起来，从而增强记忆，提高学习效果，或者采取小组教学形式，让学生在教师指导下对每单元课文和网上学习内容进行讨论，开口讲英语，重点培养和提高学生口语及听力理解能力。

三、激励技巧

雅克博维茨（L. Jakobovits）的研究表明，影响第二语言习得的主要因素中动机占33%。所谓动机，就是对某种活动有明确的目的性以及为达到该目标而做出一定的努力。第二语言学生先要有强烈的学习愿望，从而产生学习动力，进而付诸行动。在我国，中学生上大学前是为高考而学，上大学后是为考试而学。他们当中有相当一部分人的学习动机是工具性的、外在的、短期的被动动机。许多学生虽然能意识到我国加入WTO后学好英语的重要性，但是由于缺乏综合性的、内在的、深层次主动性动机，平时并不努力，对英语学习也没有过高的要求。他们学习英语的动机首先是为了期末考试及格，其次是通过英语四、六级考试，获得四、六级证书和学位证书。他们很少考虑语言交际的需要和实际运用能力的培养。在英语学习上遇到困难时，他们不是积极、主动地下功夫克服困难，而是寻找各种捷径躲避。动机与外语学习效果的联系极为密切，因此如何培养和激发大学生英语课堂学习动机，是教师面临的一项重要的任务。

（一）动机的激发

一个完整的动机概念包括三个方面的因素，即动机的内在需求、外在诱因和自我中介调节作用。这样把动机理解为自我调节的作用，个体使自身的内在需求（如本能、需要和驱动力等）与行为的外在诱因（如目标、奖惩等）相协调，从而形成激发、维持行为的动力因素。

1. 内在需要的培养与激发

动机源于个体的内在需求、内部唤醒状态，需要的形成和转化是有效地培养和激发个体内在需求的主要途径，个体的内在需求在与目标相联系的情况下，就由一种基本需要状态转化为唤醒状态，形成具有一定能量和方向性的驱动力。而驱动力又是行为的直接动因。

鉴于此，让学生对其学习目标有相应的明确认识，是加强学生的内部唤醒状态、提高其学习的内在驱动力的必然选择。持有这种内部动机的外语学生具有持久性，他们不会受外界因素的干扰，把精力集中到英语学习中。实际教学中，教师要针对教学内容，收集相关内容信息和资料，联系现实生活，为学生创设语言情境或为学生课下知识扩展提供帮助，不断满足和激发学生的学习需要和兴趣。

2. 外在诱因的设置与运用

外在诱因主要是指行为目标和奖惩等。实践教学中，要根据学生个人具体情况设置教学目标，目标应稍高于学生已有发展水平，这样更能调动学生学习的积极性，且长远目标和近期目标相结合，让学生不断获得成功，在体验成功的基础上形成向长远目标奋斗的动机，表扬对学习效果的作用远远高于反馈形式（批评、训斥、忽视等）。教学中对于低成就和力求避免失败的学生，教师要多给予鼓励，教师的一句"Good""OK"或者点头、微笑都可以起到激励的作用。惩罚的作用在于克服学生在学习过程中出现的注意力分散和不努力，让学生尽力去避免惩罚，从而达到促进的目的。但惩罚往往有伤学生的自尊，引起学生敌对情绪，不宜频繁使用。

3. 自我调节能力的培养

自我调节是连接和协调动机的内在起因与外部诱因的中介桥梁。在教学中要进行合理预期。预期是指人对某行为目标实现的可能性大小及其价值的估计，是个体在行动之前对行为的结果产生认识。根据预期来调整自己的动机水平、行为目标等，才能使行动方案符合个体的内在要求。

教学中还应及时向学生提供学习效果的反馈，让学生及时了解自己学习进展和结果，获得相应的评价，从而更好地调节自己的学习动机和学习行为水平。

4. 自我效能信念的培养

自我效能是一种反映个体对自己能够成功地完成某项活动的信任程度的心理特性，也称自信心。动机的缺乏很大程度上源于自信的缺乏。通过自我效能信念能够判断个体进行某一活动的成败，直接影响教学目标的确立、学习动机中各因素间的协调等。每个学生都有证实自己能力的愿望，正是这种愿望赋予其克服困难的勇气和持之以恒的精神。

教学中要让学生自己拟定评估自己的标准，给学习能力相对薄弱的学生适当的补救性帮助，给优秀学生提供挑战性较强的任务，设计弹性评估程序，使优秀学生看到自己的高水平，使差生看到自己的收获。这样有助于提高学生的自我效能信念，激发学生的内部动机。

5. 结果成败归因的训练

所谓归因，就是个体对自己或他人行为结果产生的解释或推论。在学习活动中，每个学生都会在自己的学习行为及其结果中体会到成功和失败，也都能够找出各种各样的理由来解释自己的成败。归因是否适当，直接影响到学生对自我的判断和对学习的态度。当学生将其失败归结为能力不济，就可能会失去信心；归结为方法不当、努力不够时，会尝试努力去做；当学生将其成功归结为自身能力时，成功会使其增强自信；归结为奋斗时，意味着问题的难易程度是适中的。

因此，教师要让学生感觉他们具备学习能力。指导学生个体在学习活动中注意总结学习成功和失败的经验教训，成功固然更添信心，失败也不归咎于不可控制的因素（运气不好或能力差），而是客观寻找学习中可控制因素（如努力程度、学习策略运用情况等），并且吸取教训，下一次争取做得更好，培养一种良好的归因心理。通过归因训练，解决学生的认识问题，改变学生的归因方式，从而调动学生的积极性。

（二）兴趣的激发与培养

兴趣是学习动机中最现实、最活跃的成分。学生有兴趣学习，就会诱发学生的求知欲，产生极大的学习热情。教师应充分利用信息技术手段的优势，吸引学生注意力，使学生投入到学习任务中，激发学生学习兴趣。

1. 创建积极的课堂环境

研究证明，积极的课堂环境能激发和保持学生的学习兴趣，促进学生自主学习。这里课堂环境的创建，不仅是一个适合学生学习的物理环境，更重要的是要创建适合学生自主学习的学习氛围。学生学习环境虽然是影响学生学习的外因，但它可以激发学生的学习动力，而教师对学生的积极态度更能有效提高学习动机和学习成绩。积极的课堂环境可以促使学生对整个学习过程都充满兴趣，并主动参与到学习过程中，这正是自主学习的重要特征。

2. 创设问题情境

问题情境是指不能直接用自己已有的知识处理，但可以间接用自己知识处理的情境，就是在教学内容、生活实际与学生求知心理之间产生一种认知冲突，从而把学生引入问题解决的情境中，吸引学生的注意力，产生兴趣和好奇心。

3. 开展英语第二课堂

教师有意识地开掘和培养学生的兴趣，努力使学生的兴趣从有趣、乐趣发展到志趣。英语第二课堂是指为学生在课外进行语言实践活动提供环境和指导。开展第二课堂，一方面使学生能够把课上所学用于实践，提高语言实际运用能力;另一方面,实践中的问题反过来指导和激励课上学习,学与用互相加强、互为动力。例如,开办校园英语广播,以新闻播报、英语诗歌朗诵、小对话、文化故事、学习辅导等作为广播内容;创办英语网站,建设大学英语网页,为学生提供网上学习平台,丰富英语自主学习环境,如教师可以在网上布置作业,提供专题辅导、阅读与欣赏、优秀作品及竞赛展示,或者为学生播放英文原版电影,使他们在实际情境中感受语言文化,促进语言环境的建立;举办中外专家英语讲座,邀请国内外知名大学专家学者讲座;举办外语竞赛,如演讲、辩论、作文、词汇竞赛等活动,提供一些具有挑战性的任务,激励学生学习兴趣,促进学生运用英语能力;举办英语口语广场、晚会联谊等活动,促进语言交际能力的训练。

4. 培养师生之间的积极感情

成功的社会交往能使学生充分感受到安全感,频繁而有效的交往也能很好地激发在群体中的个人学习动机。营造轻松热烈的课堂气氛,减少学生的情感过滤,使师生之间高度和谐,可以有效激发学生学习兴趣。师生之间民主、平等的关系更有助于唤醒学生的自我意识,促使学生自主学习的顺利进行。运用信息技术,让计算机"扮演"教师角色,创造一种和谐的信息环境,可以使学生没有压抑,敢于冒险,大胆尝试,增加成就感,增强英语学习兴趣。

四、有效自主学习技巧

(一)使用学习策略

有效使用学习策略包括五个方面:对学习策略的了解;使用有效的听力策略;使用有效的交际策略;使用有效的阅读策略;使用有效的写作策略。混合式学习模式可以明显增进学生英语学习策略的了解,提高学生有效使用听力、交际、阅读和写作策略的情况。

混合式学习模式可以明显促进学生克服不利情感因素,利用已有学习资源,把新学的知识运用到英语实践中去,帮助学生认识到语言错误并采取措施进行改正,同时在选择有效学习途径、同步检验学习计划和检查更新已有知识方面有所助力。在教学实验实施过程中,学生的合作能力也得到了相应的提升。

在混合式学习模式下，教师与学生的交流不仅仅局限于课堂之中，在课前和课后的线上学习平台（如微信群及打卡小程序），教师可以及时查看学生的学习任务完成情况并对其完成质量进行评定，还可以随时与学生互动讨论，查看学生的留言，答疑解惑。这些措施的施行，能够提高学生的问题意识和解决问题的能力，进而进学生的英语自主学习能力的发展和提升。在某种程度上，学生的知识学习还是实践相脱节的，二者联系的不够紧密，学生仍旧缺乏与主动他人合作学习的意识，更多偏向于独立学习，而非强调更多参与性的合作学习。

（二）强化英语学习

学习策略是指学生为了使学习的过程更成功、更愉悦、更自觉、更有目的而采取的行为或行动。学习策略的使用是学生有意识的行为，它不但包括学生对语言学习的认识，也包括完成学习活动的具体做法或技巧。学习策略的一个重要特征是自觉性和目的性。策略是发生在大脑中为特定的学习目的而采用的一系列的技巧。这就涉及对已有技巧的选择、排列，必要的时候还要做出及时的修正。英语学习策略是可以通过训练来掌握的，例如常见的重复、推断、联想、记笔记等等。由于课堂时间有限，那么，在混合式学习模式下，教师可以在课下布置线上或线下的学习任务，引导监督学生训练学习策略，通过即时或及时反馈不断强化学生使用英语学习策略的能力，帮助学生提高英语听、说、读、写等综合技能，进而加强学生的自我管理能力，培养学生的英语自学能力。

（三）增加学生小组合作学习的机会

学生的语言水平各不相同，教师要有针对性地对班级实施分层教学，尽量保证每个学生不掉队。混合式学习模式下，教师可以设计不同难度的辅学资料（如导学案）、习题等，帮助学生达成自己的学习目标，以便学生课堂上能跟上老师的进度。同时，教师需要在今后的教学实践中更好地帮助学生了解英语学习的意义及如何运用英语知识，教师也应该多设计一些需要学生小组合作的教学活动，来培养学生的英语学习合作意识和能力。由于线上学习与课堂学习是互为补充的，因此，教师要注意完善线上学习平台来满足学生的需求，优化教学实施过程来帮助学生适应分层教学，并且在混合式学习模式实施中提升学生与他人的合作能力。

五、提问技巧

提问是课堂教学最常用的技巧之一，也是最富影响力的教学艺术。学生只要产生了解问题的心理需求，求知欲和探索欲望就会促使其去探索。而学生探索学习的积极性、主动性，往往来自充满疑问的情境中。通过创设问题情境，在教学内容、生活实际与学生求知心理之间产生一种认知冲突，从而把学生引入问题解决的情境中。提问、回答作为大学英语课堂中最普遍的一种话语形式，可以加强师生之间的交往，激发学生的学习动机，调控教学过程，对语言习得有很大的促进作用。提问可以保证学生在学习活动中的参与，通过问题的调节，语言会更加清晰易懂，对交互活动的开展有很大的促进作用。

①计划策略。要使学生积极参与到问题中，教师应提前确定提问的目的，选择问题内容来组织问题，并尽可能预测学生的回答。

②问题设计策略。尽可能设计启发学生思维的问题，应对学生的语言能力、思维能力、知识水平都有一定的难度，对学生具有挑战性。这类问题的正确回答，对学生的自信心及学生能力的发展具有十分重要的作用。

③控制策略。在提问的过程中要有意识地调整提问方式，使问题由易到难，体现层次性，给学生留有思考的时间。当学生不能回答提问，教师应调整问题，给予提示或引导学生找到答案，也可以将问题转向另一个学生。

④反馈策略。及时对学生的提问或回答给出评价，是提问有效进行的保证。鼓励、引导回答不当的学生，对学生能力表示认可，教师对学生良好表现以口头称赞甚至非语言性的动作、表情都可以作为反馈，使学生体验成功，唤起自信心，进而走向成功。

根据大学英语的性质和具体的教学内容，教师将学习内容转化为各种形式的有价值的问题，并在网络教学演示课件上呈现，为学生在课内外的研究性学习设置了起点。恰如布鲁纳所说，"教学过程是一种提出问题和解决问题的持续不断的活动。"因此，我们应多为学生创造思考的空间。这就要求教师在教学过程中，善于通过多媒体教学系统引导学生思考、讨论、回答问题，而不是限制学生的思维，被动地跟着教师走。

第六章　混合式智慧教育在大学英语教学中的应用

当代大学生对网络信息的认知水平较高，在开展英语教学活动的过程中运用混合式智慧教育模式，能够实现信息技术和教育的有效融合，为教师提供充足的备课时间，让学生获得更加丰富的知识内容，使教学效率得到提升。本章分为混合式智慧教育在大学英语口语教学中的应用，混合式智慧教育在大学英语听力教学中的应用，混合式智慧教育在大学英语写作教学中的应用，混合式智慧教育在大学英语阅读教学中的应用四个部分。主要内容包括英语口语教学、英语听力教学、英语写作教学和英语阅读教学概述，混合式智慧教育在大学英语口语、听力、写作、阅读教学应用中的意义、必要性、可行性、应用步骤、应用策略等。

第一节　混合式智慧教育在大学英语口语教学中的应用

一、大学英语口语教学概述

（一）英语口语教学的内容

从信息加工的角度来看，口语表达是一个动态、双向的语言信息传递与交流的过程，它涉及口语信息发出者、口语信息和口语信息介绍这三者之间的互动关系。在口语教学过程中，不仅要强调语言输出，还要注重学生语言输入和语言理解加工过程的培训。因为在口语交际过程中，任何信息都是建立在"可理解性"基础之上的。说话者首先要接受对方所传递的信息并进行信息加工理解，然后才能产出对方可以理解的信息，其中涉语音、语调、词汇意义、语用知识、文化及思维习惯等各方面的因素。

由于口语能力呈阶段性渐进发展，因此，在不同阶段必须采用与其发展要求相适应的训练手段，通过训练培养学生的口语技能并逐渐发展口语能力。口语教学过程可分为三个阶段："潜口语"期、口语能力构建期、口语策略发展期。

在第一个阶段强调语言的可理解性输入，这是学生习得语言的重要时期，这一过程可以延伸到口语教学之外，大学英语学生在大学课程以前的一切语言输入都可以作为这一阶段的外延。

第二阶段则强调语言的可理解性输出，在这一阶段，"对子练习""场景练习""主题演说""问题辩论"等口语教学的强化手段是教学的重点内容，这些练习方法为学生提供了构建口语能力的框架，学生通过"练习"和"构建"的反复循环过程建立自己的英语思维习惯，思维影响语言的构成并促进口语交际的发展。

第三阶段是语言的内化和提升阶段。在这一阶段中仍然强调"练习"，但"练习"难度提高，目的是锻炼学生口语交际的应变能力和实际操作能力，预测交际场中的未知困难并提供可解决的交际策略。高水平的英语口语交际应该具有本族语的思维习惯，只有这样才能够灵活地运用英语语言环境中的交际策略，达到成功交际的目的，这也是英语口语教学的目标。

英语口语教学区别于其他英语教学环节，教师在教学中要注意口语的言语行为功能特点，即要向学生强调口语的言语行为功能——通过特定的语言表达特定的功能。其主要功能包括：问候、介绍、告辞、请求、致谢、赞美、祝贺、道歉、原谅、建议，同意与不同意，批准与不批准，承认与否认，以及同情、鼓励、申诉、劝说、允许、许诺等等。口语的语体特点是英语口语教学区别于其他英语教学环节的主要因素，口语中较多地使用短语、并列从句、问答与祈使句，并且允许出现重复、停顿、补充、修正等策略。口语教学强调口语受到年龄、性别、文化、情绪等因素的影响，因而英语口语教学不是单纯语言领域的教与学的过程，而是一个包罗万象的涉及语言综合运用的教学过程集合体。

英语口语教学要重视学生的知识训练、知识重建、知识内化与知识外现过程。其中，培养学生语言能力和交际能力是口语教学的首要任务。口语学习没有捷径，关键在于训练，这种训练需要自主意识的控制，因为这是一个以自我表达为核心的认知与实践的过程，外在的强化因素只能起到辅助作用。口语教学要兼顾到学生的语言条件、思维方式、心理素质、环境氛围等各方面因素,在实际的口语教学中,要把以上因素纳入英语教学实践和课程内容设置中,要把解决这些问题作为英语口语教学不可缺少的内容。由此可见,英语口语教学并不是简单的语法传授,而是全面提升口语表达能力的教学过程。

(二)英语口语教学的理念

英语口语教学应该遵循"以人为本"的教育理念,充分考虑"学生因素",做到以学生为中心,激发学生的学习热情,培养学生的学习情感。

首先,口语课堂应继续以轻松愉悦的课堂氛围为主,以枯燥乏味的知识习得为辅,教师可以设置鼓励学生积极参与的课堂活动,让他们产生心理的满足感和自信心,然后逐步加大话题难度并辅以知识讲解,既让学生有学习知识的满足感,又让学生体会到用英语沟通和交流的乐趣。

其次,在课堂教学中要注意培养学生自我管理的意识。口语学习不能仅仅依赖课堂活动,几十分钟的课堂实践是有限的,对于口语学习而言,练习力度是远远不够的,需要学生做课外口语练习的"主人"。在教学实践中,教师要给学生充分的练习自由度,让学生自己选择话题,选择练习时间和场地,进行实际的口语操练。

再次,英语口语教学必须立足于口语输入和口语输出的模式,任何非口语形式的输入必然会导致学生非口语化的输出,这也正是口语教学的一个误区。人们往往认为口语就是语言的表达,任何形式的语言输出都可以称得上是口语练习。最后,在口语教学中要充分利用网络和多媒体教学环境。英语口语教学需要大量的语言知识输入,不论是声音形式、文字形式、图像形式,还是视频形式,均会对口语教学产生积极的辅助作用。

(三)英语口语教学的意义

听、说、读、写是英语学习的四项基本技能,而英语口语教学在整个英语教学中发挥着重要作用,主要体现在以下几个方面。

首先,英语口语教学是提高学生英语语言应用水平的主要手段。在英语学习中,进行语言的学习可以分为输入和输出两个阶段。英语口语的练习是重要的输出手段,也是英语语言应用的主要表现。一个英语学生英语水平的高低,在很大层面上,可以通过其英语口语表达的准确度、流利度、得体性等来体现。所以从这个角度来看,英语口语教学是提高英语语言学生语言应用能力的重要方式与手段。

其次，英语口语教学有助于促进其相关语言项目的教学。在整个英语教学过程中，英语课教学并不是孤立的。它需要同语法教学、听力教学、写作教学有机地融合在一起。通过科学有效的英语口语教学，可以更好地促进其他相关领域教学水平的提高。所以，通过加大对英语口语教学的重视程度，也有助于提升英语整体教学水平。

最后，英语口语教学有助于提高学生的英语学习自信心。在整个英语的学习过程当中，英语的学习自信心是英语学生提高英语学习能力的基本前提。很多学生对英语产生了畏惧心理或者对英语学习信心不足的一个主要原因，就是他们觉得自己的英语口语表达得不够流利、不够地道，所以，通过科学的英语口语教学，帮助学生进行良好的言语表达，可以有效地提升他们建立英语学习的自信心，从而在英语学习道路上走得更远。

（四）大学英语口语教学中的问题

1. 大学英语课程设置未突出英语口语教学重要性

现在大学英语课程设置主要以读写教程为主，听说教程所占比重较低，口语教材选择范围有限。由于公共英语课程设置及师资不足等问题，大学英语课堂人数较多，互动难度较大，听说训练有限，学生口语表达机会较少。在教学评估中，主要以终成性评估为主，口语考试所占比重较少，甚至为零。有些院校甚至以应试为主，看重英语四六级过级率，忽略了学生的英语应用能力及交际能力的培养。

2. 学生语言基础薄弱、语言输入不够

学生主观上消极怠慢，忽视口语能力的重要性，缺乏自信，害怕出错，这使得口语课堂上互动性不高，学生语言能力未得到锻炼和提高。其次，大学英语教学与之前中小学英语教学的脱节严重，使得学生语言基础较薄弱，个体间语言基础差距较大，主要体现在语音、语法、词汇等方面，因此在口语表达上能力受限。另外，口语作为一种语言输出的过程，前期大量的语料的输入是十分重要的。无论是口语课堂还是学生自学过程中，语言输入较少，导致学生主题场景的语料匮乏，常见口语表达方式不熟练等，使得学生经常在平时口语练习中"无话可说"。

3. 口语教学缺乏规范性

随着中外交流日益频繁，中国大学英语教育也开始大量引进国外师资。虽然学生与外教互动机会增多，但外教英语口语教学仍缺乏规范性，

教学效果不明显。首先，就是外教的师资有待提高，有些院校为了短期内增加外教数量，对外教学资历把关不够，甚至有很多从无教学经验、母语非英语的外国人士在一些院校职教，教学质量很难保证。其次外教管理不规范，课堂上教学目标，教学内容不明确，完全脱离教学大纲及教材等现象严重。虽然课堂氛围或互动较好，但实际教学效果不明显，收效甚微。

4. 多媒体课件使用不合理

近年来，多媒体课件在大学英语教学中的应用成为主流，英语口语教学中也为例外"但从目前的教学实践来看，多媒体教学仍然存在着不少认识上的误区。"英语口语教学实践中，多媒体教学并没有体现出相对于传统板书教学的明显优势。有些老师甚至受到多媒体课件的约束，课堂走动减少，进而影响了课堂互动。课件制作缺乏新意，知识点罗列成为普遍现象，导致学生课堂积极性降低。有些老师使用多媒体课件作为口语教学的 lead-in 部分，但后续启发不够，导致学生看完、听完相关主题视频、语音资料，反思不够，缺乏深度思考，并没有起到为后面听说训练铺垫的作用，多媒体课件辅助英语口语教学的效果不明显。

5. 相关大学英语口语测试不够完善

目前国内相关权威大学英语口语测试不多，英语口语测试体系有待完善。口语考试并没有设为四六级考试中的必考科目，导致学生对于口试重视性不够，积极性不高，每年考试参考人数较少。曾有人提出"应扩大考试覆盖面，尽快把口试设为必考项目"国。其次，全国英语等级考试（PETS）中也设有口语测试，但较托福和雅思考试在全球范围内的影响力和认知度，还有一定差距。

二、混合式智慧教育应有于大学英语口语教学的意义

（一）有利于设置科学合理的大学英语课程

众所周知，当大学的英语四级考试和六级考试把英语口语纳入测试范围之后，我国的各个高校都开始逐渐重视起英语听力以及英语口语方面的教学。在未来的发展中，各个高校应该大力倡导设置专门的口语课，从而使学生接受比较专业的口语教学。

（二）有利于建设混合式学习的大学英语口语教学平台课程

在实际的大学英语口语教学中，高校应该紧跟时代的步伐，依托先进的网络技术不断开发和建设相应的大学英语口语网络教学平台，并调整传统的授课形式。高校对英语口语教学可以采用课堂教学和网络授课教学这种线上和线下相结合的模式，从而不断丰富英语口语教学的途径和资源，为学生提供更加真实和多种多样的英语学习环境，从而促进学生的个性化发展。

（三）有利于全面优化大学英语口语测试和评价反馈系统

在学生的英语口语教学中采用网络教学和测试平台，能够使学生通过网络上的口语测试模式更加熟悉正式的口语测试模式。学生可以充分利用网络资源提供的听力训练和口语训练不断提升自己这两方面的能力，然后采用网络平台提供的测试和评价体系来对自己的英语口语水平进行测试，并找出自己的薄弱环节，加强练习。高校也应不断调整和优化大学英语口语测试和评价反馈系统。

总而言之，混合式教学理论在应用于高校英语口语教学的过程中应充分依托先进的网络平台和网络教学资源，这可以有效地优化高校的英语口语课程设置，使高校不仅重视学生的英语阅读教学，还重视学生的英语口语教学，不断提升学生的英语综合应用能力，同时提高学生的英语自主学习能力和实践能力。

三、混合式智慧教育在大学英语口语教学中的应用策略

（一）有形课堂与无形课堂的混合

在信息技术快速发展的时代，应该在高校的英语教学中充分应用和发挥先进的网络技术和互联网平台优势，把线下高校英语课堂教学和线上的虚拟的英语网络教学结合起来，大幅度提高英语的教学水平，尤其是高校的英语口语教学。将互联网应用到语言学习中，可以使语言学习的过程更加有趣，更加能够吸引学生的注意力。

在高校传统的英语课堂中，学生都在教室内上课，这样学生之间就可以进行面对面的英语交流和沟通，而在网络平台上开展英语教学也具有显

著的优势，具体体现在两方面：第一，网络平台能够为学生的英语学习提供海量的英语相关资料；第二，在网络平台中，师生之间以及同学之间有很多种不同的交流工具和方式，这样他们之间的交流就能够不受时间以及地域的限制，学生在网络中可以自主学习并自由地与教师或者同学交流看法。有形课堂与无形课堂的混合式建构就可以充分发挥传统课堂和网络平台的优势，提升教学的效果。在教学中，要想提高学生的英语口语水平，教师除了要在课堂中为学生讲明白口语相关的基础知识之外，还需要为学生提供大量的真实语言训练环境和机会。教师可以指导学生以小组为单位在真实生活中进行英语练习，并建立一些微信群、QQ群等及时为学生的练习提供适当的帮助和指导，从而加强学生的英语口语训练。

（二）多样化教学方式的混合式

在信息技术时代，高校的英语口语教师在教学中可以尝试多种不同的英语口语教学方式，如合作教学、探究教学等。英语教师采用多样化教学方式的混合式建构不仅能够大幅度提升学生的英语口语水平，还能够激发学生学习英语的兴趣和主动性，这是师生之间的一种良性的互动和发展。在具体的实施过程中，教师可以从如下三个方面来提升高校英语的口语教学效果。

在英语口语课堂教学开始之前，教师就可以把自己制订的本节课的预习任务发布到相应的英语口语网络教学平台，上，这样学生就可以自主下载本节课的预习任务。学生既可以单独完成教师布置的预习任务，也可以和其他同学合作以小组为单位来完成预习任务。这为教师的口语课堂教学做了充分的准备，能够使学生在英语口语课堂教学中有足够的时间练习英语口语。在学生的预习过程中，教师要通过各种渠道为学生提供及时的指导。在具体的课堂教学中，学生可以根据自己从网络平台上下载的和本节课学习主题相关的视频或者音频资料进行英语口语学习和练习，学生在课堂上可以选择多样化的英语口语练习方式，如为经典的剧集配音、模仿名人的英语发音和风格等，从而训练和优化自己的发音技巧。学生在课堂上还可以以小组为单位分析和讨论一些具有争议性的话题，如热点新闻等，这样每个小组成员都能够运用英语各抒己见，练习英语口语表达。在这个过程中，教师要仔细观察每位学生的英语口语输出情况并提供及时的针对性的指导意见和点评。在英语口语课结束之后，教师更应该充分利用网络平台督促和监督学生的英语口语学习活动。教师可以在网络教学平台中为学生适当布置一定的英语口语学习任务，并通过微信群或者 QQ 群等方式与学生进行及时互动，解答学生在英语口语学习中遇到的困惑并时刻监督学生的口语学习。如此一来，在互联网技术的帮助下，教师就逐渐成为学生英语口语学习的引导者和督促者。

（三）多形态教学资源的混合式

在传统的英语口语教学中，教师通常在上课之前就会下载相关的教学资源，由于教师在下载的过程中可能会遇到下载权限的问题，因此，教师下载的资源并不是很齐全。在"互联网+"的背景下，师生之间不仅可以共享大量实用的网络教学资源，教师也能够亲自制作一些相关的微课视频，方便学生自学。学生在课下也可以把自己英语口语的对话练习、口语模仿短片等资源上传到网络教学平台上，供其他学生参考和学习。随着信息技术的飞快发展，英语教师在口语课堂中还可以实现远程直播等，为学生的英语口语练习提供真实的、生活中的语言环境。在课堂之余，英语教师还可以利用微信群等方式将相关的英语口语学习资源群发给学生，丰富学生的资料来源。

（四）多元化教学评价的混合式

在高校传统的英语口语教学评价过程中，通常都是由教师来评价学生的口语学习成果，因而在具体教学中，最为常见的对学生英语口语的评价方式就是终结性评价。然而在"互联网+"的背景下，高校教学更加注重学生的个性化发展，因此，应该采用多元化的教学评价方式评价学生的口语水平。众所周知，学校开展教学评价的主要目的就是检验高校的教学效果并及时检验学生的英语学习情况，从而根据教学中出现的问题及时调整教学安排。在"互联网+"的背景下，我国高校的英语口语教学评价可以采用多种不同的方式，如线上和线下评价相结合、形成性和终结性评价相结合等，从而更加准确、全面地评价每个学生的英语口语学习情况。多元化的教学评价方式也能够帮助教师更加全面、深入地了解每位同学的状况，方便教师因材施教。

具体分析而言，在实际的英语口语教学中，教师应该关注每位学生并及时收集每位学生的音频资料、相关的重要视频资料，口语活动中的表现和参与度、课堂中对教师的问题的理解和回答、完成作业的情况等各种信息，教师可以按照一定的比例对这些内容做量化处理。这些也可以成为学生英语口语成绩的一部分。另外，除了教师的英语口语评价，教师还应该积极鼓励学生参与评价。学生既可以对自己的英语口语情况进行自评，审视自己，也可以以小组为单位请小组内其他同学评价自己的英语口语成果，实现小组互评。这样经过教师的评价、学生的自评以及同学之间的互评后，学生个体就能更加清晰准确地了解自己的英语口语情况，从而进行不断调整和改进。在先进的信息技术的支持下，多元化教学评价的混合式建构能够调动学生学习英语口语的积极性和主动性。

众所周知，高校的英语口语教学非常重视学生对英语口语的应用能力和实践能力。在我国的传统英语口语教学中，高校不重视学生的口语教学，同时，大部分高校的英语口语教学方式较为单一，高校培养的毕业生难以满足社会的发展需求。在互联网时代，将混合式学习理论应用到高校的英语口语教学中，即构建大学英语口语混合式教学生态模式，可以优化高校英语口语的教学模式，建构多种多样的英语口语教学方法和评价方法，从而提高学生的英语口语水平。

四、大学英语口语教学混合式智慧教学设计

混合式教学模式将传统的线下教学及线上的网络教学相结合，从课前、课中及课后完成英语口语教学。

（一）课前预习

教师根据本单元的授课计划和授课要求需要进行一些课程准备，教师应当整理好教材内容，明确教学重难点，根据学生的具体情况进行合理的教学设计。提前上传本单元即将要讲授的课件及视频，要求能够直观且循序渐进地体现本单元的学习任务，并给到相应的口语任务。学生则需要下载学习内容，提前做好预习工作，通过线上和教材等多方面渠道完成口语课程的课前准备工作，为课堂教学做好准备。得益于线上资源不限制于时间和地点的优越性，学生可自行合理安排完成学习任务。

（二）课堂授课

在线下授课阶段，教师首先应对学生在课前完成的预习内容或提出的相关问题进行答疑，其次可以拓展相关话题，抽查学生的预习情况是否达到预期效果，并安排学生进行课堂成果展示。这样一方面给学生提供了一

个在多人面前练习口语的平台，另一方面又很自然地引出课题，很好地导入了新课。教师不仅可以对学生进行学法指导，还可以在学习策略上给出可行性意见。教师应采取多样化的教学方式，鼓励学生积极参与课堂活动，不过度强调和纠正语法知识的准确性，更强调表达能力以及口语的流利程度。教师可通过分组讨论，角色扮演，个人演讲等多种形式来为学生创造更多的口头表达机会。改变传统的以教师为主导的填鸭式教学模式，变成以学生为中心，从而使学生拥有主动学习和表达的能力。

(三) 课后巩固

学生需在课后及时复习巩固所学的课堂英语知识，对于相应的课本知识的所学资料进行巩固。此时教师应考虑到学生程度的差异性，可酌情补充些音频、视频、文件等供学生自主拓展学习。学生可以以个人或小组形式完成作业并通过网络及时传给教师，教师则可以不受地域限制，自行分配时间批改作业，做到及时跟踪学生的学习情况，监控作业完成质量。英语口语课程还是更看重学生口头表达能力，故可以多看一些演讲类的视频，并试着模仿，下次课的时候可以安排学生进行小组表演或是个人演讲，给学生提供一个口语交流的平台和机会，使学生从不敢说到愿意说，学生的主观能动性加强了，学习就简单多了，从而更好地培养学生的语感及口语表达，最终完成口语能力的提升。

第二节 混合式智慧教育在大学英语听力教学中的应用

一、大学英语听力教学概述

(一) 英语听力教学的内容

英语听力教学的内容一般可归纳为听力知识、听力技巧、听力理解、逻辑推理。

1. 听力知识

听力知识涉及面广，如语音知识、语用知识、策略知识、文化知识等。语音知识也是听力教学重要的一部分。在英语听力教学中，教师在讲授语音知识时，应注重对学生听音、意群、重读等方面的训练，训练内容既要包括词、句，也要包括段落、文章，使学生熟悉英语的表达习惯、节奏，适应英语语流，促进学生的听力理解。语用知识、策略知识、文化知识也是提高英语听力水平的必不可少的。语用知识可以帮助学生真正理解话语的内涵；策略知识可以帮助学生根据听力材料和听力任务的不同选择合适的听力策略，提高听的效果；文化知识可以帮助学生准确理解听到的内容，且可以补充他们没有听清楚的内容。

2. 听力技巧

听力技巧包括猜测词义，抓听关键词、预测、推断等。听力理解能力的提高要求学生必须掌握正确的听力技巧。对听力技巧的训练也应是教师需要在听力教学中重视的内容。

3. 听力理解

听力理解通常包括以下几个阶段。

①辨认。辨认的内容涉及语音辨认、信息辨认、符号辨认等。

②分析。分析要求学生具备将听到的内容转化到图或表中的能力。

③重组。重组要求学生将所听到的信息用自己的语言以口头或书面的形式表达出来。

④评价与应用。评价与应用要求学生以前面三个阶段获得信息、理解信息、转述信息为基础，运用自己的语言来对所获得的信息进行评价和应用。这几个环节是循序渐进进行的。无论是哪一级别的听力学习，均需要经历由辨认到分析再到应用的一系列过程，最终达到听力能力提高的目的。

4. 逻辑推理

语法和逻辑推理知识也是正确判断和理解语言材料的重要内容。因此，对学生语法知识的巩固和逻辑推理的训练也应是英语听力教学不可或缺的内容。

（二）英语听力教学的原则

英语听力教学需要在原则的指导下进行。在英语听力教学过程中，教师应遵循以下原则。

1. 循序渐进原则

学习并非一蹴而就的，而是一个循序渐进的过程。听力学习也是如此。在英语听力教学中，教师应注意循序渐进，根据学生的不同学习阶段选择合适的听力材料，听力材料的难度由易到难，并兼顾多样性以及真实性。

在英语听力教学的初始阶段，教师应选择吐字清晰、语速较慢的材料，避免过度夸张的语音、语调，以免误导学生；听力的内容也应该贴近真实的生活，调动学生听的欲望。随着听力教学的不断深入，教师可以适当提升听力材料的难度，这样本能有效地提高学生的听力能力。

2. 交际性原则

培养学生的英语交际能力是英语教学的最终目的。英语听力教学也应将其作为教学目标，遵循交际性原则。在英语听力教学的过程中，教师要应严格要求自己，做到发音准确、语速正常，以身作则，更好地引导学生使用英语来交际，这对于学生进行听力活动具有积极的意义。

3. 听觉与视觉相结合原则

英语听力教学还应做到听觉与视觉相结合，引导学生注意视觉信息与听觉信息。

①引导学生关注视觉信息。在英语听力教学中，教师可以运用图片、图表、文字等工具为学生提供视觉层面的信息。很多人认为，听力理解的信息应是听觉信息，但是那些与听力相关的图片、图表、文字等也会促进学生的听力理解。例如，在英语新闻报道中，电视屏幕下方的新闻关键词对于理解新闻信息就起着重要的作用。同样，那些与听力内容有关的图画或画面也会对理解听力材料带来一定的帮助。在英语听力教学中，教师应运用各种方式来引导学生注意视觉信息，使学生准确理解听力材料信息，逐渐提高学生的听力水平。

②引导学生关注听觉信息。听觉信息主要包括语气和语调两个方面。对于同一句话，不同的人往往会使用不同的语气与语调讲出来，语义也可能有所不同。在很多情况下，学生可能不太理解所听材料的内容，但一般可以借助材料中的语气、语调会来推测话语的意图，如是喜悦语气还是悲伤语气；是幽默语气还是愤怒语气等。因此，教师应为学生选择一些语气与语调各异的听力资料，使学生逐渐能将语言材料的内容与语气、语调结合起来，形成图式，同时将图式内化到该材料知识体系中，从而有利于解决类似的情况。

（三）大学英语听力教学面临的问题

1. 听力学习方面的问题

（1）语言知识障碍

①语音障碍。有些学生对单词发音掌握不准确，特别是那些发音非常接近的词语，通常无法及时区分开。

②语速障碍。一般来说，教师的授课语速相对来说比较慢，于是学生就养成了适应这样语速慢的习惯，导致他们只要一遇到语速快的听力内容就无法及时做出调节，尤其对一些需要连读、重读等变化，一时就会表现得手足无措。

③词汇障碍。学生掌握的英语词汇量与不熟悉词汇相比还是少一些的，不熟练、一词多义等情况都有可能导致学生理解上的偏差。

（2）母语干扰

相当一部分的大学生在接收到语音的刺激之后，都习惯用母语的习惯对其进行翻译之后直接理解，而没有经过一系列复杂的程序按照英语的习惯将其进行转化场景后再理解，这样的方式基本上都是由于受到母语的负迁移影响而导致的，忽视了对英语思维的直接应用，从而使得最终的听力反应速度和记忆力都会受到不同程度的减弱。

（3）教学设计不合理、形式单一

从教师的角度来说，在大学英语教学阶段，很大一部分教学时间是没有提前给学生安排相应的听力教学，即使有，形式也是相对比较简单的，并且在课程的难易程度的设置上也是不太科学的，这一系列的原因都导致了课堂听力教学活动不能流畅地进行下去。因为每个学生的接受能力是存在一定差异的，而有的教师却不能正视这种差异，为了保持教学的一致性他们甚至会直接将听力材料公布出来，而且后续也没有进行相应的辅助活动，可想而知这样的对照式听力训练是很难使听力得到有效提升的。

（4）听力教学目标不明确

如果要想保障听力可以顺利进行下去并确保最终的听力教学是成功的，这与明确的教学目标和要求是分不开的。

在进行听力训练的过程中，教师相对于学生来说还是占有绝对的主导权的，如果学生在学习过程中遇到了问题是可以及时反馈给教师寻求帮助的，以便将问题集中体现出来。但是也有部分教师在制定听力教学计划的时候，为了照顾大部分学生的学习进度而忽略学生间的差异性，从而使用一些过于笼统和概括性的词汇,如理解文章大意、听懂材料、完成目标等,这样的教学目标是缺乏一定的针对性的,由于缺乏阶段目标而只会是"眉毛胡子一把抓",这样的教学效果也是无法令人满意的。

(5) 忽视听力训练

大学阶段之所以进行英语的听力训练,主要是为了让学生获得更多的实践练习的机会,从而掌握有效的方法,这样效果也会得到明显提升。只是有些大学英语教师在进行听力训练的过程中,由于无法系统地进行选择性的精细听力训练,而且也缺乏一定的针对性,对学生反馈的学习问题不能进行及时反思与解决。这主要是因为大学英语教师受传统教学模式的影响还是很深的,他们觉得只要多加练习,听力能力就能有效提升,殊不知这并非是一个必然的因果关系。而且这种训练方式对学生来说也是比较枯燥和乏味的,这样的教学效果也是可想而知的。

2. 教师方面的问题

目前,大部分高校的英语教师基本上都将对学生的知识传授看成是听力训练的重点,而相对忽视的那部分的心理素质方面的培养却恰恰是听力教学所需要的。由于这种状况的存在,有一部分的学生也会由于负面情绪的影响而导致他们在接收到听力的信号之后没有办法在最有效的时间内给出反馈。如果教师无法及时发现和帮助学生战胜这种学习过程中心理.上的不安情绪,都会使得学生的听力学习无法达到预期的目标。有关听力方面的研究一直在持续,其中有的学者就从心理的角度对影响学生的听力因素进行了分析,结果表明,很多学生有关听力能力在训练初步进行时是在同一起跑线上的,但是每个学生的心理素质是有差异的,如果学生的心理素质水平不是很好的话,在进行听力训练的过程中就会表现出极度的焦躁甚至是抗拒的心理。这样一来,与那些心理素质表现良好的学生进行对比的话,最终表现出的学习效果有天壤之别。从这个角度来说的话,教师在对大学生进行英语听力训练的时候,不仅要关注他们的学习能力的强弱,更重要的是要特别在意他们心理素质方面的塑造,如果发现有学生在学习过程中产生不良情绪反应,要及时提供帮助使其缓解,以保证最终的教学效果是令人满意的。对大学英语听力教学产生影响的因素是多方面的,不只有心理方面的因素这一种,更重要的还有教师对学生的听力技巧训练方面的缺失。这样的后果无疑就是学生在听力训练过程中缺乏足够的目的性,这也会导致最后的学习效果无法达到满意。

第六章 混合式智慧教育在大学英语教学中的应用

3. 学生方面的问题

目前，制约我国大学生英语水平提升的因素是听力能力的不足，而且这个问题表现得越来越明显。其实只要仔细分析，我们不难发现其中的原因可以从以下 3 方面分析得出。

①大学生平时的阅读知识面比较有限，导致了他们对英美文化的认识和了解只处于表面，这就对其英语水平的发展起到了一定的阻碍作用。如果学生没有办法从根本上了解英美国家的文化，那么他们对这些国家的思维方式和价值观也就不能很好地理解，就会在一定程度上阻碍听力能力的习得，也会影响对听力材料的理解。

②因为我国的英语教学过程受到传统教学模式的影响相对明显，所以目前全国范围内的相当一部分大学有关英语听力方面的训练比较欠缺，再加上教学条件的限制，学生听英语的时间是比较少的，而且也缺乏必要的进行英语听力训练的环境，这就使得即使开展的是有关英语教学方面的研究，但是母语思维的负迁移作用一直表现得比较突出。但是我们需要明白的是这 2 种语言在表达上是存在很大区别的，只不过这种对母语的过分依赖对开展英语教学是没有多少正面影响的。如果时间长了，还会使得学生的英语听力水平越来越低，而社会对学生的听力能力的期望和要求越来越高，等到这两者之间的矛盾达到顶峰无法调和的时候就会造成英语教学系统的崩溃。虽然有些大学认识到了其中的利害关系，在学校的广播站开展了一些校园广播节目，希望这些资源可以得到学生的充分利用，以改善听力训练少的状况。

③大学在进行英语听力教学的过程中会受到来自各方面因素的影响，而这些因素有内部和外部之分。其中，起到重要反面影响的内部因素是来自于学生的心理上的抗拒。目前，全国范围内的大部分高校依然还很看重大学生英语四、六级考试的成绩，因此将是否通过四、六级考试作为衡量学生英语能力的指标，这显然具有一定的片面性，而且从整体地对英语水平的掌握层面来说的话是不科学的也是不可取的。正因为学校过分看重，所以才使得学生也产生了理解上的误差，认为应试才是英语学习的初衷。还有就是大学英语四、六级考试的重点集中在对学生所掌握的基础语法的检测上，而有关听力测试的方面涉及得很有限。针对这种情况，有的学生就干脆采取迂回的考试策略，他们"弃车保帅"，认为自己的英语听力能力本来就不是强项，而且如果想要在短时间内得到提升需要花费大量的时间和精力来做这件事，但是大学阶段的学习时间本来就很紧张，所以他们

宁愿选择所占比例比较大的阅读理解来作为主攻方向。这样就算在最后的考试过程中即使听力方面的成绩不理想，也可以通过阅读理解来进行弥补，只要整体达标就可以了。如果从英语教学的整体目标来看，这是一种非常非常不可取的学习方式。

二、混合式智慧教育在大学英语听力教学中应用的可行性

随着互联网技术的飞速发展，各行各业都开始向着与互联网融合的方向发展，教育自然也不例外。目前，教育界的很多学者都致力于学科教学与互联网技术融合的研究。就当前的高校英语听力教学来看，很多问题日益凸显，不过在互联网技术的辅助下，一种全新的教学模式—混合式学习模式英语与英语听力教学应运而生，这种教学模式集 E-Learning 与传统学习方法于一身，有效地弥补了传统教学模式的不足。混合式学习模式强调英语听力教学除了要发挥教师的主导作用之外，还要重视学生的主体地位，因此，它对教师和学生都提出了比较高的要求。

就教学内容而言，在互联网时代，教师在准备课程时需要更多地借助互联网的资源，因此，教师必须具备的能力之一就是善于从海量的互联网资源中提取出有效的资源，并将其整合为能适应不同学生需求的资料。以互联网为载体进行文献检索及教学材料的组织，运用现代教育技术辅助教学，已成为高校教师的必备技能。同时，教师还需要在课上自如地操作信息化技术和设备组织课堂教学，通过网络教学交流工具和学习社区工具与学生互动、答疑，组织学生自评、互评。具体到外语听力课程中，则更是要求教师不仅能够熟练操控听力教室的仪器设备，还要掌握在固定终端乃至移动终端上录制、编辑、上传视听材料等技术。对于学生而言，仅仅具有对多媒体设备及信息系统的操作能已经无法满足混合式学习对学生的要求。这种先学后教的模式，使学生必须具备一定的自学能力和自控能力。在最初学习新知识时，由于没有了传统课堂中教师的全程监督，学生需要自主排除网络上其他可能对所学知识产生干扰和诱惑的材料，合理利用网络资源，提取有效信息。而教师与学生"角色"的转换，则需要学生在自主学习的同时具备独立、深入思考的能力，以及对浅层知识的推导能力。在小组协作中，学生要学会与同学交流，分享各自的学习成果，共同完成检验、评价学习效果的任务。特别是在外语听力课程中，听力理解能力的

提高是一个循序渐进、螺旋上升的过程,需要大量的积累才能形成质变,因此,学生在课下自学过程中的主动思考、课中的交流借鉴,以及课后的及时总结尤为重要。

在应用混合式学习模式的外语听力教学中,各种教育技术工具必不可少。多媒体计算机系统和智能移动终端设备结合多媒体网络教学平台、学习社区工具与在线测试系统等软件,可以完成学生的课前自学和课后复习、自测与讨论等任务。而为实现课上的师生交互与同学协作,各种语言学习系统或电子教室等集教学演示、课堂应答、教学交流功能于一身的课上教学应用软件则成为不可或缺的技术支持。

三、混合式智慧教育在大学英语听力教学中的应用策略

大学英语教学已经逐渐开始结合信息化技术,尤其是大学英语听力教学,目前我国大学英语听力教学已经改变了原有教学模式,由放音、听音方式转化为以学生为中心的教学模式,大学英语听力混合式教学便油然而生,这种模式主要是为了培养学生学习兴趣,让学生可以自主进行学习,通过实践提高学生听力能力,让学生可以养成积极主动学习态度,帮助学生建立完整的知识体系。

大学英语教师应用混合式教学开展英语听力课程不仅可以激发学生学习兴趣,调动学生主观能动性,还可以对学英语教师教学观念。理念进行更新,让教学更能符合时代发展,满足社会大众需求,如今我国计算机网络技术更新速度较快,因此教师在进行相应课程方案设计时要以学生学习情况为基础,结合信息化网络技术对课程结构进行改善,让其教学方式手段更为科学化、现代化,为学生学习创造良好思维环境,培养学生思维的创造性,从而实现教学长远目标。

为了能够研究出大学英语听力混合式教学质量与效果,对大一新生进行混合式教学,大学英语教师在进行听力教学之前会率先使用网络在线教育平台,将课堂所需要传授内容与材料提前进行上传并布置相应任务,让学生进行线下自主学习,在正式上课时教师会以翻转课堂方式来对学生进行听力训练,由于大学英语教师课前就已经布置了相应任务,教师在正式上课之前便可以了解到学生学习情况及学习反馈,教师根据其数据来对自身教学内容进行调整,对学生掌握不牢靠部分进行针对性训练,从而全面提高学生英语听力水平,能够在一定程度上节约教师课堂上教学时间,对

听力较为良好学生教师可以对其布置一些稍微难度较大的课后作业，如听力笔记填空、细节讨论等，而对于听力能力较弱的学生教师在进行任务布置之前需要寻找学生问题所在，针对其问题进行针对性辅导，让学生可以个性化发展，全面提高学生英语听力能力水平，而在课堂上教师可以将学生分为不同小组对听力材料内容进行讨论，通过合作交流方式来让学生学会互助学习，提高学生学习合作能力。

大学英语听力教学不仅是让学生进行听力培养，对学生口语能力要求也较高，因此教师在进行教学时要着重培养学生口语能力在进行口语教学时教师可以利用网信息网络技术建立教学平台，布置视频、音频作业，引导学生开口练习英语，由于学生口语能力基础参差不齐，因此，教师在进行作业预留时可以先上传相关视频和音频材料，让学生在进行课后作业时可以以此为参考对象，学生在进行作业提交时也可以采取不同形式如个体、小组、视频、音频等，进行全方位训练，教师可以根据学生所提交作业进行逐一评价，让学生能够了解到自身问题所在并根据其问题进行修正，提开学生口语听力表达能力，能够更好地将英语基础知识进行利用。虽然视频和音频的作业形式时长只有几分钟，但是学生需要花费大量时间查阅资料，练习语法知识，并且学生在查阅相应资料时也可以扩充学生学习知识面，让学生能够从不同角度来获取到相应基础知识，提高自身英语素养。在新媒体时代下学生更有表现欲望，利用这种新型教学形式可以满足学生学习需求，顺应学生个性，让学生可以在学习相应基础知识同时展现个人的魅力，将学生主观能动性充分调动出来。

运用混合式教学的学生听说能力有着显著提升并对英语兴趣较为强烈，会主动进行相应学习。由此可见，混合式教学作为一种新型教学模式，可以充分将学生兴趣调动起来，让学生更加积极、主动进行相应学习，教师可以及时掌握到学生学习情况，对生进行针对性、全面性辅导，让学生英语素养能够得到大幅度提升，为今后学生生涯奠定良好基础。

混合式教学作为新时代下产物，可以让学生融入真实语言环境中，通过实践来感知英语魅力，积累语言素材，将学生主观能动性充分发挥出来，培养学生英语思维能力，在听说写中提升自身运用能力，混合式教学可以让学生自主进行相应学习，从面全面提高学生语言运用能力，让学生英语综合素养得到进一步发展，满足社会大众需求，为学生今后学习生活奠定良好基础。

通过课前、课中以及课后三大阶段的教学策略的设计，可以全方位地保证教学效率，使教学过程中教师的主导性作用和学生的主体性地位得到切实保障。课堂教学与课后扩展相互补充，既巩固了听力课堂教学的内容，又可以实现学生在课下自定步调的自主性学习，学生根据自己的实际情况选择听力练习内容，也可以通过教师帮助搭建的交流渠道进行合作学习。线上线下高频率的互动，把听力的教学与学习环境镶嵌到整个学科知识网络中，构建了一个个性化学习环境。

（一）课前教学资源准备

课前阶段是教学与学习的准备阶段，这一部分不仅包括知识的准备，也包括学习情境的铺设以及学习心理的准备，做好课前准备工作对教学任务的顺利完成有着事半功倍的效果。

1. 拓展教学听力资源

英语学科由于其自身的学科特性，有较强的文化性，作为文化的重要组成部分，英语具有丰富的语言内涵，同时，英语语言又被刻上了深刻文化的烙印。随着课程改革的不断推进，高校教材收录了更多以英语为母语国家的政治、经济、文化、风俗等相关的内容，这就对高校英语教学提出了更高的要求和难度。因此，在听力教学开展之前，为了保证教学目标可以在有限的时间内顺利完成，教师应帮助学生克服由于背景文化知识缺失或者知识面过窄而造成的听力学习障碍，帮助学生在走进听力教学课堂之前就对所听主题丰富的背景知识有一定的了解；这样一来，学生不再是空着脑袋进课堂，而是带着课前激发的求知欲望和学习的兴趣进行听力材料的学习，传统听力教学费时低效的困难将迎刃而解。

教师可以通过网络上质量较优的英语学习网络平台，如普特英语听力网、大耳朵英语、可可英语等为同学进行背景知识的介绍和求知欲的激发，导入相关基础词汇和语法内容，克服单纯的语言基础知识上的障碍，增加学生信息库的容量；利用 QQ 语音等实时异地听力策略的指导，塑造学生对听力材料进行预测和联想的意识和能力。

同时，听力材料不仅局限于文本材料、音频资源，丰富多样的视频资源也可以为听力教学服务，达到多感官刺激学生的目的，使学习的趣味性得到显著提高。然而不论是文本、音频还是视频听力资源的选择，都应该遵循短小切题、概括性强的特点，避免学生产生较大的学习负担，要让学习在轻松愉快的氛围中进行。还有重要的一点就是保证材料难度呈阶梯形分布，难易合理搭配，满足不同学习成绩的学生对学习的需求，方便学生根据自己的实际情况自定步调，进行自主学习，营造学习的自主性环境。

听力材料应尽量坚持实时性、新颖性、知识性以及趣味性的统一，但不可以为了追求新颖和趣味而丢弃教学的主题和目标内容，可以选取VOA、BBC的时事新闻、近期的影视片段、采访、广告、演讲、英语歌曲等不同形式的真实听力材料，不要局限于常规的测试听力训练材料。

2. 合理筛选听力教学材料

网络平台为教师提供了丰富多彩的教学软件和教学课件，面对丰富的听力教学资源，教师应该根据已经确定好的教学目标、要完成的教学任务、班级学生的听力实况以及学校多媒体设备的情况精心筛选、设计和编制教学内容，把丰富的网络听力资源作为面对面听力教学的补充，切不可贪多、贪新。因为根据心理学的研究，学生的记忆是在有效理解材料的基础上进行的，如果教学材料超出了学生的认知负荷，不仅不会收到预期的教学效果，反而会增加学生的认知负担，使其产生心理恐惧与排斥。教师应注意电子听力材料的启发性，把学生的认知规律和注意特性考虑在内，切不可将多媒体的听力教学演变为新式的人机灌输的"填鸭式"教学。理想的教学模式应该是学生积极主动的自我获取、自我提高，最终达到自我实现，把学习视为一种愉悦的体验。

3. 构建学习交互通道

随着互联网技术的不断成熟与普及，各种社会性交际软件走进了人们的生活，改变人们的生活方式和人与人之间的交互渠道，这些社会性软件实实在在地反映着社会的存在和交互关系，人们的交流变得"透明化"，人们越来越信任这些交互平台与软件。因而，在此基础上，信息和知识的互换变得愈发频繁，内容愈发丰富。

将这些社会性软件应用到教学中，可以增加师生、同学之间交互的机会，方便课下的异地交流，帮助学生从单一的自我学习圈中走出来，融入整个学习网络中，达到丰富个人节点的目的，避免"回音壁"效应的产生。

教师可以建立一个英语听力学习平台，平台的管理者可以是教师，也可以选择比较精通计算机的同学作为协管员，在上课之前教师将下节课计划讲授的新内容划分为几个子模块，设置好学习任务，通过网络交流平台布置给每位同学或者事先划分好的学习小组（小组内各成员学科基本能力、认知风格、学习风格互补），每位同学可以通过学科资源库或者教师建议的网络平台所提供的"情境""协作""会话"条件去完成自我知识构建，实现个体化、自主化学习。如果遇到难点或完成不了的任务，可以在网络学习交流平台上或者学习共同体中与同组同学交流，利用教师事先设定好的学习情境完成个人学习任务和小组作品报告。

首先，教师是网络学习共同体中的组织者，应根据学习内容和学生的特点对学生搜集到的资源进行组织与设计，保证学习资源的有效性；其次，教师是这个平台的监督者和秩序管理员，如果遇到不和谐现象，教师应在群里对学生发起警告，帮助大家"重回正轨"，同时，教师对各成员节点的健康状况应做到心中有数，实时查看网络各节点的联系情况，并做好各节点间连接关系的梳理工作，以保证各成员节点都能积极融入网络学习共同体中的信息知识的流动中，真正发挥这个学习共同体的积极效力。在这个学生线下互动的过程中，教师要始终"监视"学生的活动，保证学生互动方向的正确性和高效性，做到松而不散，活而不乱。

（二）课中教学信息集结

完成了课前的准备工作之后，教师对于课堂教学应该有了设计的蓝图，准备了丰富多元的听力资源；学生也不是"空着脑袋"走进课堂，学生已经完成了相关的认知图式的建立，上课对于学生来说是激发与扩充已有知识网络的动态过程。教师需要做的就是适时地利用多媒体手段呈现高吻合性和知识性的听力资源，在开放的、灵活多样的教学形式中帮助学生保持学习注意力，顺利完成学习任务。

1. 合理选择听力教学媒体

赫尔巴特（Herbart）曾经说过，"没有无教育的教学，也没有无教学的教育"，教学是一个知、情、意、行统一的过程，因此，教学媒体的选择要考虑教学过程的教育性。固然多媒体课件、音频视频听力材料以及网络平台可以给学生提供更加丰富的学习材料，但是，不可以忽略必要的师生互动、同学互动以及课堂教学氛围给教学带来的积极影响。语言的学习就是一种交际的过程，具有极强的实践性、人文性和文化性，师生之间的有效互动和同学之间的探讨交流可以为语言的学习提供具有真实性、灵活性以及创造性的交际环境，促进习得语言的输出和传递。应时刻注意教师的言传身教对于学生的影响。

2. 营造轻松活跃的课堂气氛

根据心理学研究，人的注意分为无意注意、有意注意以及有意后注意，所以，教学应该努力利用刺激物的强度、刺激物之间的显著对比关系和刺激物的新异性进行。运用注意的外部表现了解学生的听课状态，适时调整教学节奏，运用无意注意的规律组织教学，音量适中，语音、语调做到抑扬顿挫，遇到重点、难点还要加强语气，伴以适当的手势和表情，保持学生的注意力和学习兴趣。

混合式英语听力教学应该综合采用情境教学法、任务型教学法、交际教学法，将以教师为主导与以学生为中心统一起来，优化组合，力求教学效果最优化。教师应该努力营造一种轻松活跃的听力课堂，运用灵活多样的教学方式，如师生对话示范、同桌对话、分组讨论等教学形式的混合，使学生的注意力集中起来，这样其学习兴趣和积极性也会得到明显的保持和提高。

3. 培养良好的听力习惯

在听力过程中，学生的注意力应该放在信息的理解上，而不是只攻自己听不懂的词汇和短语，然而，目前学生对于听力的认知出现了偏差，大部分学生会刻意要求自己听懂材料的每一个单词、理解每一个句子，认为这样才会理解整个材料，才会完成教师的问题。所以，教师在听力教学过程中，应该不断培养学生的预测和联想能力，教会学生对听力材料进行自我信息加工，抓住关键词，对重要的时间、地点、任务进行记录，通过推测抓住文章的中心思想。

在听力教学过程中，学生的心理情感因素起着非常重要的作用。影响听力教学效果的心理因素很复杂，大概包括学习动机、学习风格、自我效能感以及性格特征等，积极的心理因素使学生在听力过程中处于积极向上的心理状态，降低了大脑皮层神经活动产生的抑制性反应，使学生保持较高的注意力和记忆力，帮助学生建立持之以恒的学习态度和坚韧的意志品质，提高听力效果。因此，教师在教学过程中应该根据课前对学生的了解，多采用有针对性的鼓励性语言鼓励班级学生积极参与课堂，帮助同学明确听力学习的动机，调动学生的积极性，树立其自信心，让学生敢于在课堂上张嘴表达自己，不畏惧犯错误，教会学生正确认识和面对错误。在大部分英语课堂上，同学们纠结的更多的是自己的表达用词是否得当，语法是否准确，然而语言表达的目的在于听者是否可以听懂，所以，表达的唯一标准就是流畅，教师应引导学生正确认识错误，减少焦虑害怕的心理。

以多媒体技术为依托的英语教学课堂改变传统教学的单向活动性、知识传授性以及教师"一言堂"的弊端，实现了基于多媒体技术的多方向的互动教学。

(三) 课后线下指导

教师课堂上几十分钟教学的结束并不是真正意味着学生学习的结束，新时期的学习随时随地发生，这就需要学生在课下利用教师设置的"云学习"环境自主进行知识的归纳与总结，同时，教师也要通过交流平台在课下对学生进行异步异地的指导，建立学生的多元评价模式。

1. 完成学生自我知识管理

根据学生能力、成绩、性别等因素而确立的听力学习共同体或者学习论坛，增加了学生学习的参与感和主人翁意识，学生根据自己的实际需要参与课程的学习，由之前的旁观者变为现在的主人翁，学习的使命感和荣誉感将会有所提高。学生通过教师精心筛选的听力网络链接资源补充学习课上的听力教材内容，既可以降低被网络其他内容吸引、分散注意力的可能性，又可以高效利用最优的资源，节约了筛选信息的时间和精力。在这种情况下，学习资料不再是简单的听力教科书和配套练习册，听力学习资源实现了立体化、形象化、多样化，既有传统练习册保证新授知识的练习和巩固，又有多媒体课件、影像资料、扩充听力习题库来拓展学习能力。这种模式满足了不同听力程度以及不同学习风格的同学的学习需要，拓宽了学生视野，增强了其举一反三、融会贯通的能力。每位学生的听力对象如同个人定制一般，将个性化教学、因材施教落到实处，每位学生的特殊才能和个性品质都得到有效发掘，最大限度地保证学生的全面发展。

2. 获得学生听力学习反馈

教师授课的结束并不意味着整个教学过程的终止，学生课下的评价与反馈以及复听情况也是听力教学必不可少的组成部分。具体包括学生对听力教学资源库和教师布置的听力网络课程的学习和利用、听力输出作品的完成和上传、自主测试、新课预习以及基于听力特定项目的小组学习等环节。

知识的获得并不是学习的终极目标，知识的应用才是知识掌握与否的标准，也就是说"管道"比"管道中流通的知识"更加有意义，所学知识要转变为学生解决新问题的辅助手段和工具。所以，学生的课下自主学习都采用问题导向式或者任务驱动式学习，把问题的求解作为学习的目标，在学习过程中提高学生对知识的实际应用能力。教师给学生具体的学习内容，但更重要的是教会学生获取知识的途径。混合式教学模式一方面可以帮助学生完成基本的学习内容，还可以培养学生的学习策略。在口语课程中，较为明显的就是交际策略，通过混合式教学使得学生能够自主地表达自己的意图，提升自己的口语能力。

教师借助网络进行多媒体课件的制作、网上非实时指导、网上布置任务、网上组织学生自主学习和小组协作学习；学生借助教师创建的学习共同体或者学习社区完成教师布置的作业，通过网络提供的博客、电子邮件和 QQ 以及微信等聊天工具获得教师的同步或者异步指导。遇到难点问题和同组同学讨论或者去资源库查找资料，让学生意识到学习行为是发生在小组间的，这能培养学生分享学习结果的意识以及团结协作的意识。

3. 采用多元评价模式

基于口语课程的特殊性，全面、客观、公平、公正的教学评估体系在英语口语课程中显得尤为重要。在传统教学中，教师对学生口语的测评大多发生在课中，主观性较强，一般以自我评价为标准。而混合式教学中，教师可以让学生自己课后先进行互评，再给出自己的评价，到最后取平均值。这样的测评体系无疑使教学测评变得更为客观，也更有利于教师和学生发现问题并解决问题。

英语口语课程作为英语专业学生的重要课程之一，是高校教学的重要组成部分，对学生长远的发展具有重要意义。其应用性和实践性之强，单从与别人用英文交流的角度掌握好的话容易给别人留下很好的印象。在英语教学中结合信息化技术不仅丰富了我们的教学形式，而且是社会发展的必然要求。混合式教学模式在英语口语教学中扮演着不可或缺的角色，这种教学模式打破了传统的单一枯燥的教学模式，将线上线下相互结合，充分利用线上和线下教学的优点，使得教师这一职业不仅局限于课堂教学，而且还能起到课后监督的作用。通过使用线上教学工具，更加及时准确地了解到学生的学习情况，跟进学生的学习进程，若发现有问题可以及时解决，从而不仅大大提高了学生的学习效率，而且也提高了教学质量。教师在英语口语教学中应将科学技术运用到课堂中来，可以更加有效地调动学生的学习积极性，充分发挥他们的主观能动性，从而达到理想的教学效果。

第三节 混合式智慧教育在大学英语写作教学中的应用

一、大学英语写作教学概述

(一) 英语写作教学理念

长期以来，我国英语写作教学偏重语言技能训练，包括对词汇、句法和篇章表层结构的分析与模仿，而忽视对思维能力的培养。这是考试指挥棒下的必然产物。必须承认，恰当准确的语言形式是外语教学的重要目标之一是语言表达的基础和关键一环，但若外语教学仅限于此，将不能满足社会对英语人才培养的要求和期待。从学生的毕业论文到生活中的总结、报告，甚至书信等现实的写作任务，不仅要求写作者具有扎实的语言基本功，同时也对写作者的对比、分析、归类．概括等逻辑思维能力和创造性能力提出了更高的要求。因此，一些学生和老师过多地把用词准确、语法正确、结构工整作为优秀英语写作的追求目标，是有失偏颇的。实际上，除了语言和写作技能训练外，英语写作教学，尤其是大学阶段的英语写作教学应该更加重视文章内容的思想深度、内在逻辑、创新创意等思辨能力的培养。

对于学生思辨能力培养的要求，在《中华人民共和国高等教育法》总则中已有规定："高等教育的任务是培养具有创新精神和实践能力的高级专门人才……"这里的实践能力，尤其是创新精神的内核其实就是思辨能力。唯有具备思辨能力才能进行创新和实践。从根本上来说，创新是思辨能力的体现，而实践能力只有在高级思辨能力的指导下才能有所创新。《新版大学英语教学指南》一个历史性的进步便是在发展目标中明确体现了对思辨能力的重视："能就广泛的社会，文化主题写出有一定思想深度的说明文和议论文；能就专业话题撰写简短报告或论文，思想表达清楚，内容丰富，文章结构清晰，逻辑性较强；能对从不同来源获得的信息进行归纳，写出大纲，总结或摘要。"

大学教育给学生最宝贵的财富应该是能力,确切地说,应该是"可迁移的能力",即学生毕业时可以从大学带走的能力。这些能力适用于多种工作和环境,不受专业的限制。美国佛蒙特大学就业服务中心曾把这种可迁移的能力划分为七类:思辨能力,沟通能力、人际交往能力、领导与组织能力、信息管理能力、设计与计划能力、研究与调查能力。显而易见,思辨能力位列第一,它是一个受过高等教育的知识分子最典型的特征,应该作为大学教学的核心目标,以保证学生的可持续发展和职业转换能力的获得。

(二) 影响大学英语写作教学因素

1. 教师信息化教学能力

随着大数据时代的到来,在"互联网+"高等教育信息化时代背景下,大学英语教师需要具备一定的信息化教学能力,随时应对新时代背景下的教学过程需要。写作教学同其他教学过程一样,与信息化教学密切相关,大学英语教师需要对相关的研究成果和教学实践给予一定的关注,不断提高专业发展水平,在写作教学过程中凸显信息化教学特色,顺应教育改革与发展的新形势。作文自动批改系统即是具有代表性的信息化写作教学的体现,是与写作教学相关的具有信息化教学特色的组成部分。隋晓冰等提出作文自动批改系统辅助大学英语写作慕课的交互式教学模式并验证了该模式的有效性。大学英语教师需要熟悉自动批改系统模式、师生在线教学操作过程、在线互动方式、人机结合评阅方式等,充分利用在线资源和慕课平台,激发学生写作兴趣和内在学习动力,以期提高作文自动批改系统的运用效果。在教学环境允许的情况下,大学英语教师需要思考其他信息化写作教学模式并将其运用到写作教学实践中。王颖设计了一个新建构主义理论下大学英语写作教学中"互联网+"的个性化教学模式,旨在为学生构建一个能充分展示灵活性和自主性的个性化网络学习环境,从而达到培养学生实际使用语言进行写作交际能力的目的1。除作文自动批改系统以及具有个性化特征的信息化写作教学模式的应用之外,信息化写作教学能力也体现在翻转课堂教学过程中。翻转课堂教学实践需要教师具备制作优质课件和短视频的技术与实施方法。各类课件制作软件的具体应用与写作教学过程的有效结合为大学英语教师提出了一定程度的挑战,具体表现为课件的视觉效果和视频的助教功能。相关教师需要通过不同途径学习相关技术处理的方法,包括简单的文本对齐方式,不同难度和复杂度的动画设置方式、不同类别的相关软件制作技术以及视频的剪辑等编辑方式。优质课件和短视频是实施翻转课堂教学的基本保障。

2. 多元化教学策略

在大学英语写作教学过程中，基于宏观和微观教学要素，大学英语教师需要结合实际灵活运用多种教学法以提高教学效果，如互动教学法、过程写作法、产出导向法、语篇分析法、体裁分析法以及多模态教学法等，结合学生特点、教学环境和教学资源采用相应的教学方法。现以过程写作法为例对大学英语写作教学策略予以阐释。过程写作法是由美国学者在20世纪70年代末提出的写作方法。基于建构主义学习理论和交际教学理论的过程写作法共包括预写作、打草稿、修改、校订到发表五个环节，写作者在每一个写作环节进行意义建构。过程写作法重视学生在写作过程中的主观能动性，教师在写作过程中起到组织者和引导者的作用。学生在写作过程中更多地关注语篇整体而不是词汇等语言知识，在学生与教师、学生与学生之间建构的交互行为体现在整个写作过程中，教师在写作过程中指导学生写作，给学生及时反馈信息，学生依据教师的反馈随时调整写作内容，在指导和修改的互动过程中完成写作。过程写作法需要师生双方具有一定的元认知能力。教师需要监控、指导整个写作过程，在此过程中，教师需要及时总结指导经验，动态调整指导策略，最大限度提高指导质量。同时，学生在写作互动和修改过程中需要对各个环节进行思考，使自己用清晰的思路对待每一个步骤，实现写作的预期目标，提高写作过程的收获感。培养学生积极写作情感也是过程写作法中的主要影响因素。在写作指导过程中，有的学生因为基础较弱或者相关知识积累较少等原因的干扰表现为自我效能相对较弱，对后续修改和写作没有足够的信心，教师需要用适当的方法予以鼓励，使之提高师生互动以及生生互动过程中的参与热情，养成积极主动应对修改过程中可能出现的问题的良好习惯，为顺利完成写作做好心理上的准备工作。过程写作法只是多元化教学策略中的一个构成部分。大学英语教师需要在教学实践中积极探索新的写作教学模式，特别是在信息化教育背景下，将传统教学模式与信息化教学模式相融合，不断改进写作教学策略，创新写作教学模式。

（三）英语写作教学的原则

1. 层进原则

有效的英语写作教学必然遵循先易后难、循序渐进的层进原则。要打下良好的写作基础首先要从单词、句子的写作抓起，逐步向语篇过渡。众所周知，单词是英语写作中最小的表意单位，按一定规则排列后，它们形成了人类言语交际的最基本语言单位——句子。人们借助句子实现相互之间的思想交流与信息传递。语篇是由语句所组成的能够表达多层意思的具有逻辑相关性的结构系统。在具体的材料过程中，教师要注意培养学生良好的写作习惯，如字母、单词和句子的书写正确熟练，哪怕是标点符号也要争取区分、认真、对待。在文章写作中，教师首先要提醒学生注意审题，句与句．段与段之间的逻辑关系，衔接性和连贯性等问题，再到写作技巧的讲授和运用。

每位教师具体划分的教学实施可以因人而异，教学重点也会不尽相同。但是从词汇、语法、语篇的由简到繁、由易到难、由低级到高级的循序渐进的方法却是写作教学的一般规律。

2. 对比原则

外语习得与母语习得不同，一方面，由于它没有母语习得时所具有的得天独厚的语言环境，不可能以自然的方式习得；另一方面，外语习得往往是在母语水平达到相当程度的条件下进行的，不可能不受母语的影响。同为语言，母语与外语既有相通相似之处，也有相异相斥之时。通过比较，求同存异，遵循各自的表达规律系统研习，学习效果必然事半功倍。

就写作而言，中文（母语）写作是在中文口语技能已经相当发达的基础上进行的，写作教学的主要任务是将口头语言书面化、思维清晰化、逻辑严密化，使表达符合写作规范；英语（二语）写作却不同，写作者一般不具备完善的用英语进行解码和编码的能力，然而却具备了相当程度的中文写作能力，如果不系统地在语言的各个层面上加以区别比较，这种能力会自动，机械地迁移到英语写作过程中，从而产生中式英语。学生习作所犯错误中，大部分是由于汉语负向迁移所致。

3. 兴趣原则

任何环节的教学活动都应重视学生的情感体验，鼓励教师在教学实践中恰当体验学生的情绪和情感的变化，注重兴趣的培养和主观能动性的发掘，将充满情感体验的活动引进课堂，使学生自觉地在具体生动的感悟中促使自身独立人格的形成和发展。这是英语写作教学兴趣原则的理论依据。

学习兴趣是学习成功的核心要素之一。各种研究表明，外语学习的成功与否在很大程度上取决于学习兴趣。如前所述，学习兴趣也是学习动机的重要因素之一。如果学生缺乏学习兴趣，学习动机不强，缺乏坚持不懈的主观能动性，就不能或不愿主动投入充沛的精力到语言活动中去。学习英语这样一门要求基础扎实、有文化交际意识、实践性、持续性很强的课程，想立竿见影、一蹴而就既违反了语言习得的规律，也是绝对不现实的。因此设法激发学生的写作热情，保护他们的写作兴趣势在必行。事实上，影响英语写作质量的原因除了学生缺乏扎实的语言基本功和足够的综合技能训练外，学生在习作时出现的各种情绪障碍也是不可忽视的重要原因。学生如果对英语写作无兴趣，写作时就会情绪低落，产生焦虑、恐惧、紧张，甚至抑郁感，进而致使思路闭塞，写成作品无法体现学生的实际水平，学生也就不能从写作中找到支撑学习兴趣的成就感。

在写作教学中，教师完全可以通过自己的精心设计和制造，将学生也许最初不感兴趣的话题或任务，转变为能使其产生兴趣的写作活动。从而将起初的外部写作动机成功转化为内部动机，激发学生的写作潜能。

4. 系统原则

大学英语写作教学，尤其是公共英语写作教学没有一套权威、专门而又系统的教材。公共英语写作的主要内容一般都是在精读教材中涉及，但由于安排在每单元的最后一部分。常常因为时间的关系而被忽视了。即使有时间讲解也大多是粗枝大叶，一带而过，学生走马观花，然后完成老师布置的作业了事，成品多是千篇一律、大同小异的"八股文"式的文章，效果与教材设计者的目标相距甚远。

由于教材和大纲对写作的要求都比较抽象含糊，没有具体要求必须掌握什么，可选掌握什么，致使写作教学成了八仙过海各显神通，东一榔头西一棒槌，不得要领。授课时限制，写作往往得不到单独设课，而只是附带在综合英语（公共英语）或精读课中，结果读写课含混不清，有的甚至只读不写。因为没有教材和大纲的约束，写作教学就变成了一个随意的过程。常常有教师在课堂剩余一些时间，便临时任意指定一个题目，让学生写篇作文。而不是制订计划，系统地逐步训练学生的各项写作技巧，每节课的训练目标含混不清。

要写出文字通顺、思想明确、逻辑性强、正确无误的好文章，靠考前死记硬背"十句式作文"式的"写作公式"是行不通的，而必须在大量感性材料积累的基础上，进行系统的练习掌握写作的基本方法和技巧，写起来才能得心应手、游刃有余。有的学校平时流于形式，四级考试即将来临时便集中传授学生一些所谓的范文或写作模板，学生将这些死记硬背后，考试时便像填履历表一样轻而易举地"填"出了所谓的"作文"。据称，这种"方法"很灵验，虽不能保证得高分，但只要能写出一些单词来，绝对不会得低分。这种浅尝辄止、投机取巧的教学方法最不适用于英语写作教学，绝不能切实有效地锻炼学生的书面语言输出能力，作文考试的出题方式和阅卷标准也值得好好地研究推敲。

因此，系统地开出一定数量的写作课是有必要的。即便由于条件的限制开不出单独的写作课，教研室或系部也要做出具体的要求和规定，或寓写于读，或读写交融，或写译结合。这样教师教学也就有纲可依，也就可以系统地将写作知识传授给学生。

为实现英语写作的教学目标，教学中必须遵循一些基本的教学原则。其中层进原则是基础，是英语写作教学得以正常进行的保障；对比原则是英语写作教学的特别要求，也是英语写作教学不同于中文写作教学的关键所在；兴趣原则是提高教学效果的有效手段，它在英语写作教学中有着不可忽视的地位；系统原则是目前我国大学英语写作教学的薄弱环节，必须在教学中予以加强。

（四）大学英语写作教学中的问题

通过对大学英语写作教学中学生写作表现进行不同层面的分析，学生在写作过程中存在的问题主要表现在如下几个方面。

第一，词汇量不足。基础偏弱的学生词汇量严重不足，表现为简单单词拼写错误及中等难度以上的单词基本没有掌握，篇幅较短，不能保证作文要求的饱满度，在很大程度上影响正常得分。基础较好的学生在难词的运用方面也存在不同程度的问题，如拼写不准确、运用不得体等现象的出现。

第二，语法问题较多。学生的作文中存在不同程度的语法错误，如主谓一致、被动语态、非谓语动词以及各种从句误用等问题。

第三，句子结构单一。句子结构是写作过程中基本的评阅要素之一。部分学生的作文基本是简单句的组合，文中很少出现复合句、复杂句、非谓语动词和特殊句式等结构，直接影响成绩的评定。

第四，逻辑混乱。有的作文思路不清、支离破碎，不能灵活运用逻辑关系词和衔接语。

第五，审题错误。以大学英语四级作文为例，如对写作体裁把握不准、作文题目的内容理解不完整或者不正确等现象时有发生。

第六,相关知识贫乏。因为知识面狭窄,有的学生虽然在审题和语言表达方面没有障碍,但是在内容上较为单薄,直接原因是对相关内容和知识没有日常的积累,不能应对写作内容上的期待与要求。第七,规范意识欠缺。具体表现为大小写、标点符号、字迹工整性和段落结构方面的意识不强等影响作文整体表达效果的问题。

二、混合式智慧教育应用于大学英语写作教学的意义

写作教学是大学英语教学的重要组成内容,但是由于大学学生的英语基础水平不一,他们认为写作学习难度较大,对于写作的学习兴趣不高,因而影响其学习效果。另外,在大学英语写作课堂上,大部分教师都是采取理论讲解的方式来指导学生进行英语写作,教学课堂枯燥无趣,不仅无法调动学生的主动性,也局限了学生发散思维,导致学生的写作能力得不到有效提升。英语素质作为当前社会对人才需求的必要素质,要求大学英语教师应当重视对学生英语写作能力的培养。

(一)突出了学生的主体地位、中心地位

加强混合式教学在大学英语写作教学中的应用,对于提高教学质量起到了很大的促进作用。首先,混合式写作教学突出了学生的主体地位、中心地位。在传统的教学课堂中,教师位于主导地位,容易忽略学生的主体性,不利于调动学生的主动性,进而影响教学质量。混合式教学模式强调了学生的主体地位,教师在教学中发挥引导者和启发者的作用,借助网络教学和课堂教学融合的方式,传输更多的英语知识。混合式写作教学和传统写作教学模式不同的是,它融合了现实教学和虚拟教学,学生可以在不同的环境下进行学习,教师也可以借助更多的方式来传递更多的资料。比如,在混合式写作教学课堂上,教师可以借助多媒体技术,将写作教学内容更加直接生动地表现出来,有效地提高了教学课堂的趣味性。此外,混合式教学模式也强调任务教学和自主教学,给予学生一定的独立思考时间,更好地培养学生的独立学习能力。

(二)拓宽了学生自主学习的空间

加强混合式教学模式在大学英语写作教学中的应用,拓宽了学生自主学习的空间。随着信息技术的发展和普及,当前的教学方式和内容得到了

很好的拓展，教师可以通过互联网来获取更多的教学资源，学生也可以通过网络来查找自己想要的写作素材。比如，学生可以通过观看视频的方式来获取相关的写作素材。此外，随着大数据技术在大学英语教学中的应用，教师可以同时将静态和动态的教学内容呈现出来，大大地丰富了教学内容。混合式教学包括了和学生线上线下的互动。在课堂上，由于教学时间有限，所以师生的课堂互动时间也十分有限，而采用混合式教学模式，学生可以在线上和教师进行沟通交流，特别是一些性格比较内向的学生，可以通过网络平台和教师进行沟通，及时提出自己学习中存在的问题，进而更好地进行自主学习。教师也可以通过线上发布写作任务，学生可以自主选用自己感兴趣的题材进行写作。通过构建网上学习平台，学生在课余时间，可以随时随地选择自己感兴趣的内容，进行有针对性的学习，有效地巩固自身的英语知识。

三、"线上+线下"混合式智慧教育在大学英语写作教学中的应用策略

近几年，随着信息技术和外语教育融合的纵深，MOOC和小规模限制性在线课程（SPOC）的大规模发展，数字化的学习资源越来越多地运用到大学英语写作教学。数字化的英语写作课堂摆脱了传统的老师讲授枯燥语法、句法、语篇知识点，学生低头摆弄手机上网、聊天的单向课堂教学模式。以学生学习需求为靶向的多元数字化写作教学资源和多向互动的数字化写作平台，为学生构建了一个多模态输入语言，多方向输出语言的有趣而高效的自主探究式空间。数字化环境下的写作训练实现了学习环境网络化和移动化，学习资源的数字化体现了可持续性发展的绿色生态学习理念。

众所周知，写作是大学英语教学中最薄弱的环节，四、六级考试中作文向来是最低分。大学英语写作作为一项产出性技能在大学英语教学中的地位不言而喻。它不仅是衡量学生语言文本输出的一个重要指针，同时也是语言学生思维能力和语言应用能力的综合体现。纵观国内外的权威英语考试，英语写作都占有重要比例。但长期以来，我国学生的英语写作能力一直没有得到有效地提高。这和传统的大学英语写作教学形式单一、教学手段陈旧、课时受限等因素都有关系。写作应该是基于自我表达和与人交流的意愿之上。传统的英语写作课堂教学更侧重知识点的传授。教师是学

生获取知识的唯一"资源库"。这样单向传递信息的教学形式枯燥乏味，忽略了学生内在需求的驱动萌发，未能鼓励自由而又创意的表达。写作对学生而言仅仅只为应付考试，这极大地阻碍了学生英语写作能力的提高。

信息时代的到来，为大学英语写作教学提供了大量的辅助系统和工具。现代信息技术的蓬勃发展为数字化资源的设计和建设提供了无限的可能。基于优质数字化资源的大学英语写作教学模式无疑有助于学生灵活地选择学习方式、方便同伴之间动态共享写作资源、促进讨论交流、互评互改，极大地激励学生的写作意愿。然而，线上学习的效果极难监控和管理。因此，如果仅仅在英语写作传统课堂中加入数字化写作资源，毫无引导地让学生自学，写作过程只不过从纸上搬运到计算机上，传统的教学模式仍未被打破，课堂的教学效率仍然低下，学生的探究学习也只是空头支票。

如果可以让大学英语写作传统课堂翻转，借助优质的数字化资源和数字化写作平台，课堂效率和学生学习的自主性又将提升到新的台阶。学生可根据个性化需求，自主课下学习数字化写作平台上的数字化教学资源，学习相关写作知识并完成写作训练；课堂上学生小组合作，在教师的指导下开展学习活动；课后学生完成行文表达。在这一"线上自主学习与线下语言实践"相融合的混合式教学模式中，课堂不再是学习知识的阵地，而是学生之间交流、展示、评价和鉴赏的实战空间。

"线上+线下"混合式大学英语写作教学模式将把传统教学方式的优势和网络化教学的优势相结合，既发挥教师引导、启发、监控教学过程的主导作用，又充分体现学生作为学习过程主体的主动性、积极性与创造性。

正以计算机和网络技术为依托的大学英语写作课程体系切实能够提高学生的英语写作能力、自主学习能力、学习动机和写作兴趣。要高效利用优质的数字化教学资源开展"线上+线下"混合式英语写作教学模式，探讨混合式教学模式中具体环节，如教学内容、教学流程、教学方法和考核方法等如何实施，以及这样的教学模式是否能真正促进学生英语写作能力。

从写作文本质量、词汇多样性和丰富性以及句法句型结构的使用情况来看，经过一段时间的训练，学生能逐步有意识地规划每一次篇章布局，反思每一次写作过程，并积极寻求方法策略训练写作技巧。

唯有数字化环境下的写作课堂才能开辟出的"数字化快速反应镜像资料库"，有助于激发学生的写作兴趣和内驱力。也只有"线上+线下"混合式教学模式，将传统的课堂讲授翻转至课下自主探究学习，才使学生们有更多的机会沉浸于小组成员共同进步的喜悦；陶醉于头脑风暴探究写作主题，广交合作者的学习模式。这一切都是传统的写作教与学的方式无法比拟的。

使用"线上+线下"混合式教学模式能很好地克服课堂面授时间短以及师生共同讨论．共同学习、进行思维火花碰撞时间少的缺陷，学生可以在课前按照自己的学习节奏，反复或快速观看教学视频。对于概念解释中的疑点和难点，学生既可以选择利用网络查询，也可以向教师或同伴提问。

针对知识性强的内容，教师借助网络平台使用教学微视频来呈现；针对技能型训练的内容，教师有充分的时间给予每一位学生个性化的反馈。课前的线上自主学习和线下深度阅读保证了课上的活动时间。此外，由于知识型内容的讲授已经在课前通过视频学习的方式完成，师生间将有更多的课堂面授时间用于语言实践活动，进行质疑、反思和判断。

在全新的数字化环境下，教师与学生不再是一对多的单向线性的传输关系，而是同学间、师生间、师生与数字化教学媒介间多向多点非线性交互关系，从而促进学生对于"自由创作""自我评估""同伴评议"等活动参与度的提升。

四、大学英语写作混合式智慧教学设计

（一）教学设计

①写前环节。这个环节是一个进行体裁理解、语言和技能准备的环节，主要在线下展开，旨在进行写前的语言输入和技能准备，分析素材，确立和讨论写作任务主题。

②写中环节。学生在线上自动评阅平台开展写作。学生根据写作主题要求，拟订自己的写作框架，完成至少两次写作稿的线上提交初稿提交后，评阅系统会依据任务发布时设定的相关标准对之进行自动评价，学生据此对自己的写作进行自我勘误和修缮，然后再次提交。此外，学生还需在自动评阅平台上对其他作者提交的稿件给出自己的评阅意见。

③写后环节。这个环节的主要任务是对学生的写作给予评价，可在线上线下两个渠道进行。在学生的写中环节，教师可登录评阅平台查看学生

的任务完成情况，对学生在班级统一的社交平台上提出的写作任务相关问题给予反馈。在线写作任务结束后，教师根据系统的评阅结果分析学生的写作情况，选取学生作业中的共性问题以及一些个性化但值得关注的问题，在线下进行集中讨论。

（二）写作教学资源库搭建

1. 云课堂课程资源库建设模块

将每个单元的课程资源库分为纵向和横向两条主线；纵向资源分为课前任务单、课中重点及难点演示（PPT）、课后微练习和拓展资料三个模块。横向资源分为语言基础模块（词汇库、句型库）、听说模块（视频、微课库）和读写译模块（习题库、高分作文库、学生问题作文库）。

2. 英语写作系列微课的录制

根据大学高专公共英语写作教学大纲的要求，兼顾全国大学生英语竞赛（B类和D类）及全国大学高专英语写作大赛的要求，英语写作系列微课分别为感谢信、邀请信、道歉信、投诉信、简历、求职信、电子邮件、备忘录、通知、图表作文及漫画作文。这些系列微课分别由学生和教师分工合作共同完成。学生负责相关资料的收集和整理，师生共同商讨微课的设计，教师负责PPT的制作和后期录屏。让学生参与微课录制的目的是让学生在前期收集和整理写作资料时，提前梳理知识，强化学习。同时，也可以让学生充分体会到师生共同合作完成一个项目的成就感和满足感。

3. 混合式自主学习任务单及系则微课导学指南的编写

教师以"趣"设"单"，以"用"为"导"，任务单的设计按照学生的基础从词到句再到段落的进阶式原则，其内容包括：课前线上自学目标及重难点、课前线上自学任务及学习手段、课堂教学形式及教学目标预告、课后任务探究及自我评测练习、课后拓展资源链接、课后师生学习效果评价、反思、改进措施。这一任务主要由教师本人按照学生的实际情况编写，其目的在于通过课前预告和预习，课中重、难点的讲解与讨论，课后智能化与人工相结合的作文批阅，让学生有目的地、系统地、有条理有步骤地提高写作能力。

4. 课中教学重、难点讲解演示文稿的设计

课中的教学PPT设计非常关键，因为课中教师的讲解起到承前启后的关键作用，这一环节直接关系学生对课前基础知识的内化与整合，关系到

学生的答疑解惑的效果，关系到学生能否抓住写作的精髓，关系到学生的写作水平能否螺旋式提高，也关系到学生在课后的写作中的自信心和积极性。所以，课堂中演示文稿的设计原则是"直击重点、突破难点、典型问题深入剖析，思路方法两手抓"。每次课堂授课结果后，教师将PPT上传至云课堂，可供学生课后复习。

（三）教学的组织与实施

基于云课堂资源库的顺利搭建，配合句酷批改网，教师可以通过线上、线下合作，充分依托功能强大的网络学习平台，有效整合与拓展教学资源，合理优化教学过程，把现代网络教学手段与传统的面对面课堂教学紧密结合起来，采用混合式教学模式，将英语写作的教学过程分为课前、课中和课后三个环节，充分利用网络资源，调动学生自主学习的积极性，做到教师与学生密切配合，目标一致，从词汇、句法、段落再到篇章按部就班地进阶式反复实践，利用互联网和移动终端，有意识的带着交际目的去学习，切实把学生的写作水平提高到新的高度。

第四节　混合式智慧教育在大学英语阅读教学中的应用

一、大学英语阅读教学概述

（一）英语阅读的价值

1. 提高语言组织能力和应用能力

众所周知，阅读与学生语感的形成有着密切的联系，阅读也是提高学生语言组织能力的重要方面。所以，教师要利用英语课堂引导学生进行广泛的阅读，帮助他们丰富知识、拓宽视野的同时，掌握基本的阅读技巧和方法，提高阅读能力。在实际教学过程中，教师可以借助多媒体或课外读物来丰富阅读材料，引导学生进行广泛的阅读，从而使学生以积极的态度参与英语阅读教学活动，以促进其语感的形成和语言组织能力的提高。

"阅读是学习知识、积累文化最经济、最可靠的途径"。培养学生的听力和口语能力是英语教学的两个重要目标，但听、说与阅读之间密不可分：阅读能给听、说输送不尽的知识源泉，阅读是源头，没有阅读，就没有听、说奔流不断的活水。阅读输入的贫乏将极大限制一个人的发展和进步。根据调查，大一学生出于对听说的好奇而比较积极参与英语角等课外活动，到大二就丧失了积极性，其主要原因在于话题单调、内容浮浅、缺乏新意，学生感到无聊，所以兴趣索然。这实际上是由阅读输入的贫乏导致的。阅读还包括诵读，诵读对听说好处多多。"它们能强化语言的输入和吸收，增强语感，帮助学生减少或摆脱母语的负面影响，提高语言理解和表达的准确性"。诵读符合人的心理规律，可以增强对外语的亲和力，更重要的是可以培养说英语的习惯，克服国人的害羞内隐，强化外语表现信心，进而直接促进听说的提高。

2. 提高学生的理解能力

理解能力既是阅读教学的直接价值体现，也是提高学生解答阅读理解试题能力的重要方面。所以，教师要鼓励学生带着任务或问题去阅读，目的就是要让学生在阅读中逐步提高理解能力的同时，为学生阅读质量的提高做好基础性工作。

3. 增加学生的词汇量

词汇量的欠缺是大部分学生普遍存在的问题，不仅使学生不能准确把握文本的中心思想，也不利于学生写作水平的提高。所以，在阅读教学过程中，教师要教会学生通过各种策略和方法增加词汇量，进而使学生阅读能力提升的同时增加词汇量。

（二）英语阅读教学的作用

1. 提高学生英语口语和写作技能

众所周知，语感在心理学上应属于被称为理智感的情感范畴。人除了有属性的感觉外还有特殊的关系感觉和情感，借助这些理智感人们能够直觉地认识各种各样的联系和关系。当人所感觉到的联系和关系还未被意识到的时候，直觉的认识只能是感性的。语感应理解为对语言的感性反映。语言是作为交际手段的复杂体系，使用语言的语感无疑也是一个复杂的结构，可在三大范畴中反映出来。一是反映词所标志客体之间的联系与关系；二是反映语言特征的（指语音、词汇、语法、修辞等语言特点）联系与关系；三是反映两种不同语言体系之间的联系与关系。人在实际掌握语言时，所有这些语言联系和关系已直接体验到，但并未意识到，语言联系和关系的所有这些感性反映形式构成巨大而复杂的感性复合体，这便是语感。这种语感使人能够不必意识到语言的这些或那些特点而实际掌握语言。为了使学生高频率接触除课本以外的英语材料，教师通常会引进各种英语报纸、杂志或书籍等，为学生们提供拓展阅读，并在英语阅读教学的过程中，不断强化阅读输入。随着时间的推移，学生在教师的引导下会逐步养成坚持阅读的习惯。阅读的输入，这不仅有利于培养学生的语感，也在潜移默化中提高了他们的其他技能，如口语表达能力、写作能力等。另外，通过阅读英语短文，学生有机会接触地道的英语表达方式，这既巩固了其原有语言知识，又帮助其积累新的语言知识，无疑对其阅读能力、写作能力的提高都有很大帮助。

2. 开拓学生视野

语言是文化的载体，我们都知道要想学好一门语言，必须多多接触它的本土风情与民俗文化，那么英语课堂便给学生提供了一个了解英、美等大国的风俗习惯和异域乡情的绝佳平台，有了这些大量多姿多彩的生活场景与日常故事的熏陶，学生们的阅读水平便有了很大的保障，因为在阅读的过程中还可以拓展对外国文化的了解，何乐而不为呢？再者，成绩、语法、时态等绝不会成为限制我们快乐学习的拦路虎，越是困难越要用巧妙的方法应对，让学生吸收外来优秀文化的精髓才是英语学习的最高境界，这样才能切实地帮助学生在阅读的过程中增加自信，降低失分的概率。换而言之，英语阅读材料涉及了大量英语国家的风俗、习惯，以及大量的生活场景、日常故事，这对丰富学生语言文化知识有着很大的帮助。语言学家曾经说过："语言是文化的载体。"可见对外语的学习，掌握语法、句式和基本语言技能不是最终目的，了解和吸收一种文化的精髓才是外语学习的最高境界。而英语阅读教学在帮助学生巩固和积累语言知识的基础上使学生对英语国家的历史、文化、政治等有了更为深入的了解，更大限度地提高了学生的语言素养。

3. 培养积极向上的生活态度

一些外语学生在学习过程中可能表现出焦虑的情绪。焦虑是对当前或预计到对自尊心有潜在威胁的任何情境而产生的一种担忧的反应倾向。它是由于个体受到不能达到目标或不能克服障碍的威胁，致使自尊心与自信心受挫，或致使失败感或内疚感增加，从而形成的一种紧张情绪状态。中国人在多年的外语学习中遭遇的挫折是比较多的。费时费力费神，听说读写技能不但没有实质性的提高，却落下心理上的许多阴影。"听说不通，翻译不像，写作不爽"成了很多学子们的真实写照。由于听说相对更薄弱，信心表现出更加不足，成就感低，学习动机淡漠。受传统英语教学影响，学生对书面文字接触更多，基础相对要强些，对于语言内容更易于接受。虽然阅读不能大量在课堂上实践，但如果能在课外培养学生自主阅读的能力和习惯，指导学生掌握阅读的策略和技巧，持之以恒阅读各种难易程度相当的材料，假以时日，学生就有可能产生学习英语的兴趣，逐渐找到自信，从而医治由英语学习的挫折感而引起的焦虑感，这将大大改善英语学生的心理环境。

此外，教师通过挑选非常具有时效性和积极向上精神情怀的英语阅读材料，有助于使学生逐步树立起正确的人生观、价值观和世界观，从而使学生具有积极乐观的生活和学习态度。同时，具有趣味性、创新性和时代性的阅读材料还可以缓解学生沉重的学习压力，将压力转化为前进的动力。言而总之，通过阅读具有教育意义的英语阅读材料，学生将逐渐养成良好的情感态度，形成乐观积极的人生观和价值观，并可能激发其英语学习的兴趣。

（三）大学英语阅读教学中的问题

1. 教学材料内容陈旧

教材里面内容陈旧、话题与当下时政热点不衔接。教材问题主要表现为材料陈旧、话题缺乏时代性。阅读教材内容与时代脱轨，学生缺乏相关的背景知识，因而对阅读就更没有兴趣。

2. 阅读内容难度系数偏大

通过课堂观察发现学生存在一边阅读一边查词的现象，大部分学生在阅读文章的过程中只注重文章中的生词和短语对文章整体意义的理解和篇章结构的掌握则差强人意，原因在于阅读材料难度系数大，学生读不懂材料。而大多数教师在教学过程则只关注词汇、语法等问题而忽略了对文章内容重点和难点的突破，没有从句法篇章的角度对文章进行讲解，这不仅没有帮助学生理解文章，反而增加了文章的阅读难度。由于对阅读的重难点把握不准，致使学生在阅读过程中难以突破阅读难点，更不会针对不同的体裁和阅读目的选用恰当的阅读策略，所以学生原有的背景知识也很难被激活，进而阅读能力并没有得到提升。

3. 学生缺乏学习动机

学生的英语阅读学习是被动的，他们简单地认为英语学习的目的就是通过期末和大学英语四、六级考试。又加上英语是他们的外语,没有语言环境,所以大部分学生对英语学习缺乏自信心和动力。

4. 学生缺乏阅读技巧

在应试教育的影响下,大部分学生是通过刷题和死记硬背等方式来提高英语成绩的。然而英语阅读是一种综合性语言应用能力,应试教育下的"题海战术"很难使之在短时间内有较大的提高。大部分学生采用指读、唇读、默读、回读、边查字典边读、逐字阅读等阅读技巧,但由于大学英语阅读具有材料难度大、内容涉及面广、篇幅长等特点,这些技巧基本不适用。它们既影响阅读速度,也影响对文章整体意义的理解。

5. 学生缺乏相关人文知识

大部分学生认为只需要增加词汇量和学习语法知识就可以提高阅读能力,其实则不然。大学英语阅读内容涉天文、地理、文化、政治、经济等方面的内容。如果学生对英语国家的文化传统、风俗习惯、历史等方面的知识了解不够深入,那他们对文章的理解会出现偏差甚至是歧义,进而阅读效果也不尽人意,其阅读能力也很难得到相应的提高。

二、混合式智慧教育在大学英语阅读教学中的意义

(一)有利于教师教学角色的转变

开展英语阅读教学的时候,把混合式教学模式应用其中,可以不断提升教师的教学水平。网络信息技术不断向前发展,一些新产生的教学模式打破了传统意义上的教学模式的限制,使得教师的角色发生了很大的变化。在混合式教学模式下,教师不是英语阅读教学的主体,学生才是英语阅读教学的主体,教师转变成英语阅读教学的引导者和监督者。在这样一种新颖的教学模式之下,传统意义上的灌输式的教学方法已不再适用,而是转变为学生在课前通过线上进行自主性的学习,教师只是对其进行适当的监督和指导,到了课堂上,教师则主要针对学生的疑问进行分析和解答,使得学生对知识有更为深入的了解。这个时候,学生成为教学的主体,他们不再是被动地接受知识,而是积极、主动地探究知识,这样一种教学模式与教学改革的发展相适应,对于教师转变自身的角色和学生的有效学习都具有积极的作用。

第六章 混合式智慧教育在大学英语教学中的应用

(二) 有利于教师教学水平的提升

在混合式教学模式之下,教师就要把更多的时间和精力放在创建和设计教学平台上,这样才能使学生学习资源的丰富性得到有力的保障。教师必须积极创作出优质的网络微课,这样才能不断激发学生自主学习的积极性和自觉性,使得学生把课外的线上学习和课上的指导性学习有机结合起来,最终实现教学效果的最大化。

(三) 有利于提高学生自主学习的能力

英语阅读教学中,混合式教学模式的应用对于提高学生的自主性探究学习能力具有积极的作用。在混合式教学模式之下,教师和学生的角色已经发生了转变,教师不再是课堂教学的主体和中心,学生成为教学的主人,他们不再被动地接受教师传授的知识,而是积极、主动地对知识进行学习和探究。在课外,学生可以借助教师精心设计的教学微课开展自主性学习,对比较难的知识进行深入的解读,还可以和其他同学进行自主性的讨论,解决学习中的难题,当然,学生也可以在课堂上就相关问题向教师求教。在混合式教学模式下,学生更希望在一种比较和谐的氛围中进行公平的竞争,积极、主动地对英语阅读教学进行探究。

(四) 有利于教师和学生之间的良好互动得以增强

在英语阅读教学过程中应用混合式教学模式可以促进教师和学生之间形成良好的互动性。传统意义上的英语阅读教学模式之下,教师在课堂上布置英语阅读的练习,然后对相关阅读的题目进行答案讲解,在课堂上,学生只是被动地接受教师讲授的知识,课堂氛围也是比较沉闷和枯燥的,这样的教学方式并不能促进学生有效地开展学习。在混合式教学模式下,学生可以在课下通过线上进行自主性的学习,教师在课堂上对学生的学习进行适当的引导,还可以对学生存在疑问的地方进行解答。这样的教学方式既可以提升课堂上的教学效率,还可以创造一种比较轻松、活跃的氛围,使学生可以在课堂上随心所欲地发表自己的意见和看法。

(五) 提高学生英语口语和写作技能

在心理学上,我们通常把语感称为理智感,是涵盖在情感的范围之内的。人不只是有属性的感觉,还有比较特殊的关系感和情感,人们就是通过这些理智感来认识各种联系和关系的。如果人们还没有意识到联系和关系，那么，人们在直觉上所产生的认识只能算是感性的。可以把语感称为对于语言的感性反映。在进行交际的时候，语言可以说是一种非常复杂的体系，要想对语言的语感进行使用，也是比较复杂的，这一情况反映在三个范畴之中。一是对词所标志的客体的关系和联系的反映；二是对语言特征的关系和联系之间的反映；三是对两种不同的语言体系间的关系和联系的反映。实际上，当人们掌握语言的时候，已经直接感受到了所有的语言关系和联系，但是，人们并没有意识到这一点，各种各样的语言之间的关系和联系形成了非常复杂的复合体—语感。这样的语感使得人们还没有意识到语言的特点的时候就已经掌握了相关的语言。为了使学生高频率接触除课本以外的英语材料，教师通常会引进各种英语报纸、杂志或书籍等，为学生们提供拓展阅读，并在英语阅读教学的过程中，不断强化阅读输入。学习的时间越长，学生就会在教师的引导下形成良好的阅读习惯。阅读的输入不仅有利于培养学生的语感，也在潜移默化中提高了他们的其他技能，如口语表达能力、写作能力等。另外，通过阅读英语短文，学生有机会接触到地道的英语表达方式，这不仅能够巩固原来的语言知识，还可以学习新的知识，促进学生口语和写作技能的提升。

（六）开阔学生的视野

语言承载了文化的相关信息，是文化的物质承担者。要想真正学好一门语言，就需要多了解语言当地的一些风土人情和风俗文化。英语课堂就为学生展现了英美国家的风土人情和风俗习惯，学生们通过接触这些文化，可以不断提高自身的文化认识，还可以提高阅读水平。总的来说，英语阅读材料的题材是非常广泛的，涉及风俗习惯、日常生活等，有助于丰富学生的语言知识。学习外语的最高境界不是掌握其语法知识与技能，而是把握这门语言的文化精华。英语阅读教学既能够使学生的语言知识得以巩固，也能让学生了解国外的历史、文化等，最终使学生的语言素养能够得到一定程度的提升。

（七）有利于培养积极向上的生活态度

很多学习外语的人员在学习的过程中会产生一种焦虑感和急躁心态。在这么多年的外语学习过程中，中国人遇到了很多困难，浪费了大量的时间、精力，但是外语的听说读写的技能并没有实质性的提升。因为听说的能力比较弱，学生就会没有信心，也就出现一定程度的低落感，就会更加没有动力进行学习了。传统意义上的英语教学使学生所接触的书面文字比较多，因而对于语言的内容更容易接受。即便是不能在课堂上较为广泛地开展课堂阅读实践，但是，在课堂之外，学生可以自觉地进行阅读学习，对各种不同程度的阅读材料进行阅读和学习，时间久了，学生对英语的兴趣也就被激发出来，慢慢喜欢上英语，减轻学生的焦虑感和挫败感，使英语学生的心理环境得到大大的改善。

此外，教师通过挑选非常具有时效性和积极向上精神情怀的英语阅读材料，有助于使学生逐步树立起正确的人生观、价值观和世界观，从而使学生具有积极乐观的生活和学习态度。同时，具有趣味性、创新性和时代性的阅读材料还可以缓解学生沉重的学习压力，将压力转化为前进的动力。总而言之，通过阅读具有教育意义的英语阅读材料，学生将逐渐养成良好的情感态度，形成乐观积极的人生观和价值观，并可能激发其英语学习的兴趣。

三、混合式智慧教育在大学英语阅读教学中的优势

"00后"是现在大学校园的主体，他们是属于数字时代的"原住民"，是社会新生代，接受新生事物快，具有创新精神、追求个性、认知新事物能力强的鲜明特点，他们也将逐渐成为社会主力军，是新技术的最先享用者与推广者。每个大学学生都至少配备一部手机，学校无线网覆盖，学生也每月包有大量的流量。在手机软件价值榜中活跃用户数、同比增长率及日均使用时长等方面，微信都跻于榜首位置。可见，手机等网络设备已经成为人们生活不可或缺的一部分，同时也给大学学生的学习提供了新型的学习平台。现在大学生都在使用智能手机，微信的安装率也高达100%，且大部分学生使用的频率也相当高，对于利用微信群、QQ群、学习平台等的了解及关注度也比较高，愿意通过网络进行英语学习。

利用微信群、QQ群、学习平台等网络设备可以与好友的进行随时随地的交流，微信、QQ的群聊功能可以把好友拉进发讨论组进行群聊，朋友圈，好友状态可以分享心情、图片新闻链接等，通过公共平台又可以向关注者提供感兴趣的话题内容。基于互联网的特性，在学校的教学过程中可以把微信、QQ、学习平台作为一个学习工具来为学生服务。

学生既可以进行一对一对话，又可以发起群讨论还可以转发分享链

接；可以进行同步交流又可以异步留言。教学组织者可以利用群聊、群发功能为或平台资源的上传向学生推送各个知识点、问题、相关资源，大大利用线上的优势，提高学生的学习兴趣和合作的精神，补充课上时间有限的弊端，利用综合各种资源，为学习服务。

综合看来，手机、电脑等移动网络在教学中有以下几点优势。

①有利于增进师生、生生之间的互动交流，实现有效及时的沟通。微信、QQ、网络平台提供的聊天、群聊、实时对讲机等功能，确实实现了学生之间．师生之间能够进行一对一、一对多和多对多等多种形式的互动交流，真正达到了交流无障，网络的交流，避免了有些学生害羞引起的不爱表达，更加亲切的交流方式，使学生打开心扉，真正的加入学习活动中来。

②真正的以学生为中心，提高学生的学习兴趣与主观能动性。微信、QQ、网络平台等自身的强大功能深深吸引学生的注意力，学生日常生活对其依赖性很大。将网络运用于英语学习，学生愿意接受，同时也充分调动其积极性和学习兴趣。这样学生可以自由选择学习时间与地点，培养其自主学习探索的能力，真正做到了以学生为中心的学习模式。

③拓展了课堂教学内容，丰富了教学资源。教师可以根据教学内容进行整合补充，利用微信、QQ、网络平台等，制作成文本或微课等形式的素材进行发布，让学生的信息资源得到有效补充。发布的内容，学生可自行安排时间进行自主学习。学生在学习的过程中，慢慢养成了一种自主学习的能力，和钻研的学习方法，从而可以独立的利用网络来自主学习扩展自己的知识系统。

四、混合式智慧教育在大学英语阅读教学中的应用策略

（一）利用线上资源辅助预习

按照相关的英语教学大纲及人才培养方案等规定，各个学校要积极培养熟练掌握并合理运用英语的学生，使其从事与翻译、贸易等相关专业的工作。在当前的教育改革背景下，为适应社会的进步和发展，落实好对学生英语阅读能力的教学工作十分必要，特别是对于刚刚步入大学英语专业的学生而言，要采取有效的手段完成由高中到大学课堂授课方式、内容等方面的转换，拓展阅读范围，促进其英语学习能力的提升。为促进该目标

的达成，不能仅仅以教材内容为基础，要合理运用先进的信息技术，通过线上+线下混合式的教学模式开展英语教学活动，使学生得到更加充分的锻炼，实现能力的提升。

在当前的发展背景下，移动设备在教学过程中得到了越来越广泛的应用，将其应用在英语教学的过程中，对阅读教学活动的开展和教学质量的提升具有积极意义。很多移动设备上的应用程序可以帮助学生在课前、课后完成对知识的自主学习，提升教学的质量和效果。在实际应用中，教师可以将课程的主要内容制作成微课视频，并结合教学目标、学习任务单等一并上传至学习软件当中，让学生自主安排时间完成预习任务。此外，学生还可以将这一过程中遇到的问题在交流区与教师和其他同学讨论，以达到更好的学习效果。

（二）合作交流进行课堂学习

在开展线下教学活动的过程中，教师要组织合作性的课堂活动，让学生对前期线上学习的内容进行探讨交流，并尝试应用，让其在这一过程中对相关的阅读知识有一个更加全面、深入的认知，实现其阅读能力的提升。此外，教师要在保证教学效果的前提下，尽量对讨论交流的方式进行丰富，在提高学生阅读水平的同时，充分锻炼其对知识的应用能力，实现英语素养的提升。

（三）加强师生之间有效互动

在当前的教育环境下十分注重学生的全面进步和发展，对此，教师在进行课堂教学的过程中要加强和学生之间的交流，一方面保证学生的课堂参与度、拉近师生间的距离，实现其对知识的深入理解、掌握和运用，也为日后教学活动的顺利开展打好基础，另一方面能够实现对学生语言表达能力的锻炼和提升。将混合式教学模式引入到教学当中以后，教师不仅要重视和学生的线下互动，还要做好线上交流。对此，教师在授课的过程中要组织学生进行讨论，以所讲解的内容为基础设置几个趣味性的问题让学生讨论。在这一过程中，教师也要适时地参与并发表自己的见解和想法，对于学生存在的问题给予一定的指导，并根据学生的反馈，了解其对知识的掌握程度，进而对授课方式等做出调整.设计出更加优质的教学方案。此外，教师要鼓励学生大胆讲出自己在阅读过程中遇到的问题，并和其他同学探讨，得出合理的答案。

(四) 运用教育软件深入练习

科学技术的不断进步为教学工作的开展提供了诸多便利，越来越多教育软件的出现，为教学和学习活动的完成带来了便利，教师可以选择优质的教育软件，让学生在课后完成对所学知识的深入学习，并进行有针对性的训练。该种复习和训练的过程更加轻松自由，学生更愿意接受，所达成的结果也更好。此外，教育软件也在不断地优化和创新，为学生完成知识的学习提供了有力保障。

学生运用线上软件完成对知识的复习和训练，打破了传统学习过程中时间、空间以及形式的局限，有助于其学习自主性的提升。在完成训练内容后，系统可以自动给出相应的成绩，教师根据多次成绩的记录以及整体的错题分析数据了解学生的学习效果，发现教学漏洞以及学生的薄弱环节，进而在课堂教学过程中进行针对性的训练，实现其阅读能力的提升。

(五) 线上线下综合考核评价

在以往的英语教学过程中大都以最终的卷面成绩以及平时的出勤状况为参照给出最终的评价，在运用混合式教学模式开展英语教学以后，可以对传统的考核和评价方式做出适当调整，使最终的评价结果更加科学合理。在该种教学模式下，可以将考核的方式分为线上、线下，以及平时和考试两种。线下的考试成绩占大部分，主要包括一些重点的词汇、阅读理解等，线上的考试主要结合系统给出的分析数据进行评分，平时考核主要是对学生的课堂表现做出评价。综合以上几点内容，可以使考评的结果更具全面性，借助线上平台，教师可以对学生的学习状况有一个更加科学、直观的了解，进面对教学的方式和内容做出合理调整，保证教学的效果。

将混合式教学模式应用在大学英语阅读的课堂教学当中，能够使学生的阅读能力和英文素养得到显著提升。通过对信息设备的应用，能够使教学的形式更加丰富。充分调动学生的学习兴趣。运用混合式教学模式，可以实现学生阅读、交流等方面能力的提升激发其求知的欲望，保证英语阅读教学的效果。

五、大学英语阅读混合式智慧教学设计

（一）教学活动的设计

①在线学习由于课上的时间有限，在线学习可以在课前或者是课后，学生根据教师提供的要求，在网络的环境下有计划．有步骤的完成教师发布的学习任务。在线学习是教学步骤中的预习和巩固环节，内容主要涉及问题思考、词汇学习、背景知识学习、语法预习、课文预习、习题操练。

②自主学习学生根据老师发布的任务，根据教师提供的课程资源、学习网站、课件或者自主搜集一些相关的网络资源，自主的独立完成学习任务，并能够利用网络等工具解决相关的问题。

③小组协作学习教师对班级进行合理的分组，保证小组合作的有效性。根据教师发布的学习任务，小组协作可以对未完成的自主学习部分进行组内交流合作，也可以根据教师的要求对学习任务进行交流，讨论和呈现学习成果，取长补短，遗留的问题可以整理后由教师在课堂上统一解答。

④教师讲授教师对每一学习步骤进行监控和指导。课堂上，现场评价小组的学生成果，检查学生在线学习的成效，并引导学生进行课文的综合学习，对小组学习的遗留问题进行讲解和引导。

（二）教学实施过程

教学实施阶段分为课前、课中和课后三个阶段。

①课前阶段。这一阶段的学习，主要是通过在线学习和自主学习完成。教师通过得实平台，发布公告。学生可以通过网络，查找经典台词，有感情的表演出来，并用短视频录制下来，通过 QQ 群发给大家。老师要求学生进行单词预习。老师发布单词的详解，要求学生熟记。教师上传课文中的长难句子，小组协作，进行讨论，并记录下来，并进行小组间的互评，形成一个汇报。

②课中阶段。这一阶段的学习主要是通过，在线测试，小组协作和教师讲授来完成。课堂的开始，进行单词的测试，学生在平台上进行测试，教师可以通过测试的结果来加强部分单词的强化。课文的导入，通过学生对台词的表演，来实施，找几个表演好的学生的视频，大家一起观看，并

进行评价。课文的处理可以分为整体阅读、仔细阅读和巩固拓展。整体阅读对课文的主旨和篇章结构进行梳理，教师引导学生来完成。仔细阅读是整个教学的核心环节，第一步，教师引导学生回答课文细节问题，第二步，长难句子分析。通过小组展示来完成。教师在给予及时的评价后，并说明定语从句在句子中的翻译方法。第三步，课文整体理解。有小组协作完成，并找出一个代表进行解释，对课文剩余部分进行合理的翻译。巩固拓展是学生在完成习题，并讨论解决后，汇总问题在 QQ 上提交给老师，老师统一解答。

③课后阶段。这一阶段主要是通过在线学习、自主学习和小组协作来完成。主要包括习题测试和能力拓展。习题测试时在线进行习题的测验，包括单词、短语、长句子翻译、语法的测试，并通过小组协作来讨论解决疑惑，汇总问题在 QQ 上提交给老师。能力拓展是以小组为单位讲课文的剧本，呈现，可以自由发挥，并表演出来，发到 QQ 群上，小组进行互评。评分的标准是表演完整、语音语调标准等，对学生的口语和表现能力是一种提升。

混合式学习融合了传统教学与网络学习的优势，学生可以自定步调地利用网络获取知识，并通过小组协作来完成合作学习，形成一种探索和解决问题的思维。混合式学习应用与大学英语精读课程中来，拉近了学生与英语学习的距离，能够满足学生差异化、个性化学习的需要，增加了学生学习英语的自信，是大学英语教学改革的有益尝试。

（三）教学方法

1. 融入新的教学理念

在进行英语阅读教学的时候，英语阅读可以分为两种，一种是精读，一种是泛读。在进行教学的时候，教师可以根据教学情况、文章的重要程度来对教学模式进行调整，也可以借助互联网针对不同的文章查找不同的教学资源。在传统意义上的教学模式中采用混合式教学模式，也就是使用互联网技术替代教师使用板书所写的教学重点，比方说，可以使用 PPT 课件。在开展教学的过程中借助互联网技术对教学资源进行合理的应用，可以使学生的注意力更加集中。与此同时，还要和传统意义上的教学模式进行有效的结合，也就是教学的目标必须非常明确，教学的内容非常完善，这样才能把学生非常自然地带到课堂学习之中。教师在使用以互联网技术为基础的英语阅读的混合式教学模式的时候，其首先要做的就是转变自身的教学理念，能够清楚地认识到教学资源不只是限于 PPT 课件，教师也不只是播放一下 PPT 课件就可以，其还需要发挥自身的能动性，对互联网中的各种教学资源进行合理的运用，使学生通过学习获得较好的学习认知，最终使自身的英语阅读能力得以提升。

2. 建立教学情景

在开展英语阅读教学的过程中，混合式教学模式的使用可以对互联网中的教学资源进行较为充分的运用，从而使情景教学模式建立起来，使英语阅读的文章展现出一定的情景，让学生更加深入地体会其中的情感，进而更好地对阅读的相关问题进行解答。混合式教学模式既能给学生提供较为丰富的教学资源，还能使学生把自身的主观能动性充分地发挥出来，通过自己对互联网技术进行较为充分的发掘和运用，比如英语视频等，这样就可以使用平时比较闲散的时间开展学习，使学生学习的兴趣得到激发。

3. 培养学生的学习方法

随着学生英语方面的阅读量不断增加，其积累的英语写作素材越来越多。所以，在课堂教学中，教师可以对混合式教学模式的在线训练进行合理的运用，借助互联网技术开展教学，使学生的学习水平不断提高。混合式教学模式和互联网技术有效地结合，可以使学生的自主性得到充分的发挥，并在自主学习过程中养成较好的学习习惯。

4. 学校要建立健全相应的软硬件环境配置

要实施新的教学方法，就需要对其相对应的硬件和软件环境进行合理的配置。学校除了要把能够覆盖整个学校的网络建立起来，还要配置相对应的硬件和软件设施以及相应的激励机制，积极鼓励教师在课堂教学过程中采用混合式教学法。

5. 充分发挥学生的主体作用

在传统意义上的英语教学模式中，高等院校的教学把教师当作主体，学生只是被动地接受教师讲授的知识和内容。这样的教学模式只是在一定程度上使学生的做题能力提高了，但和社会发展所要求的人才的标准并不一致，在这样的情况下，混合式教学法产生了，其把传统意义上的教学法和网络化的教学法各自的优点整合起来，使英语阅读课堂的内容丰富起来，开阔了学生的视野，既把教师的主导性发挥出来，还把学生的主体性发挥出来。

第七章 大学英语混合式智慧教育体系下的学生能力培养

在大学英语课堂教学过程中,教师不仅要教授学生基本的语言知识、语言技能,培养学生的语言应用能力,更要通过课堂教学活动提高学生的思想认识帮助学生树立正确的人生观、价值观。本章分为情感能力的培养、批判性思维的培养、英语语言能力的培养、学生自主学习能力的培养四部分,主要内容包括:情感能力的培养、批判性思维的培养、英语语言能力的培养、学生自主学习能力的培养等方面。

第一节 情感能力的培养

一、情感的概念

人在认识客观事物和现象时,总带有一定的态度,或喜欢。或讨厌,或崇敬,或鄙视。如胜利时的兴高采烈,失去亲人时的悲痛欲绝,遇到危急时会产生紧张或恐惧,遇到美好事物与喜欢的人会顿生爱慕之情,碰到丑恶现象会令人感到讨厌。这种具有独特色彩的体验,是以个人不同的态度为转移的。

不管在国内还是国外,关于"什么是情感"还没有统一的说法,但都有简单的涉及。我国心理学者燕国材认为,所谓"情感"就是人的意识对一定客体的波动性与感染性:波动性与感染性是情感的两个基本特征。当人的心理活动受到外在事物的影响时,一般会表现出两种状态,一种是平静的状态,即理智;一种是波动的状态,即情感。当人的心理处于波动状态时,与之相关联的生理方面也处于波动状态,这可以从人的各种喜怒哀乐的表情中觉察出来。情感的感染性简单地说就是以情动情。这又分为两种情况：一是共鸣，一是移情。在一定的条件下，一个人的情感可以使他人产生同样的或与之相联系的情感，就叫作"情感共鸣"，反之亦然。其实在古代，我国的思想家也曾对情感明确提出了一些颇为类似的观点，如：

"情，波也；水，流也；性，水也。"（《关尹子·鉴篇》）

"情之与性，犹波之与水：静时则水，动则是波；静时是性，动则是情。"（五代·梁·贺语）

"有性便有情，无性安得情？……湛然平静如镜者，水之性也。及遇沙石或地势不平，便有湍急；或风行其上。便为波涛汹涌。此岂水之性哉？"（《二程遗书》卷十八）

这三段话的一个共同点就是都把情感比作水的波浪，这个比喻是非常恰当的，因为人的心理状态确实如此。在一般情况下，"清风徐来，水波不兴"，但有时是"风乍起，吹皱一池春水"，有时甚至是"惊涛拍岸，卷起千堆雪"。

情感教育研究专家卢家楣教授认为，情感有狭义和广义之分：从狭义的角度看情感包括情绪、情感和情操；从广义的角度看则还包括动机、兴趣、态度、性格、意志、价值观等。赵建国则指出情感是人对客观世界刺激的一种主观反应，它大多与人的社会需要相联系，具有较强的深刻性和稳定性。情绪是情感的具体表现，它是有机体的天然生物需要是否得到满足而产生的短暂性的比较明显的情绪，如愤怒、恐惧、欢喜和悲伤等；情绪具有较大的情景性、不稳定性和短暂性。本书采纳了卢家楣教授对情感的界定，即情感不仅包括情绪、情操，还包括对人的行为产生影响的动机、兴趣、性格等。

在第二语言教学领域，一些语言教学研究专家对情感也有一些论述。语言教学专家克拉申（Krashen）认为情感包括学生的动机、需要、态度和情绪状态。斯特维克（Stevick）认为："One's affect toward a particular thing or action or situation or experience is how that thing or that action or that situation orthat experience fits in with one's needs or purpose, and its resulting effect on one's emotions. Affect is aterm thatrefers to the purposive and emotional sides ofa person's reactions to what is goingon."简单地说，人们对某一特定事物，特定行为，特定情境或特定经历的情感就是该事物、该行为、该情境或该经历是否符合人们的需要或目的以及对人的情绪所造成的影响，它是人们对正在发生的事情一种目的性和情绪性的反应。而达马西

奥（Damasio）对情绪和情感做了区分，他认为"情绪"是对积极和消极情境的一种生理状态的变化而"情感"是对这些变化的感知。迪金森（Dickinson）认为情感与学生对目标语言的态度和情绪反应有关。英国语言教学研究专家则认为，在"语言教学"这个大语境下，广义的情感是指对人们的行为产生影响的情绪、情感、心情或态度。

综上所述，情感是指一个人在自己已经形成的思想意识（包括需要、态度、观念、信念、习惯）支配下，对当前面临的事物的切身体验或反映。它是人们对客观现实的一种特殊反映形式，是人对客观事物是否符合自己需要而产生的态度体验。当一个人对某些人或事物持有欢迎或趋向态度时，就会体验到喜爱、快乐、兴奋、满意等肯定性情绪；当一个人对某些人或事物持有反对或拒绝的态度时，就会体验到憎恶、焦虑、悲伤、抑制、不满等否定性情绪。情感会对人的行为产生积极或消极的影响。

二、情感能力的培养手段

目前正在进行的基础教育课程改革的一个重要方面是关注学生情感态度的发展，提出把学生情感态度的培养渗透到学科教育和教学之中。英语教育过程不仅是知识的传授过程，更是师生情感交流和情商培养的过程。将情感教学理念渗透到英语教育中，发挥情感的激励功能，让人在感受英语语言魅力的同时，获得积极的道德情感体验，感受浓烈的生活气息。基础教育阶段的英语课程不仅要发展学生的语言知识和语言技能，而且有责任和义务培养学生积极向上的情感态度。根据《国家中长期教育改革和发展规划纲要（2010—2020年）》精神，为了每一个学生的终身发展，要求未来的教育着眼于每一个学生长远发展和社会文明进步的需要，全面实施素质教育，使所有学生个性特长得到发展，潜能得到激发，自主创新意识和精神、实践能力显著增强，为学生的终身发展奠定良好的基础。

（一）教学内容方面

大学英语教学内容的情感性处理，要求教师从情感角度对大学英语教学内容进行适当的加工、处理，使教学内容在向学生呈现的过程中发挥情感方面的积极作用。需要指出的是，这里虽然强调了从情感维度对教学内容的加工、处理，但也绝不能忽视从认知维度对教学内容的整理和组合，两者相互联系，缺一不可。

第七章　大学英语混合式智慧教育体系下的学生能力培养

在大学英语教学过程中，为了实现教学内容在向学生呈现的过程中发挥情感方面的积极作用，最终使学生对大学英语产生好学、乐学的积极情感，教师可以在实际的教学过程中采用两种策略：一是教学内容与学生需要相匹配策略；二是教学内容呈现形式与学生需要相匹配策略。

"匹配"原是物理学中的一个概念，指通过安放一个装置使两个物体在某方面相互协调、配合，以达到最佳效果。上面提到的两条策略，"教学内容与学生需要相匹配"，"教学内容呈现形式与学生需要相匹配"就是指在大学英语教学过程中，教师应尽可能使教学内容及其呈现形式满足学生需要，以便有效调节学生的学习心向，激发学生的学习兴趣。

1. 教学内容与学生需要相匹配

心理学研究表明，客观事物是否符合人的需要，既取决于人的需要状况，也取决于客观事物本身。美国人本主义心理学家卡尔·罗杰斯（Carl Rogers）认为，有意义的学习四个要素之一便是自我评价，评价当前的学习是否满足自己的需要，是否有助于使自己获得想要的东西。当学生认为教学内容能满足自己的需要时，学习积极性就会增强，学习效率也会随之提高。因此要提高学生学习英语的积极性，诱发学生学习英语的内在动机，英语教师首先应做到所传授的教学内容能满足学生的需要。要实现这一目的，教材编写者在编写教材时应该融教材的思想性、趣味性、实用性和时代性于一体，这样才能为实现教学内容符合学生需要提供基本保证。教材是反映教学模式的知识载体，是决定教学效果的重要保证。王奇民也曾经对大学英语教材和教学内容进行过相关调查，结果发现多数英语学生对英语教材及教学内容表示不满，主要体现在教材及教学内容不能反映时代的最新发展、缺乏时代气息、与生活实际脱节、实用性差，无助于学生学习兴趣的提高和交际能力的培养。因此，要体现教材的实用性、时代性，激发学生的学习兴趣，选材范围必须延伸到社会生活的各个方面。

另一方面，在实际教学过程中，由于教学活动的复杂性，教学内容往往不能完全满足学生的需要。因为在教学活动中，教师是在规定的时间、规定的地点按规定的顺序根据规定的大纲、规定的教材讲授规定的内容。这一系列的"规定"决定了具体教学过程中呈现的教学内容往往不能与学生在那个时刻的需要相吻合。学生作为活生生的个体，在具体教学活动中有各种各样的需求。因此在实际教学过程中教学内容与学生当时的具体需要不一致的现象十分普遍。我们时常可以听到学生抱怨，"两年的大学英语学习除了多认识了几个单词和短语，好像没学到其他的东西"，"自己的英语水平并没有提高，反而有所下降"，失望之情溢于言表。造成学生对教学内容接受程度较低的原因是复杂的，但可以肯定一点，教学内容是否与学生的需要相匹配，是否能引起学生的兴趣是值得英语教师去反思的。

心理学的研究已经发现，个体对客观事物的认知评价不仅受其本身的价值观念、思想方法、知识经验等因素的影响，也会受他人劝说、诱导、启发等因素的影响。因此英语教师首先应发挥引导者的角色，在新生进校的第一节课就应让学生明白学习英语的重要性，还可以用实例证明英语学习的好坏对他们未来生活、职业生涯的积极或消极影响，让学生从一开始就产生一定要把英语学好的欲望。另外，面对统一规定的教材，教师应该根据实际情况和需要对教学内容进行适当的增减，以激发学生的学习兴趣。

2. 教学内容呈现形式与学生需要相匹配

目前很多的教材编写都强调实际性、趣味性，但不一定就能保证较好的教学效果。虽然用的是同一种教材，但教学效果却有很大的差异，这在一定程度上与教师以何种形式向学生呈现教学内容有关。所谓"教学内容呈现形式与学生需要相匹配策略"是指教师在教学活动中通过改变教学内容的呈现形式，增加教学活动的趣味性，使该内容被学生主观上感到是满足其需要的，从而达到教学内容与学生需要之间的统一，提高学生学习的积极性。在大学英语教学中常有这样的情况，教师在教学中讲授的教学内容并不符合学生的需要，也很难通过启发、诱导来改变学生对教学内容的看法。这时教师可以通过改变教学内容的呈现形式，使学生在喜闻乐见的教学形式中不知不觉地接受教学内容。

目前，游戏化的教学活动形式在大学英语课堂教学中已经被广泛采用，其实质就是利用游戏这种喜闻乐见的活动形式，使教学内容的呈现方式乐意被学生接受，实现在游戏中不知不觉提高学生对教学内容的接受程度的目的。当然除了游戏之外，还可以采用小组讨论、课堂辩论、学生上讲台、看音像资料等形式传授教学内容。

需要指出，采用何种教学形式，取决于学生的年龄、性格特征、班级规模、班风等因素，教师应根据实际情况，针对不同的班级、不同的学生，采用学生乐于接受的教学形式，增加学生学习英语的积极性，以便提高学生对教学内容的接受程度，从而提高大学英语教学效果。

（二）教学组织方面

1. 灵活分组

学习氛围是影响学生和学习共同体学习或相互支持的空间、气氛等外部条件。营造积极的学习氛围可以促进学生积极运用周围伙伴的资源，主动建构知识、解决问题，在相互支持中获得心理成长的力量，促进学生理解他人、尊重他人等良好品质的形成。

以往的课堂教学组织改革往往过分关注班级规模，单纯以认知为中心考虑教学组织。这一倾向从国内外的有关教育理论和课堂教学改革的实践中就能明显看出。如 20 世纪 20 年代在欧美风行一时的"分组教学""小队教学"以及 70 年代以后流行于美国的"开放教育"等，多是围绕小班化教学的实验与探索开展的。我国也曾在不同的时期在一些地区开展过有关的实验与研究，但由于各种主、客观条件的限制，大班的教学一直在我国的学校课堂教学组织形式中占据主导地位。特别是我国的大学英语教学，由于师资限制、教学条件限制，大班教学依然是主要的课堂教学组织形式，少则三四十人，多则六七十人，有的甚至超过一百人。因此，大学英语的小班教学不符合我国的教学实际，想单纯从班级规模的改变上促进大学英语教学效果是行不通的。

基于以上的思考和目前我国大学英语课堂教学班级规模的现状，应提倡从情感维度优化当前僵化的课堂教学组织形式，采用灵活分组的策略。灵活分组策略指教师在大学英语课堂教学中，将学生按学业水平、能力、个性等方面的差异分成若干个学习小组，通过促进师生、生生充分交流来增强学生课堂活动的参与性，达到活跃课堂气氛的效果。有一点需要指出，这一策略要求在分组标准上不以学生的智力和英语成绩的好坏作为分组的唯一标准，而是重视学生个性的互补性，以促进人际吸引。

简单地说，分组的基本原则是：优差兼有，个性各异，自由组合与教师分配相结合；在小组活动的形式上，也应充分利用教室空间，采用不同于常规的座位编排形式，使小组成员之间的交流充分开展。

在大学英语课堂教学中将学生灵活分组只是一种情感引发的手段，教师应通过这种灵活的分组激发学生积极的情感。在具体实施中，大学英语教师应注意以下几点：第一，在上课前就按照上述要求对班级学生进行不固定的分组；第二，课堂上的分组活动中应改变常规的座位编排方式，在人数较少的班级中，可让每个小组将座位排列成与其他小组相对独立的马蹄形，若班级人数较多，小组的规模较大，可采用每小组的座位组合成一个圆形的做法，以便小组内成员交流；第三，课堂教学以小组活动为主体，控制教师集中讲授的时间；第四，小组活动的内容、活动形式应多样化；第五，小组成员的确定原则为在学生自愿基础上，教师按照其能力、学业水平、个性特征等方面的差异进行灵活组合，以达到组合的最佳化。

2. 角色转换

在项目学校中，师生关系是基于社会情感学习视角的"人"与"人"的交往关系。教师与学生不仅是教育者和学生的关系，更是人与人之间平等、互动的关系。教师在与学生交往中真诚地开放自我，讲自己的经历、故事和处理问题的方式，教师不是讲大话、真理、神圣不可侵犯的"神"，而是一位有优点、缺点个性和喜怒哀乐的真实的"人"；师生的交往是基于尊重、热爱等情感投入的互动，在这样的互动中，师生和生生彼此喜爱、认可；在学校的人际交往中，教师不是高高在上的"权威者"真理的"传授者"，而是学生自我认知和管理、他人认知和管理、集体认知和管理的"促进者""引领者"，是学生学习"幸福生活知识"、形成社会情感能力、解决人生困惑的伙伴和"合作者"。

在传统的大学英语课堂教学组织中，师生关系总是以教师作为教学内容的"讲解者"和教学活动方式的"调控者"出现的，师生的角色关系基本是固定不变的，即教师始终是站在讲台上"教"的角色，学生始终是坐在台下"学"的角色。这种单一的传统师生角色模式容易使学生产生厌倦感，剥夺了学生参与课堂活动的机会，削弱了学生学习的自主性，但如果对教师和学生在教室中的位置和角色进行暂时的转换，就能达到活跃课堂气氛，超出学生对教学活动组织形式预期的效果，从而充分调动学生参与课堂活动的热情，这就是角色转换策略。

3. 身体语言调控

我国情感教学研究专家卢家楣教授认为，课堂教学组织包括两个方面：一是看得见的"人员组织"，即教师在课堂教学中对学生座位的编排、对参与活动学生规模的控制、对师生交往方式的调控等；二是不能直接观察到的"心理组织"，即教师对课堂心理氛围、学生注意力等的调控。灵活分组策略和角色转换策略就属于课堂教学的"人员组织"，课堂教学的"心理组织"可以通过身体语言调控策略和张弛调节策略来实现。美国学者卡琳·勒兰德（karin leland）和基思·贝利（keith bailey）的研究表明，

第七章 大学英语混合式智慧教育体系下的学生能力培养

当人们面对面交流时，从他人那里获取信息过程中，有55%的信息来自对方的身体语言，38%的信息来自对方说话的语气，7%的信息来自对方的口头语言。因此从某种意义上说，课堂中的非言语交流也许比言语交流更为重要，而课堂中非言语交流主要通过身体语言实现的，包括面部表情、目光接触、手势、姿势、触摸行为等。一个人的身体语言在交际过程中起着非常重要的作用，它可以传递当事人的信息，表达当事人的情感。如当教师走进教室时，给全班同学一种亲切的、职业性的环视可以让学生增强对教师的信任感，使课程有一个良好的开端。一个人的姿势能够反映出他的参与程度和对某信息的反馈程度。例如在课堂上，如果学生们都向前微倾，眼睛注视着教师，这表明他们在仔细倾听，并且想从教师那儿获取更多信息；如果学生们的坐势比较懒散，而且还抖着腿，这表明他时听时不听，或是听不听都无所谓；如果学生趴在桌子上，则表明他对课堂内容不感兴趣；教师应该根据学生身体语言所反映出的信息，及时调整自己的课堂行为。另一方面，在大学英语课堂教学中，教师的语言主要用来传达教学内容的信息，而对学生学习心理和学习情绪的影响、对课堂气氛的调节大多由教师的身体语言来承担。因此英语教师在课堂上必须充分发挥身体语言的积极作用，与学生进行信息和情感的沟通，通过"无声"语言的运用影响学生的情绪和心理，发挥目光和手势的期待、鼓励、赞许、提示等作用，使全体学生都处于一种感受到自己被关注和重视的积极心理氛围之中，从而创设和谐的课堂心理气氛，增强学生参与课堂活动的积极性。

4. 张弛调节

美国人本主义心理学家罗杰斯（Rodgers）倡导"心理安全"和"心理自由"，他认为课堂上民主、和谐、宽松的教学氛围才能使学生产生心理安全感和心理自由感。有日本学者也曾研究发现，课堂上的气氛有两大类："支持型气氛"和"防卫型气氛"。"支持型气氛"不但有利于消除个体的紧张情绪，也有助于个体的认知水平的提高，而"防卫型气氛"则会使集体成员处于不安状态。与焦虑情绪有关的研究也证实，课堂气氛越是紧张，个体的焦虑情绪越容易被引发，认知水平会在一定程度上降低

一般来说，不同的课堂活动形式会给学生带来不同的心理感受，如竞赛、评比会让学生紧张；新课和课堂练习讲解容易使一部分学生注意力分散；等等。因此张弛调节策略要求教师在课堂教学中，注意激发和调控课堂气氛，使不同的课堂气氛，如紧张气氛、轻松气氛、欢快气氛等有节奏地交替转换，并与不同的认知活动相对应，从而使学生在课堂上处于有张

有弛的良好心理状态，达到减轻焦虑和提高注意力的双重效果。在课堂教学中，教师可以将讲授新课、课堂练习与略为紧张的氛围结合，将集体竞赛、评比与轻松、有趣的氛围相结合，将小组讨论与平静的氛围相结合等。随着一节课中不同认知活动的交替，课堂氛围也交替转换。

5. 灵活改变课堂讨论形式

长期以来，大学英语教学采取的是一种传统的串讲方式，即教师设计好教案，在课堂上仔细讲解，一讲到底，学生很少有机会发表见解，师生之间也少有沟通。教师讲得很尽力，学生却听得很乏味。传统教育片面强调教师在教学中所谓的"权威"，在教学过程中，学生是教育的对象，又是学习的主体，学生不是知识的消极的"接收器"，教师也不可能机械地把知识填塞到学生的头脑中去。要激发学生的创造性和学习积极性，关键在于灵活有效地组织课堂讨论。

灵活改变课堂讨论形式策略是指在大学英语课堂教学过程中，教师应根据教学目标和教学内容的需要，根据学生课堂学习的心理特点和课文的类型、难易程度来精心设计课堂讨论活动形式，发挥学生参与课堂教学的主动性来达到活跃课堂气氛的效果。

（三）教学环境方面

1. 创设积极氛围

学校氛围是校园中弥漫在学生周围的环境、关系、气氛，它是隐形的课程，潜移默化地影响学生的认知和情绪，熏染学生的言谈和行为。项目学校"在以社会情感学习为支持的学校氛围中用'全纳''公平''和谐'等理念去唤醒另一个灵魂，成为学校更鲜明的价值取向"。在支持性的学校氛围中，孩子们得到了更多的尊重和关注，学生具有较强的安全感，能够自由地表达自己，友好地对待他人，这样的学校氛围滋养学生社会情感能力的形成。

创设积极氛围策略适用于优化物理环境，指在教学活动中通过积极驾驭物质资源，营造融洽的有利于大学英语教学的课堂心理氛围。首先，教师要利用环境中的物理条件为大学英语教学营造积极的课堂心理氛围。其次，要灵活利用空间距离关系，为营造课堂气氛创造条件。

2. 竞争合作

竞争合作策略是指在大学英语教学过程中通过引导学生进行相互间的

第七章 大学英语混合式智慧教育体系下的学生能力培养

竞争与合作，营造团结紧张、奋发图强的心理氛围。竞争与合作是营造良好的教学环境的重要因素，教学环境问题专家瓦尔贝力（Walberg）在其主编的《教育环境极其影响》一书中，就强调了竞争、合作的精神对优化班级心理环境的重要作用。竞争的意识和活动有助于激发学生积极向上的学习动力，学生必须不断努力进取才能争得上游。在竞争的过程中，学生被引发的是自我提高的内驱力和附属的内驱力。前者追求成就是为了赢得地位与自尊心，后者是为了获得他人的赞许。竞争意味着有自由度，提供凭借能力获得成功的机会。在大学英语教学中属于竞争机制的活动方式很多，教师要善于发现和利用。如讨论式教学就是一种可提供竞争机会的方式。在讨论中，教师要鼓励学生表现自己的观点、能力，但是，竞争会使一部分学生产生过多的压力进而产生焦虑感甚至丧失学习的信心，而且频繁的竞争会使学生间失去信任感，使班级集体出现紧张、不安等消极气氛。因此，必须强调竞争须与合作相结合，学生之间不仅要提倡竞争，还须提倡互助合作，使学生得到更多的积极反馈和帮助，从而激发更高的学习动机。目前的大学英语教学过多强调学生间竞争，忽视了学生间的相互合作，这可以从英语教师采用的课堂活动形式反映出来。据了解和学生的反映，目前许多大学英语教师除讲授式之外，主要采用提问回答式的教学方式，造成许多学生的课堂焦虑，影响学生的学习效果。因此，英语教师可以根据不同的教学内容和学生的不同个性特点，灵活运用竞争与合作的策略。

3. 期待激励

期待激励策略是指在大学英语教学活动中通过对学生行为表现肯定和鼓励，营造充满自信、追求成功的心理氛围。给学生以期待和鼓励，有助于学生充分发挥学习潜能，最大限度地提高学习效果。教学环境问题研究专家麦克唐纳和伊利亚斯关于教师期望与学生学习成绩关系的实验研究发现，教师的期望比性别差异、地域差异对学生学业成绩影响更大。在某种情况下，教师抱有高期待或低期待，会使同一水平上的学生成绩出现一个标准差的浮动。罗尔塔森和雅各布森（Rosenthal & Jacobsond）对教师期望的经典研究发现，教师对学生的不同期望会产生不同的行为反应，主要表现在四个方面：一是制造心理气氛。教师通过听取和接受学生意见的程度、评价学生的行为反应等，为高期望学生创造亲切的心理氛围，而为低期望学生制造紧张的心理气氛。二是提供反馈。教师通过交往频率、目光注视、赞扬和批评等向学生提供不同的反馈。三是向学生输出信息。教师

253

向不同期望的学生提供难度不等、数量不等的学习材料，对问题做出程度不同的说明、解释、提醒或暗示。四是输入信息。教师允许不同期望的学生提问和回答问题的机会、听取学生回答问题的耐心程度等等。

4. 良性积累

良性积累策略是指在教学活动中通过师生关系、生生关系及学生个体身上培育、积累人际关系中积极的情感因素，营造良性循环的心理氛围。大学英语教师必须努力和学生形成一种相互关心、相互信任、相互合作、相互尊重的新型师生关系，引导学生之间的一种相互关爱、相互合作的生生关系，为创设和谐的课堂心理氛围提供保障。有些研究者将教师的行为分为教学方法层面和人际交往层面；前者指教材教学内容的选择、教学方法、教学策略、评价方式等与教学相关的行为；后者关系到创造和维持积极的课堂气氛，这是形成最佳学习气氛的基本要素。"教师互动问卷"（QTI）从领导关系、帮助、友谊、理解、学生责任、自由度等八个方面考察教师行为，结果发现，教师的人际交往行为会对学生的认知和情感产生重要影响。如教师在与学生交往过程中所表现出来的友好、理解性的行为有利于形成轻松、和谐的课堂氛围；相反，不满、过于严厉等行为则会对课堂氛围带来消极影响。因此，在教学过程中，教师应时刻意识到自己的行为对课堂气氛可能会产生的影响。另一方面，情感的形成过程是一种长期积累的过程，自觉的情感活动是在理性的支配下产生的。师生之间、生生之间经过长期积累的积极情感是一种比较稳定的情感，是形成良好教学心理环境的基本因素。

第二节 批判性思维的培养

一、批判性思维的定义

"批判性"（critical）源于希腊文的两个词根：一个是"kriticos"意为"辨明或判断的能力"，另一个是"criterion"，意为"标准"，因此，从词源上说，该词意味着"基于标准的有辨识能力的判断"。对于批判性思维的概念，国内外学者给出了众多不同的定义。据不完全统计，关于批判性思维的定义足有100余种，定义形式也是多种多样的。受批判性思维定义众多的研究现况,以及我国批判性思维研究的不成熟,国内学者对于批判性思维的定义也是众说纷纭,未达成一致共识。以下是国内外对于批判性思维定义的一些代表性观点。

(一) 国外学者的定义

沃斯顿·格拉泽(Wastson-Glaser)提出,批判性思维是态度、知识和技能的综合体,一个批判性思维者必须有质疑的态度、阐明引起深思问题的知识以及分析、综合和评价结果的认知能力。

加拿大批判性思维和非形式逻辑研究代表人物约翰逊(Johnson)于1993年给批判性思维下的定义是"以适当的标准或规范为基础,判断一个智力产品,包括信念、理论、假说和论证"。

美国批判性思维运动的开拓者、测评专家恩尼斯(Ennis)在1991年对批判性思维的表述为:批判性思维是"为决定相信什么或做什么而进行的合理的、反省的一种思维"。具体说来,批判性思维包括两个方面:一是认知技能,二是情感意向。前者又称批判性思维技能,后者又称批判性精神。按他的观点,论证的分析和澄清以及其前提和推论的评价,在批判性思维中是必要和主要的成分,但它们并不是充分的。为了能教授和检验它们,他以可操作的细节描述了批判性思维者的构成能力和人格特质。

(二) 国内学者的定义

我国对于批判性思维的研究始于20世纪80年代对国外著作的译介。因此,我国现有的对于批判性思维的定义主要来自哲学和心理学领域。批判性思维经常出现在哲学、心理学中,后逐步出现在护理学、教育学书籍当中。进入21世纪,国内的批判性思维研究学者增加,到现在已逐步形成正式的研究队伍和机构,如中国外语教育研究中心的文秋芳团队、华中科技大学的董毓团队。在我国,有学者给出下面几种定义。

朱智贤、林崇德认为,批判性思维是指思维活动中善于严格估计思维材料和精细地检查思维过程的智力品质,是思维活动中独立分析和批判的程度,批判性思维应作为问题解决和创造性思维的一个组成部分。

王习胜教授认为,人们为了达到对世界的理性把握而主动地对他人或自己思想的合理性进行反思性审查,以求得出理智性的判断。概括地说,批判性思维就是一种自觉地对某种信念和行为进行合理性评判的思维。

杨武金认为:"批判性思维能力包括对各种信息的理解、识别、分析、综合、比较、判断等方面的能力，但是推理和论证能力在其中最为重要，要擅长批判性思维首先要擅长推理和论证。从根本上说，批判性思维是一门逻辑学科。"

谷振诣则认为，从广义上理解批判性思维就是发展和完善人们的世界观并把它高质量地应用在生活的各个方面的思维能力。具体一点说，批判性思维是面对相信什么或做什么而能做出合理决定的思维能力。从世界观形成、发展和应用的模式中可以看到，提出恰当的问题与做出合乎逻辑的推理是其中的核心环节。因此，从本质上来说，批判性思维就是提出恰当的问题和做出合理论证的能力。

以上是国内外学者给出的批判性思维的定义。概括起来讲，批判性思维并非怀疑一切或否定一切，而是一种有扬有弃的辩证思维形态，其主要特征是批判和继承，否定和肯定互相包含和统一；在思维过程中，善于实事求是地批判是非与正误，严格地估计思维材料，严细地检查思维过程，缜密地进行独立分析和评价，在否定错误中引导科学发现；批判性思维是思维的逻辑性、灵活性和创造性等思维品质的综合。它是在人类的认识活动中，特别是在各种评价活动中最基本和最富有创造性的思维形式。

二、批判性思维发展的影响因素

（一）环境氛围

1. 家庭环境氛围

家庭环境对孩子的教育与成长产生巨大影响。如果孩子生长在比较民主的家庭环境中，就会逐渐形成比较开放自由的性格和做事习惯。具有较为强烈的求知欲，独立性强，对自己有自信心。他们会不断将自己的想法与自己的父母交流，听取父母的经验之谈并能够适时对自己的想法进行修正。父母在家庭氛围中扮演者指导者引领者、分析者和批判者的角色。

因此生长在和谐的家庭环境中、经常与父母交流的孩子，能随时表达自己的观点，并且在与父母的交流与探讨中得到反馈和验证的过程本身就是思维辩证、批判的过程，有利于批判性思维的形成及提高。与此同时，也提高了个人处理人际关系的能力。相反，生活在较为专制的家庭环境中的孩子，在父母"唯我独尊"的教育观念影响下，形成了"唯命是从"的做事风格和习惯，他们在父母眼中是"乖乖孩儿"。但是其思想和行为受到了一定的束缚和禁锢,并没有得到自由发展。遇到事情不敢大胆去尝试,不能够积极应对。这严重影响了他们的生活习惯、性格和处事态度,使其不能发挥主观能动性,应变能力差,更不具备创新和批判能力。总之,家庭氛围的好坏与孩子的批判性思维能力的培养有着密切关系。

中国是一个历史悠久的国家,封建社会历史漫长,封建社会最显著的特征便是专制,是君君、臣臣、父父、子子。在家里,孩子的任务是听话——按家长的意志成长。中国的教育从幼儿园开始,就要求学生做听话的好孩子,把听话作为衡量孩子的通用标准和最起码的要求,鼓励学生承认老师和家长教育学生的权威性,孩子们对权威者的教育只能被动地接受与无条件地服从。

问题的另一个方面是现在独生子女占学生的绝大多数,父母对孩子(特别是"80后"和"90后"的学生)的关心又特别"到位",连上大学选专业都由家长代劳,家长做得太多,没有给下一代足够的机会进行批判性思维实践。

2. 外部环境

除了家庭环境影响大学生的批判性思维发展以外,外部环境也不可忽视。诸如:大学生与同学之间的交往情况,宿舍环境氛围以及学校课堂学习氛围。应对即个体对所处情境有意识地灵活调整的行为能与同伴很好地处事交往、积极地交流合作,互帮互助,可促进学生建立有效的积极的应对方式。同学之间自由的讨论氛围和课堂氛围会对批判性思维的发展起到显著的积极作用。古语道:"近朱者赤,近墨者黑",学生心理发展与其朝夕相处的同学有着不可分割的关系。或许,起初学生会"被动的"参与宿舍、课堂以及学校谈论,长此以往,被动转化为主动,形成了学生的固定思维模式,必然会促进思维的批判性发展。此外,大学生的"认知成熟度",也深受环境影响,这说明思维成熟的发展是一个渐进的发展过程,需要慢慢从环境中吸取"养料"。由此可见,教师可在外部环境中营造"讨论式"的氛围,持续地为学生"充电",以增强学生的批判性思维倾向。

(二)社会文化

文化是社会群体在一定历史条件下的一种生存方法,它是社会群体在人与自然、人与人的相互关系中形成的行为、观念和心理系统。文化具有明显的种族差别、民族地域和语言特色。文化有一定的封闭性,以维持它在整体结构上的相对稳定性。在这种情况下,血缘关系在社会关系中起重要作用,中国几千年封建社会面临的主要任务是人际关系的协调与处理政治问题。儒家学说追求以伦理道德、治世等问题为理论思维的主体,近2000年的封建社会思想界长期占统治地位,儒家学术导致中国的思想家从人的道德修养、人类的社会关系出发去看待一切事物,导致了理性批判性思维在中国文化传统中的失落。以儒家文化为主体的中国文化传统认为逻辑思想与批判精神无助于它所崇尚观念的发展,逻辑推理、批判、争论的方法逐步被强调社会和谐和稳定、直觉领悟所淡化与取代。

中庸之道在中国漫漫的历史长河中,对人们的思想,思维方式和做人做事原则有着非常重要的影响。"中",可为居中之意,不高不低,不偏不倚,不折不扣。庸,可解释为平庸,平凡之意,也有的解释为通"用","中庸"意为"中用"。中国传统的中庸之道教给人们做事要随波逐流,不激流勇进,缺乏奋进精神和创新意识,这样就使大众形成了"从众"思想,最后导致没有自己的主张和看法,没有独立思考的能力,这跟批判性思维的主旨是相悖的。俗话说"枪打出头鸟""人怕出名猪怕壮",这些思想观念都源于中庸的心理,这种社会文化氛围长时间影响着学生的认知意识和思维模式。例如:老师在上课期间,知道老师讲课出现了错误,但是没人敢提出来,通过与学生私下交流,大部分学生在想,尖子生都不说,我作为一个中等生提出,会不会受到大家的嘲笑或引起老师的不悦?还有的学生缺乏自信心,能够判断老师是错的,并能有理有据反驳老师的观点,但不敢确定是否完全正确,所以不敢与老师对峙。这凸显现代教育的弊端,老师的权威导致了学生对质疑老师没有信心。还有的学生反馈说,我根本就不知道老师错了,别人说错了,我也认为错了,别人当时没提出来,我也没有疑问。人们对事物通常采取折中的办法,太低了怕被人看不起,太高了怕得罪人,这就是人们所谓的处世哲学。还有诸如"好奇心害死人"等等,这些思想,对批判性思维的发展都很不利。人们思考问题受到了各种因素的影响,没办法独立思考问题。这样久而久之,也就没有对事物的分析思考判断了。我国大学生除了过于相信权威、尊师从教,还过于倾向以群体标准作为衡量对错的标准,即人云亦云。他们相信多数人的观点是正确的,做人处事过分强调人情和面子,好多情境下就是因为"不好意思指出""不敢妄加评论"而把正确的思想和观点抛之门外。在与他人讨论问题过程中,倾向把争论批评、批判、否定、质询看作是对人身或人格的攻击等。这些都是在中国发展大学生批判性思维的主要文化障碍。

第七章 大学英语混合式智慧教育体系下的学生能力培养

几千年的中庸文化客观上造成了国人批判性思维意识的缺失;从众心理和耻辱感的教育以及中国人传统的面子方面的顾虑致使学生领悟到的信息是批判性思维并不重要。

(三) 教育体制

由于正规教育要向学生传授正统的观点、主流的意识、有根据的事实性知识,这在客观上束缚了人们的思想、压抑了批判性思维、消磨了批判意识。回顾我国的教育体制,从明清的科举制度到我国现行的教育体制,人们一直议论纷纷。再看我们现在的标准化试卷和应试教育,学校里出现"唯成绩论",只要成绩好其他的都不重要,社会上出现好多"高分低能"的所谓人才。他们所得分数虽然高,但是团队协作能力、创新能力独立思考能力和逻辑判断能力等低下。出现这种社会现象,其根本原因是教育体制出现了问题。为了考上好大学,学生们整日沉浸在题海中,却忽略了自身其他方面的发展。尽管进行了很多次改革的尝试,从十多年前的减负浪潮,到后来的素质教育改革,到现在中央作了关于教育改革的成文规定,可以说教育体制一直是进行时,但收效并不十分明显。无聊枯燥的考试,一切向分数看齐,从上小学开始,学生忙着考高分,教师忙着提高学生成绩,学校忙着要升学率,都无暇顾及其他了。学生从小就被教育,要好好学习,考好大学,找好工作,被这些功利的思想熏陶着。于是,学生在这样的体制下刻板地学习。上课疯狂地记着笔记,认真听老师的讲授,课下认真地做题,一切按着家长老师的要求进行着。学生们像一台台机器,似乎没有了思维,默然地接受一切,很少去思考,去反问,去质疑。这种僵硬的教育体制抹杀了学生的天性,缺少批判的精神,弱化了创造能力的产生。从以上分析可以看出学校的应试教育已经发展到令人难以容忍的地步。在应试教育中,机械的、被动的、死记硬背的学习成为学生学习的主要方式,并且不断得到现行教育制度的强化。多项选择式的客观化考试,不但在自然科学类的课程中,而且在所有的人文类课程中得到普遍运用。从小学一年级开始就引导学生相信并全力追求事物只有一种正确答案,必须字字相同,连标点符号也不能例外。这种做法,引导学生从小就把教师所教、教材所写、电视所播、报纸所登、书上所载的东西看作是绝对的真理,教师、学者等更是具有不可动摇的绝对权威。以多项选择为基础的应试教育,使许多学生习惯把从教科书报刊、书籍、电视和其他大众媒体中听到、看到的东西当作是不变的科学真理、规律、定论和确切无疑的事实，甚至有些学生对日常生活中的传说、迷信的东西也不假思索地全盘接受下来。这些都说明，我们需要从社会的快速发展和时代的不断进步中，去把握发展学生批判性思维的重要性，认识加强批判性思维研究和相关教育实践的必要性，并采取切实有力的措施去促进社会成员批判性思维的发展。有计划有效地进行批判性思维教学与训练，全面提高社会成员的批判性思维能力，有赖于对批判性思维理论和实践进行大量的研究。

目前的教学评估体系制约着批判性思维的培养和训练。在中考、特别是高考指挥棒的引导下，大部分教师的心理是自己的任务就是复制知识文本，粘贴到学生的大脑中去，觉得进行批判性思维教学不是自己的任务，没有标新立异刻意培养学生批判性思维能力的必要；对学生来说，通过高考是他们的最高目标，他们更不在意自己是否具有批判性思维能力。

（四）教学模式

在当今时代，传统的教学模式越来越严重地阻碍中国教育的发展。教育部近些年一直在强调教育教学改革，倡导"以学生为中心"的现代教学模式。所谓传统教学，是指以"教师为中心"的教学模式。教师是课堂中的主体，学生为客体，教师基于教学大纲和教科书，运用各种教学工具传授课本知识。学生通过认真听讲，记笔记等方式被动地接受老师传来的各种信息。传统教学模式给学生带来了高效高分的同时，也给学生带来了诸多弊端，这些弊端对学生的害处是显而易见的，不利于学生批判性思维的养成。

第一，教师把自己的知识和思维方式，自己对事物的判断和看法强行地灌输给学生，这种方式扼杀了学生的主观能动性，使学生思维禁锢，把自己封闭在一个狭小的思维模式里。学生懒于思考和评判，全部"拿来主义"，只是被动接受、记忆和理解。这种填鸭式教学只重视结果而忽略了过程，或者说这种得到结果的过程是固化的，僵硬的，导致学生越来越依赖老师，越来越不愿意独立思考，越来越懒得主动发现问题、探索问题、解决问题，越来越懒得评判。久而久之，学生便失去了判断力，提不出质疑，提不出自己的见解和主张，错误地以为老师给的信息就是对的，是不容反驳的，好的坏的不假思索拿来就用。这显然不利于学生批判性思维的养成，批判性思维讲究的有理有据，是自己的"理"和"据"，是自己独立思考加以评判得到的认知，殊不知学生自己思考评判的时候，用的却是别人强塞给自己的思维方式和"有理有据"，这在根本上已经扼杀了学生

第七章　大学英语混合式智慧教育体系下的学生能力培养

的批判性思维，更谈不上创新和发展。

第二，受传统的教学模式和"尊师重教"观念的影响，使学生产生盲目地崇拜，老师变成了不容置疑，不容反驳的权威，高高在上，遥不可及，与学生产生了距离，使教与学变得不平等，这样一来，学生即使有质疑，有想法，想提出来但是不敢挑战权威，不相信自己的质疑是合理的，批判性思维也就这样被无情地扼杀了。"闻道有先后"，但无高低，教与学其实应该是平等的。综上所述，这种传统教学模式，让学生失去了创造性，失去了自信心，失去了独立思考能力，不利于学生批判性思维的形成，对学生今后的发展也有很大影响。我们要做的是给学生指引一条河，而不是直接给他一杯水。授之于"鱼"而不是授之于"渔"，所以说改革迫在眉睫。

第三，传统教学模式缺乏讨论式的课堂气氛。实践证明课堂讨论有利于学生批判性思维的养成。经常参与课堂讨论的学生，其求知欲、自信心思维能力、分析能力都明显高于不参加课堂讨论的学生。对学生整体采用讨论式的教学方式，能够培养学生多角度、多层次的分析推理、归纳问题的能力，最终有利于培养大学生的评判性思维能力。语言是思维的工具，是传递信息的载体，开展课堂讨论不仅能显著提高学生的语言表达能力，也有助于学生思维能力的培养。学生在讨论的过程中各抒己见、相互辩驳，并在此基础上分析、考量、对比和评价，最后得出结论。这个过程也正是批判性思维的实质所在，即有目的的自我调控和反思推理的过程。因此，教师可在授课过程中多提供学生小组讨论的机会，这样一方面可以活跃课堂气氛、调动学生的积极性、学生由被动接收转变为主动思考从而强化了教学内容；另一方面也培养了学生的评判性思维能力。

教育层面的原因还包括我国高等教育存在的教育教学观念和运行方式上的矛盾和问题，这些矛盾和问题限制和阻碍着教育的创新和发展。很多教师都懂得教学应以学生为中心，而事实上这样做的教师并不多，教学中学生的学习主体地位还是没有受到充分重视，传统教学模式束缚了学生主体批判性思维的发展。教学中的教师一言堂形成了学生以求同思维为主要的思维习惯，这种教育教学环境使受教育者主体思维的能动性和批判精神受到压抑。仅以英语教育为例：多年来，英语专业的教学重点考虑的是如何满足英语难度循序渐进的要求，以及如何使学生能够熟练地掌握听说读写译的技能，而很少顾及学生思维能力，更准确地说是批判性思维能力的发展。

三、批判性思维能力的培养方法

大学生批判性思维能力的培养不仅包括学生的学习,更主要的是教师如何教学,引导学生提高其批判性思维能力。课堂教学总是存在着某种文化,不管我们意识到与否,学生都在进行着某种"文化适应"。问题在于,教师应当创造怎样一种"教学文化"。教师应采用一种新型的课堂教学模式——"思维性教学文化"。在这种文化中,教师注重的是元认知训练,以促进大学生反思自己的思维活动,不是要求学生被动地接受知识,而是鼓励学生进行有益的怀疑,迫使他们提出问题,探查假设,寻求合理性。

(一) 实施开放性教学,培养和提高学生的批判性思维能力

开放性教学是批判性思维培养的重要前提。开放性教学法由日本学者能田伸彦在1998年第一届东亚国际数学教学大会《日本课堂活动中的开放式数学教学》报告中提出的。同年我国师范教育发展课题《开放式课堂教学法研究》课题立项。两年后我国学者张汉昌、张菡主编的《开放式课堂教学法研究》出版。近些年,虽然有不少国内外专家及学者对这一教学方式进行了理论探索和研究,但开放性教学还只是一种理念,理论构建尚未完成,教学实践也还在实验和探索阶段。新课程改革要求教师改变传统的封闭型教学方式,培养学生的开放意识和开放思维,实行开放性教学。所谓开放性教学是指在教师的引导下,以学生为主体、以培养学生的思维能力、实践能力和创新意识为目的的,鼓励学生主动去发现、探索,从而实现自我发展的教学方法。开放性教学主张解除学生的思维禁锢,让学生自由愉悦地发挥其主体作用。开放性教学为学生批判性思维的形成提供了前提条件,它克服了封闭式教学以及传统教学的弊端,充分体现了"以学生为中心"的教学模式。

(二) 探究式教学是批判性思维培养的重要途径

探究式教学起源于美国教育家杜威、萨奇曼和施瓦布等人的探究式理论。早在1950年和1960年,探究教学在美国就已经逐步得到推广和应用。而在中国探究式教学始于1984年美国教授兰本达女士(Ms. Lambunda)在我国传授的"探究—研讨"教学法。探究式教学是对教学过程中的问题进行深入探究最终使其得以解决的一种教学方法。这种教学方式使得师生

第七章 大学英语混合式智慧教育体系下的学生能力培养

共同进行探究活动。学生围绕一定教学内容、材料或文本善于发现问题、提出假说,然后通过收集事实和资料,在教师的指导下,经过辩证、归纳和分析,自主寻求答案或信息,自主建构意义与理解,最后验证假说的过程。探究式教学体现了"以学生为中心,以教师为指导"的教学理念。教师的指导有效促进了学生自主探究真知的深入和开展,促进学生探究素质、思维技能和批判能力的不断提高。由此可见,探究式教学事实上在培养学生获得:成功的思维能力方面也起着重要作用,培养学生的批判性思维和创造性思维能力是探究式教学的目的。

(三) 通过反思性教学来培养学生的批判性思维

反思性教学与批判性思维教学是相辅相成的。反思过程中要进行批判,获取积极因素,淘汰消极因素。批判是通过反思对消极因素进行分析评价从而找到正确答案。在大学英语课堂,适时引导学生反思、评价和自我调节,有助于批判性思维的培养。许多学生的学习过程中没有自我反思、评价这一环节,他们只是被动地跟着教师的教学程序走,被动地接受教师的监督和检查,而从未把自己当作自己学习的观察者、监督者、评判者和操纵者,这就需要教师引导、帮助他们培养这种能力。

(四) 逻辑教学是批判性思维培养的逻辑基础

在1974年联合国教科文组织正式将逻辑学列为七大基础学科之一。近些年,我国高等院校已普遍开设了逻辑学课程,不仅要讲授逻辑学知识,更要以培养学生的逻辑素养,提高学生的逻辑思维能力为目的。逻辑学是关于论辩、推理和论证的科学,它包括形式逻辑和非形式逻辑两个部分。学习逻辑学有助于人们准确严密地表达和论证,有助于提高人们的思维素质增强理性思维技能。逻辑思维与批判性思维密不可分。我国学术界武宏志教授从2002年开始把逻辑学和批判性思维结合起来研究。2005年出版《批判性思维——以论证逻辑为工具》一书作为大学生文化素质教育类公共选修课教材,成为我国大学逻辑教科书体系的一种新探索。它与国际性的批判性思维、非形式逻辑和论辩理论接轨,充分吸收国际学术界的相关研究成果,为我国批判性思维教学提供了重要参考。熊明辉也认为批判性思维与形式逻辑、非形式逻辑之间相互联系,进而认为形式逻辑和非形式逻辑共同构成了批判性思维的逻辑基础。坚持这种观点的还有中国逻辑学界陈慕泽、杨武金等,他们或者主张逻辑与批判性思维相互补充,或者甚至认为批判性思维就是逻辑。

(五) 信息素养教育是批判性思维培养的必然要求

信息素养又称信息素质，这一概念最早是由美国信息产业协会主席保罗·泽考斯基（PaulZurkowaski）在 1974 年的美国全国图书馆与情报学委员会上提出的。20 世纪 80 年代末至 90 年代初成为美国图书馆界的研究热点。90 年代后美国已经把培养学生的信息素质作为素质教育的重要组成部分。我国自 20 世纪 80 年代中后期开始重视信息素养教育，21 世纪以后进入研究热潮。信息素质教育注重培养学生的科学创新精神和批判思维习惯，并且以培养学生的信息意识和信息能力为宗旨。信息意识是基于信息手段基础之上的道德意识、批判意识、评价意识和创新意识等综合能力的体现。信息能力是培养学生获取信息、加工和处理信息消化吸收信息、评判信息、利用信息和创造新信息的能力。由于当今是信息社会，知识信息的获取、积累和利用已经逐渐成为生产，工作以及经济发展的主要动力。因此我们必须培养当代大学生具备一定的信息素质以适应自身发展和信息时代的需要。目前，信息素养教育已经逐渐在我国高校普及。而信息素养教育作为我国教育的目标之一，它又与其他教育目标紧密相连，尤其是与培养学生批判性思维能力密不可分。概括地讲，信息素养教育是批判性思维培养的必然要求。

第三节 英语语言能力的培养

一、英语语法能力培养

(一) 侧重英语语法能力培养的教学法

1. 演绎教学法

演绎法是指人们以一定的反映客观规律的理论认识为依据，从该认识的已知部分推知事物的未知部分思维方法。是由一般到个别的认识方法。

在语法能力教学中，采用演绎法，是指这样的一种教学方法：首先由教师讲授语法知识，然后举出例子加以说明，最后通过相关练习材料，使学生学会独立运用该语法知识的能力。如图 7-1 所示。

教师讲授 ⇨ 教师举例 ⇨ 学生运用

图 7-1 演绎教学法的过程

学生练习的数目的多少应当根据语法知识的难易程度等因素考虑。不能过多，过多容易使学生厌倦，且集中考查同一知识点，数量过多，浪费时间，也达不到应有的效果；但也不能过少，过少达不到使学生学会的目的。演绎教学法一般适用于语法规则比较复杂时，如果不进行比较明确翔实的讲授，学生就不能很好地把握。也只有这样，学生在运用时才可以避免"一团乱麻"的状况。但采用演绎法教学如处理不当，容易形成"注入式"教学，难以调动学生的学习积极性和主动性，甚至会让学生产生一种学语言就是学语法规则的感觉。以我国英语教学的现状为例，很多语法能力教学过于侧重于这种演绎方法的运用，造成英语教学课堂只有语法而无其他内容的局面。我们语法能力教学要合理利用演绎法，发挥其优点，避免其缺点。

2. 归纳教学法

归纳法是指人们以一系列经验事物或知识素材为依据，寻找出其遵循的共同规律，并假设同类事物中的其他事物也服从这些规律，从而将这些规律作为预测同类事物的其他事物的基本原理的一种认知方法。归纳的过程即由特殊到一般的过程。

在语法能力教学中，运用归纳法，是指这样一种教学方法：教师先举出实例，然后学生在教师的引导下分析实例，最后出总结语法规则。如图 7-2 所示。

教师举例 ⇨ 学生分析 ⇨ 语法规则

图 7-2 归纳教学法的过程

3. 交际教学法

交际法的创始人是英国著名语言教育专家威尔金森（Wilkins）。他于 1972 年在第三届国际运用语言学会议上作了"语法大纲，情景大纲，和意念大纲"的报告，4 年后又相继出版了《意念大纲》和《交际法语言教学》，从而标志着交际法的诞生。其代表人物主要有：威尔金森

（Wilkins）、威多森（Widdowson）、坎德林（Candlin）等。

交际法强调语境和情景的重要作用，强调将语言置于真实语境中去使用，提倡听、说、读、写技能的综合运用；强调以信息为焦点，认为社会交际功能是语言的主要功能，说话人语言输出与听话人语言反馈的契合是成功交际的标志。

交际法是对语法能力教学加以有机的融合和巧妙地利用，而不是否定和排斥语法能力教学。

在语法能力教学中，交际教学法指的是这样一种教学方法：首先由教师创立语境；然后学生进入创立的语境内练习，最后学生完成语法规则的学习。其过程如图7-3所示。

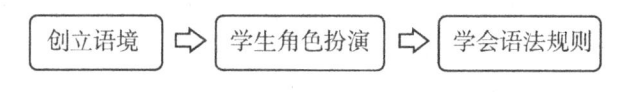

创立语境 ⇨ 学生角色扮演 ⇨ 学会语法规则

图7-3 交际教学法的过程

4. 显性与隐性教学平衡法

这种教学方法与外显性与内隐性语法知识的争论有关，是为协调二者的分歧的采用的一种方法。其中，显性教学法，是指"以正式的陈述来学习语法规则"，隐性教学则指"通过接触英语，学生理解语法和句法"。

显性与隐性教学平衡法，是指在显性教学与隐性教学间寻求一种最优化的组合。这种方法是在批判将外显性语法知识与内隐性语法知识割裂的基础上产生的。他强调，针对不同的个体特征，在不同的阶段，采用不同的显性和隐性教学方式，以有效地帮助学生把语法知识（显性知识）转变为语法能力（隐性知识），提高学生的语法生成能力，达到语法能力教学的真正目的。

（二）培养策略

1. 合理利用混合式智慧教育体系

信息时代为我们提供了各式各样、多姿多彩的教学资源和素材，教师也因此可以尝试各种各样的教学方法。可以通过搜索图片、视频、电影，甚至制作视频，使语法教学变得生动有趣。

2. 构建符合学生英语语法能力的培养模式

文秋芳首先提出了"输出驱动假设"，随后对原来的假设进行了补充，又提出了"输出驱动输入促成假设"。文秋芳指出，学生需要认真学习教师提供的输入材料，从而促进完成当下的输出任务，其目的是让学生能够用英语做事情间。大学生语法基础知识薄弱，可以按照该假设进行语法教学，让学生在语言产出的过程中培养语法能力，从而更好地进行语言交际。

二、英语词汇能力培养

（一）侧重英语词汇能力培养的教学法

1. 直观教学法

直观教学法是指利用实物、图像、动作表情等方式来展示词汇的意义，给学生以直观的印象的一种教学法。

（1）实物教学法

在英语词汇教学中使用直观的实物讲解词义可以使英语单词直接与实物建立联系，有利于学生理解所学单词的含义，加深对所学单词的印象，同时也能够培养学生用英语进行思维的能力。英语词汇中存在大量的表示具体事物的词汇，这为我们采用实物教学法进行词汇教学提供了有利条件。所以，在英语词汇教学过程中，尤其是对于低年级学生而言，应尽量多使用实物教学法，把所学单词代表的实物呈现在课堂上，帮助学生理解并记忆所学单词。

（2）图画教学法

英语中的一些单词在现实世界中无法找到与之相应的实物，在这种情况下，教师可以借助图画或简笔画来教授词汇。在采用这种方法进行教学时，教师要充分考虑学生的年龄特点和教学内容。运用图画教学法进行词汇教学时，教师需要注意两点：一是教师的图画展示要配合词汇意义的讲解，引导学生运用画面所提示的信息或所展示的内容来辅助词汇学习；二是教师要合理掌控图画展示的时机，只有在适当的时候呈现图画，才能保证教学效果的实现。如果教师过早地将相关图画展示出来，会分散学生的学习注意力，降低学生对图画的兴趣，使图画教学方法不能发挥其应有的教学效果。

（3）动作表情教学法

在英语词汇教学过程中，为了调动学生的学习积极性和主动性，教师除了可以使用实物、图画、简笔画等直观教具进行词汇教学外，还可以用动作、表情、手势等来展开教学。借助动作、表情进行词汇教学既可以避免用汉语解释英语，又可创造出一种丰富多彩的语言环境，从而有利于培养学生的语感。

2. 多模态教学法

"模态"一词强调人类感知意义与表达意义的方式。人类通常通过感官或身体的其他部位感知意义与表达意义。人类的五大感官包括眼睛、耳朵、皮肤、鼻子、舌头。当这些感官用于感知与表达意义时，就会产生五种模态：视觉模态、听觉模态、触觉模态、嗅觉模态和味觉模态。除了这五种模态之外，还有一种具身模态，即通过身体的动作来表达意义，例如人们用不同的手势表示"胜利、爱、很棒"的意思，用不同的姿势表示"欢乐、无奈"等意义。

多模态教学指在教学中运用两种或两种以上的感知或表达方式。例如，斯坦纳（Stein）在教学中采用了多模态教学法。首先要求学生在家庭或工作场所拍摄14张读写活动的照片。完成拍照后，学生准备展示材料，包括一份12张照片的招贴，每张照片附上文字标题和一张A4纸的文字解说。然后，写一篇学术论文，描述与分析拍摄的读写活动。这些活动主要使用的是视觉模态和具身模态。学生拍照时需要用眼睛看，用手操作照相机。在准备展示材料和撰写论文时，也需要用眼睛看，用手做或写。

斯坦纳（Stein）的教学实际上不但是多模态教学，而且是多媒体教学。学生在学习过程中除了使用视觉模态和具身模态之外，还使用了照片、招贴、文字等多种可以呈现与传递信息的媒体。在词汇教学实践中，我们可以根据教学条件和教学需要，采用不同的多媒体与多模态组合，将教学目标词汇以书面的、口头的、行为的、图像的、声音的、影像的形式呈现出来，让学生可以通过多种模态输入与输出目标词汇，以达到习得的目的。

（二）培养策略

1. 将趣味教学与词教学融合

词汇呈现阶段最忌枯燥的展示和机械的记忆。词汇呈现活动如果不能引起学生的注意，激发学生的想象力，则会使学生从一开始就产生厌倦、畏惧情绪，更不利于词汇的学习和记忆。因此，教师应采用趣味教学法，开展形式多样的学习活动。以增强学生对词汇学习的兴趣。

（1）唱歌曲学单词

对于英语学生而言，通过歌曲呈现词汇是一种趣味性十足的教学方法。歌曲节奏明快、朗朗上口，内容很容易被储存。因而，这种教学方法能够激发学生记忆单词的积极性，优化其记忆单词的过程，同时也提高了单词记忆效果。从而有效地避免了学生采用死记硬背的方法记忆单词。

（2）互比竞争学单词

学生一般都具有争强好胜的心理，教师可将学生的这一心理适当引入竞争机制，增加活动的趣味性，降低词汇展现过程中学生的抵抗情绪。例如，教师可先向学生提供一组字母，共30个，并要求学生按照字母顺序在规定的时间内找出其中所包含的单词。找到的单词数量最多的学生获胜。

2. 创设丰富的教学情境

教师可以创设生活中的各种情景进行教学，通过情景呈现词汇，将词汇置于各种情景之中进行教授。这种方法可以使学生既理解了英语单词，又学会单词的用法，并将所学单词成功地应用于交流。

具体而言，教师可利用插图、动作表演、做游戏、列图表、找谐音等活动创设情景呈现单词。这种情景教学法可以使学生在愉快的课堂气氛中提高对单词的识记、保持、再认和再现效果。

三、英语阅读能力培养

（一）提高学生阅读动机

提高学生阅读动机的方法，要求教师了解学生的阅读需求，提高学生的阅读动机。欧文（Owen）曾提出提高学生阅读动机的建议主要包括两点，即提高阅读预期回报；降低与其付出努力。其中前者可以采用的措施有经常表扬学生、涉及的活动富有趣味、设计的测试题公平合理、布置的阅读任务不宜过难、明确阅读目的、尽可能是阅读活动有意义、给学生自主选择的空间；后者可以采取的措施包括提供背景知识、预习阅读任务、预习词汇、讨论阅读策略、使用与学生阅读水平相适的阅读材料、将篇幅长的材料分批阅读。

（二）培养学生词汇储备

教师应当鼓励学生扩大词汇量，即提高词汇技能，丰富词汇储备。威尔金斯（Wilkins）曾表达其对词汇重要性的感慨，"没有语法，人们可以表达的事务寥寥无几，而没有词汇，人们什么也表达不了"。莱文和里夫斯（Levine&Reves）强调词汇的重要性，认为缺少足够的词汇是造成文本阅读的障碍。内申（Nation）强调词汇的重要性，他认为，有效的教学，教师对如何教授词汇必须有明确的想法。安德森（Anderson）在论及第二语言教学时亦强调词汇的重要性，认为教师应当向教授学生那些基本的词汇，然后教授学生如何根据上下文如何推断那些生僻的词汇。

安德森（Anderson）所说的基本的词汇，是针对词汇量的大小而言的。所谓词汇量，是指一个特定阅读者掌握的词汇数量；他所说的根据上下文如何推断那些生僻的词汇，是针对词汇技能而言的，所谓词汇技能，是指一个特定的阅读者运用词汇的能力。比如，通过词根与构词法，认识新词汇的能力。我们经常探讨，以及在教学过程中比较重视前者，而往往忽略后者的培养。

英语教师在培养学生词汇知识的过程中，应当正确区分词汇量与词汇技能的关系。二者的关系可以概括如下：词汇量的增加，有利于词汇技能的培养；词汇技能的增强，可以增加词汇量。二者相辅相成，相互促进。

（三）教授阅读技巧方法

阅读能力教学的主要内容就是培养学生的阅读技巧。

览读是快速浏览全文，目的是明确文章的要旨。因而，览读要注重各个标题、子目，尤其是每一章节的起始句，一般具有概括章节主要内容的作用。注重具有总结性的段落。综合所有获得的信息，解释阅读材料的要旨。

跳读是一种快速阅读方式，是一种带有选择性与明确目的诉求的阅读方式。在信息充斥的现代社会，正确的运用览读，可以在有限时间内，接触大量的阅读资料，进而挑选需要的信息。因而，跳读过程中，要注重关键词语或语句、标题、斜体字等。尤其是要注重与问题相同或相对等的词组或词汇，这是准确迅速找到所需信息的途径。

精读一般篇幅短，目的在于学习语言知识；泛读一般篇幅长，目的在于扩大知识面。精读习得的阅读技巧是进行泛读的有力支撑；泛读增加的知识储备反过来又提高精读的质量与效率。如何将二者有效地结合，需要阅读能力教学教师进行必要的探讨。

（四）激活背景知识

第一，培养学生广泛阅读的习惯，以储备知识。常识是一般人掌握的知识，即进入到众人知识储备中。但是，客观情况是，有些人知识丰富、知识储备多；而另外一些人，知识匮乏，知识储备少。因而，对于一些人为常识的东西，对另一些人来说，可能是需要学习的知识。在英语阅读能力教学中，教学的对象，即学生的知识储备也是这样的，有的学生多一些，有的学生少一些。因而，阅读教师要帮助学生增加知识储备，完善知识结构。最有效的办法就是鼓励学生在课下进行泛读。通过广泛阅读各方面、各领域的材料，来扩充知识储备。另外，进行更广泛的阅读，也可以提前获得阅读材料的背景知识。比如，平时对英语语言学类书籍有较多涉猎的同学，可能对索绪尔（Saussure）会有一定的了解，因而，如果以后的阅读课选择的阅读材料是有关索绪尔（Saussure）的，那么该同学就具备了该阅读材料的背景知识，与其他不具有该背景知识的同学相比，其更容易把握该阅读材料。

第二，通过一定的措施或途径，培养学生自主激活背景知识的能力。这里一定的措施或途径一般包括预测训练。预测是指，在已有信息或者已经掌握的信息基础上，对随之可能出现的信息进行推测。自主激活背景知识是指，学生在阅读材料的过程中，能够积极运用自己拥有的背景知识，帮助理解正在阅读的材料，预测阅读材料的内容，并通过阅读证实自己的预测的过程。

（五）评估阅读效果

评估阅读效果是阅读后教师需要使用的策略。及时有效地评估学习效果对学生与教师都大有裨益。教师进行评估，了解学生阅读能力的进步情况，并根据结果，调整自己的教学方案。学生通过评估，明确自己的缺陷与不足、调整自己的学习方向，提高自己的阅读能力。

评估阅读效果有定性与定量两种形式。定性的评估是通过学生阅读课上的表现的前后不同，对阅读任务完成的是否顺利等，进行评估。定量的分析是通过进行记录一定的数据资料，例如，通过利用阅读速度记录表，并对其进行分析，可以确定学生在阅读速度方面的情况。

四、英语听力能力培养

（一）锻炼听力技巧

在英语听力教学中，教师需要使用科学的方法，对学生的听力活动进行指导。听力理解的过程是听者不断使用猜测、推断、分析等手段进行的信息获取过程，这些听力活动中的微技能有利于提高学生听力理解的效果。

1. 进行听前预测

听前预测对于听力理解尤为重要。在英语听力教学中，教师应该重视听前预测手段的教授。具体而言，听前预测需要交际者在听力练习之前首先熟悉一下测试题，了解题目所考的范围，如人名、地点、数字等

2. 猜测词义

在听力实践过程中，听者很难完全听明白材料的每一个词，此时就可以通过上下文等进行词义猜测，从而更加顺畅地理解材料内容。在听力实践过程中，切勿一有生词就打断思路，应从整体听力活动入手，综合使用词义猜测技巧，确保听力活动顺利进行。

3. 抓住要点

交际是交际者在交际目的的作用下进行的言语活动。在英语听力教学中，教师应给学生介绍抓重点信息的方法，在听的过程中，要抓主要内容、关键词、主题句，略听一些无关紧要的信息。

4. 关注细节

在英语听力教学中，教师还应注意引导学生关注听力材料的细节，使学生更好地理解听力材料。一般而言，在听力材料中，细节通常与五个 W（when，where，why，who，what）有关。在听的过程中，如果抓住了它们，就抓住了英语听力的关键要素，从而准确理解听力的内容。

5. 笔记记录

听力活动具有速度快、不可扭转性的特点，很多对话都发生在很短的时间中，同时留给听者很少的考虑时间。所以，学生应根据听力特点，学会笔记的记录技巧。

(二) 学习文化背景

语言与文化关系密切，听力材料中经常涉及文化因素。学生掌握英语国家的文化背景知识，可以提高听力理解能力。因此，教师可以采取文化教学法来，展开听力教学。有关文化环境影响下的英语听力教学相关内容在后文会进行具体介绍，这里简单介绍以下两种文化教学法。

1. 选用英语母语的听力材料

目前，我国英语听力材料一般会有配套的听力光盘，通过看和听结合方式来训练学生的听力理解能力。在传统听力教材中融入视频元素，将"声音"与"图像"结合起来，有助于学生感性认识的提高，易于学生接受。因此，教师应适当采用这类听力材料，以英语母语为主，使学生接触与学习原汁原味的英语，了解地道的英语表达，熟悉英语语言环境，使学生更好地理解文化知识在实际中的应用。

2. 创设真实的文化情境

我国的英语教学缺乏真实的英语语言交际环境，不利于学生了解英语语言与英汉文化的差异，从而给听力理解带来一定的障碍。因此，在英语听力教学中，教师应适当地为学生创设真实的文化情境，使学生的听力训练在真实的情境中进行，使学生更好地学习文化知识。

(三) 增加课外活动

课堂教学时间十分有限，课外活动法是课堂教学的有效补充。对于英语听力教学而言，教师可以结合学生自身特点，鼓励学生参加一些不同类型的课外活动。

课外听力练习活动既有利于提高学生的听力水平，在主动地搜集、整理资料的过程中又有利于提高学生的学习能力。此外，由于课外听力练习活动要求学生互相合作，对锻炼学生的组织能力与沟通交际能力也十分有利，同时练习活动还给学生提供了施展才华的机会，有利于培养并提高学生的创新能力。

课外活动的形式丰富多样，这里选取广播电台与电影配音两种形式的活动加以介绍。

1. 英语广播电台活动

英语电台在内容上不受限制，时间上较为便利，通过每天在固定时间播放英语节目，可以增加学生的听力时间，弥补学生课堂听力时间的不足。

英语广播电台将英语广播与学生的实际情况相结合，营造了良好的英语氛围，激发了学生的英语学习兴趣，有利于学生学习英美文化知识，提升听力理解能力，是听力课堂教学的重要补充。

2. 英语电影配音活动

一般而言，英语电影中的台词具有戏剧性与灵动性，贴近实际生活，更贴近口语。就听力练习而言，教师可以组织学生进行电影配音活动，这样的任务既有输入，也有输出。

英语电影配音既有利于提高学生的听力能力与口语能力，又有利于培养学生的团队协作意识与合作精神，是英语听力课外活动的一种有效形式。

五、英语口语能力培养

（一）侧重英语口语能力培养的教学法

1. 先听后说法

听、说是交际活动相辅相成的两个方面。其中，听是说的前提。口语水平的提高并不单纯地依靠说的训练，听的训练也是十分必要的。听能够使学生获得大量的知识信息，如语法、词汇和句子，从而为学生积累足够的语言材料，顺利输出语言。因此，教师应注意在听的基础上开展说的训练，通过听来培养学生的模仿能力。当学生储存了足够的语言知识时，才能够也愿意开口表达。由此可见，先听后说符合学生口语学习的规律，能够较快地提高说的能力。

2. 任务教学法

任务教学法是以学生为中心，以小组合作学习为主要学习形式，以学生完成任务为目标，因此对调动学生的积极性，增强学生的合作竞争意识，提高学生的口语水平具有极大的促进作用。任务教学法在英语口语能力教学中的操作可分为以下四个步骤。

（1）呈现任务

本阶段的主要任务是帮助学生做语言和知识上的准备工作。呈现任务时，教师可结合学生的实际生活和学习经验，创设与学生息息相关的情景，引发学生的好奇心，激发学生的兴趣。另外，教师还要为学生提供与话题有关的环境及思维的方向，增加新旧知识的连接度，在巩固旧知识的同时，自然学习新知识。本阶段要遵循先输入、后输出的原则。

（2）实施任务

这个阶段在整个教学过程中最重要。学生在接到任务以后可以采取多种方式实施任务，如小组自由组合的方式、结对子的方式，也可由教师设计多个小任务构成任务链等。小组自由组合或结对子的方式能够为每个学生的口语表达提供练习机会；教师设计多个小任务构成任务链的形式则能够培养学生合作互助的意识，增进学习的效果。本阶段中，教师的主要任务是监督和指导学生的活动、保证活动顺利有效地开展。

（3）汇报任务

学生完成任务以后，教师可要求各小组派代表向全班汇报任务成果。汇报结束后，教师可对各个小组以及汇报同学的表现给予评价，指出其优点和不足。评价时应注意对学生的活动情况尽量持肯定态度，多鼓励、表扬，使学生体会到成就感，从而建立信心。当然，教师也应及时指出和纠正学生表达中出现的较严重，影响交际的错误，正确引导学生。

（4）评价任务

在各小组汇报完任务以后，教师和同学们一起评价任务，对各个小组分别指出他们的优点和不足。在这个过程中，教师要充分把握评价环节的积极作用，增强小组的竞争意识，促进学生不断进步。

3. 交际教学法

交际教学法起源于 20 世纪 70 年代的欧洲。它以社会语言学与理论为基础，其目的在于培养学生的交际能力。交际教学法主张教学内容应以语言功能为主，强调创造真实的情景与场合，使学生在交际过程中使用语言，从而提升表达能力。交际教学法的核心就是将教学过程看作交际的过程。

由于交际教学法为创造大量真实的情景，在此情景下，学生的语言输出更加轻松、自由。每位学生的学习期望、目标、过程都将受到同学和教师的影响与引导，学生在真情的情境下和教师、同学进行互动，从而提高语言输出的质量。

4. 互动教学法

口语"教"和"学"的效果之所以不突出主要原因在于教师不能很好

地调动学生口头表达的积极性。而学生不愿意表达的原意有二：第一，学生存在较大的心理压力，害怕在教师和同学面前出错；第二，学生的词汇量贫乏，这是造成学生害怕出错的一个重要原因。

针对上述情况，互动式教学法的主要功能在于帮助学生扩展和运用词汇。该方法具有显著的特点：坚持以学生为中心，教学组织方式多样，能够有效利用课堂时间向学生传授语言知识。口语能力教学中若能很好地实施这一教学方法，可有效激发学生的兴趣，打破"哑巴英语"的现象，帮助提高学生的口语表达水平，取得良好的教学效果。

互动教学法在口语课堂教学中的操作包含以下三个阶段的活动。

（1）课前

课前充分而周密的备课是教师的必要工作。尤其是与客体有关的口语会话材料的准备十分必要。这些材料应分给学生每人一份。做口语练习会用到的词汇、短语也为学生准备一份。这样语言材料可以丰富学生的口语表达，帮助学生积累表达素材。

（2）课中

口语课堂教学中，教师可先为学生介绍本课的会话情景，然后让学生独立思考并联想与该情景相关的词汇、短语。然后教师将可能用到的词汇和短语呈现在黑板上或者 PPT 上，然后选出一个词语让学生判断和解释其意思。当该学生解释完毕之后，可让其他学生对已给出的信息进行扩展。在解释和扩展的过程中同样为学生开口说英语提供了机会。

（3）课后

课堂教学完毕后，教师可布置一些特定的话题或情景，让学生在课后进行口语练习。需要注意的是，布置的话题或情景要与课堂内容相关，这样才能帮助学生巩固课堂上学到的表达。在下节课教授新内容之前，教师可花一些时间检查学生的课外练习情况。这样不仅为学生提供了表现的机会，调动学生的积极性，还可以通过反复的巩固、使用提高学生的口语水平。

（二）培养策略

1. 创设英语口语表达环境，促进学生主动进行口语表达

环境对学生具有一定影响。对此在英语教学过程中，教师可以为学生创设良好的英语口语表达环境，使学生在环境的影响下积极、主动地进行口语表达。

2. 增加口语表达训练的强度，提升学生口语表达能力

学生口语表达能力是在训练过程中逐渐提升的，对此在英语课堂教学过程中，教师应尽可能地为学生创造更多口语表达训练的机会，加强学生的口语表达训练，从而提高学生口语表达能力。

六、英语翻译能力培养

（一）以学生为本，倡导自主式教学

该教学方法主要以人本主义教育理念为依据，教师在课堂上：一方面关注学生的整体需求；另一方面考虑学生之间的个体差异，因材施教，激发其学习动机和兴趣，培养其自主学习能力。人本主义理论关注个人的感情、知觉、信念和意图，以学生为本、以兴趣为前提、以激发成就动机为出发点，使学生在感知、认知知识的过程中自我发展。罗杰斯（Rogers）则提出意义学习这一概念，认为意义学习把逻辑与直觉、理智与情感、概念与经验、观念与意义等结合在一起。依据这一观点，在翻译专业教学中，无论课型（语言知识课、翻译知识课、语言技能课还是翻译技能课）如何，都应该针对学生的学习需求，激发其学习兴趣和动机，结合其年龄、性别、性格、认知风格、学习策略等方面的不同，根据教学内容设置相应学习任务，使整体性教学与个别化教学相结合，顺利完成教学目标。同时教师有责任指导学生选择有效的学习方法和学习策略，鼓励学生确定学习目标、培养自我评估意识，使其能够在一定范围内控制学习内容，指导自身的学习行为。另一方面针对学生知识技能的掌握程度、性格内外向、学习风格（视觉学生、听觉学生、动觉学生等）、元认知策略、认知策略、社交情感策略等方面的不同，采用同伴教学、分组讨论、角色扮演、翻译工作坊、学习档案袋、成果展示等不同方式激发其主观能动性，使学生乐于知、乐于学。实践表明，在教学过程中尊重学生的学习风格有助于他们选择相应的学习策略，提高学业成就。同时，学生自己也可以在自我反思评价的基础上，选择学习资源（网络、教师、教材、同伴、专家、学术杂志等）或学习方式（讨论式、专题式、演讲式、任务式、探究式等），真正做到自主学习。

(二)以任务为中心,鼓励合作探究式教学

该方法主要以建构主义和合作学习理论为依据。建构主义发端于20世纪60年代初心理学家Piaget的认知发展理论,维果斯基(Vygotsky)的社会心理学理论及班杜拉(Bruner)的发现学习理论。合作学习则兴起于20世纪70年代的美国,并在70年代中期至80年代中期取得实质性进展。皮亚杰(Piaget)认为认知发展受同化(个体对刺激输入的过滤或改变的过程)、顺化(有机地调节自己内部结构以适应特定刺激情境的过程)和平衡(个体通过自我调节机制使认知发展从一种平衡状态向另一种较高平衡状态过渡的过程)三个基本过程影响。而且,这种个体与环境不断作用,平衡状态连续发展的过程就是整个认知发展的过程。可以说,一个人的整体知识就是连续不断地与环境交互作用和变化中建构的。

(三)重视互动式教学,营造民主氛围

在传统的以黑板、粉笔、教材为主学习环境中,教师一般占据主体地位,占有学习资源(如教材),在课堂上拥有话语权;而学生处于被动接受的地位,在课堂上几乎没有话语权;这时的信息交流是单向的,缺乏民主互动的。应该在教学中营造宽松的民主氛围,优化教学和学习环境,促进各教学因素之间的交互作用,提升教学效果。该教学法适合与多媒体、网络技术等相结合,因为现代教育技术为交互作用提供了更加宽松适合的环境,可以进行双向或多向的师生、学生之间、人机等交流。特别是在讨论具体的翻译技能或者合作完成某项翻译任务时,电子邮件、博客、网络音频等为跨文化交际提供了相对民主便捷的交际方式;而搜索引擎所能找到的国内外各学术网站、报刊文摘、引用数据库等提供了大量的资源。又如口译教学中为了促进互动,师生、学生之间互相配合可以模拟国际会议、商务谈判等口译活动;同时通过同伴反馈、教师反馈、专家反馈、计算机反馈等方式帮助学生认识搭配不当、逻辑混乱、欠额翻译、超额翻译等问题,指导学生进行及时修改和练习。当然,在传统的翻译专题讨论或者讲解式课堂教学中,师生之间、学生之间的及时互动和铁饼也有助于活跃翻译课堂气氛,避免理论阐释或技能分析的单一枯燥,促进教学成效。

(四)运用现代教育技术,丰富翻译教学手段

随着现代教育技术的发展,多媒体、网络、语料库等在外语教学中广

泛应用，不仅丰富了教学材料，也改变了传统单一的"黑板+粉笔+课本"的教学方法和手段。目前，多媒体信息系统把文本、声音、图像等多种进行集成，信息呈现形式既包括静态的、动态的，也包括视觉的、听觉的，而且易于操作，可以实现人机交互的界面内交互。万维网不仅为学生和译者提供了大量开放的超文本信息资源，而且也为实时交流和非实时讨论提供了技术支持和便利条件，方便了师生、学生之间互动交流。而电脑语料库（包括原始语料库、附码语料库、平行语料库、学生语料库、网格式语料库等）因其信息容量大、语料真实、便于检索等优势也在外语中教学研究中发挥着日益重要的作用，不仅用于编写教材，还用于研究学习语言。尤其是课堂教学中，语料库将大量有真实语境意义的实例以数据或语境共现的形式呈现，有助于学生进行知识认知和建构。可以说，现代教育技术所带来的方法手段的变化将成为外语教育现代化的突破口

七、英语写作能力培养

（一）侧重英语写作能力培养的教学法

1. 结果教学法

早期的英语写作能力教学理论主要来自经典的修辞学研究。20世纪60年代末，大部分教师在教写作时仍以学生最终能写出一篇完美的文章为教学目的，他们的指导思想是结果教学法。

结果教学法是将英语写作能力教学的主要精力一直集中在文学作品的理解与分析上面，以通过这些分析使学生掌握各种文体的特征和写作方法、从而能够模仿写作自己的作品为目的的教学方法。教师在写作能力教学中使用结果教学法时，向学生提供一些范文，并让学生模仿或改写范文，利用教师给出的提示词扩词成句以及按照范文扩句成篇等。传统的作文课堂教学偏爱这种教学方法。

结果教学法以行为主义为其理论基础，教学过程被看作是刺激—反应的过程。结果教学法重视语言知识，特别注重词汇、句法和衔接手段的恰当使用。结果教学法是一种基于句子层面的写作能力教学方法，使用此种教学法的教师注重自己的教，教学的重点放在句子层次的语法正确性上，教师关注的重点是学生写作的结果。结果教学法强调学生的选词造句能力，要求学生加强句子组合和语法练习，写作学习过程是一个从句子入

手,发展到段落,再到篇章的过程。结果教学法常常被用于第二语言或者外语写作的教学之中,写作成品是起重点,强调语言的正确性、作文的结构和质量。

2. 过程教学法

过程教学法兴起于20世纪60年代,是以认识论、控制论、信息论以及各种语言理论为基础理论来源而形成的一种教学方法。经过教学法专家的探索和实践,特别是经过美写作协会的大力推广,过程教学法一度成为最有影响的教学方法。罗德里格(Rodrigues)曾经评论说,过程教学法行之有效,有人对它到了"崇拜"和"狂热"的地步。从20世纪80年代开始,从事第二语言教学研究的学者,将过程教学法应用于第二语言的写作能力教学。

过程教学法将写作视为一个创造性的过程,包括写前阶段、写作阶段和修改阶段,也可以说写作过程包括计划、用语言表达思想和检查三个阶段。由于写作并不是一个线性的过程,因此这三个阶段往往在循环往复中进行。在写作过程中,学生所拥有的内部资源和外部环境进行相互作用,以形成写作的合力并使写作过程具有交叉互动的特点。写作能力教学应该是教师讲解写作过程的一步步的操作方法。

3. 体裁教学法

从20世纪80年代后期开始,体裁教学法在教学领域得到了广泛的应用。例如,在澳大利亚,体裁教学法被用于语言教学。一些热衷"体裁教学法"的教师和语言研究者创建了"文化教育研究网络",目的是推行体裁教学法,以帮助学生掌握教学计划要求的各类体裁的写作能力。按照体裁教学法,教师应向学生介绍他们在未来生活中将会遇到的一些体裁,通过体裁分析提高学生的写作能力。

(二)培养策略

1. 建立英语网上写作平台

大学时期的学生在英语知识的学习上早已步入新的领域,除基本英语词汇的掌握和积累外,这一时期更要重视培育学生的英语社交、英语社会实践能力。因此,大学时期的英语写作能力教学要合理运用互联网所带来的优势,正确躲避教育条件的约束,处理解决传统教学中英语写作课程所占比例较小的针对性问题,运用有效的解决方法为大学生创建更宽阔的学习环境，推动大学生的英语学习。

2. 构建互联网写作交流评价体系

英语写作教育是大学英语教育中的主要内容，而写作不单单局限在学生将文章内容书写出来，同时还必须对写作成品实行评判、沟通、总结与反馈。只有这样才可以发现在英语写作过程中所存有的显著性问题，方便在日后的教育教学中设定针对性的改善方案。

第四节 学生自主学习能力的培养

一、影响自主学习能力的因素

影响自主学习的因素可归结为两方面，分别是智力因素（主要指学生的语能）和非智力因素（包括学习态度、学习动机学习意志、学习策略因素、文化因素和自我管理能力）。

（一）智力因素

智力是学习的前提。语能（语言智商）被认为是智力的一部分。智力是个体一般性的学习能力、理解能力和推理能力，而语能则是个体语言的认知能力。心理学家一般把语言的认知能力归纳为四种：①语音的编码能力：能辨别不同语音，形成语音和符号之间的联系，并加以记忆；②语法的敏感能力：能辨认出词在句子里的语法功能；③语言学习的归纳能力：通过例句能够推测和归纳语言规则；④语言的记忆能力：能快速而有效地形成文字与意义之间的联系，并加以记忆。

（二）非智力因素

1. 学习态度

态度是影响个人对特定对象做出行为选择的有组织的内部准备状态或反应的倾向性。学生如果没有正确的态度，自主学习就很难开展下去，也无法将学习坚持到底。就学习态度而言，学生应具备良好的自我效能感，能够正确归因。

（1）自我效能感

自我效能感是指个体相信自己有能力完成某种或某类任务，是个体的能力和自信心在某些活动中的具体体现。首先，学生的自我效能感会影响学生对任务的选择。学生倾向于选择那些自认为能够完成的学习任务，回避自认为难以完成的任务。其次，学生的自我效能感会影响学生在某项学习任务上付出多少努力、遇到困难时能够坚持多长时间、面临复杂的情境时有多强的适应能力。高自我效能的学生更有可能花费更多的努力去争取成功。再者，学生的自我效能会影响学生在完成某项学习任务时所体验到的紧张和焦虑感。高自我效能感的学生在从事学习任务时冷静、沉着，更多地关注学习中的问题，而低自我效能感的学生会感到紧张不安。

（2）归因

归因是个体对自己的成功或失败所做出的因果解释。一般学习的成败可归因于四类因素，即能力、努力、任务难度和运气。能力是一种内在的、稳定的、不可控制的因素；努力是一种内在的、不稳定的可控因素；任务难度是一种外在的、稳定的、可控因素；而运气则是外在的、不稳定的、难以控制的因素。学习成败归因不同，对学习产生的影响也不同。如果个体把自己的学习成功归因于能力，把学习失败归因于努力不够，就容易激发学习的主动性和自信心，自主学习；如果个体把自己的学业成功归因于外部不可控的因素——运气，把学业失败归因于自身能力不足，就会影响其情感状态，可能形成低效能感，降低学习的自主性。一般而言，自主学生倾向于把自己的学业成败归因于可以弥补或纠正的原因，这种归因通常会引发积极的自我反应。

2. 学习动机

动机对语言学生有巨大的推动作用。只有当学生拥有了强烈的学习动机，有了"我要学"的念头之后，才会积极主动地去思考"学什么"和"怎样学"等问题，才会制定明确的学习目标，克服困难，主动寻求知识。学习动机是培养自主学习的前提。若缺少学习动机则会妨碍和阻止自主学习的实施。

3. 学习意志

意志在学习中主要表现为两方面的作用。首先，意志能够维持学习活动。在学习过程中一定会遇到各种各样的困难，而要想克服困难，将学习坚持到底，学生的意志力就要发挥维持作用。这种维持作用主要表现为学生的恒心，即持之以恒，能够不折不扣、矢志不渝地坚持学习。其次，意志能够调控学习活动。在学习活动中，学生有时会产生某种妨碍学习进程的心理与行为，如当行不行、当止不止等。学习意志发挥的调控作用可以克服这种障碍，使得学习活动顺利进行。这种调控主要表现在发挥积极的心理成分，制止消极心理因素。

4. 学习策略因素

学习策略的正确使用被认为与自主学习能力的提高有着最直接的关系。研究结果表明，外语学习好的人经常使用某些特定的学习策略来提高外语学习效率和应用能力。

5. 文化因素

文化因素影响着学生的行为、学习价值观、思维习惯，直接影响学习效果。现代外语教学模式从以教师为中心逐渐转变为以学生为中心，学生应该为自己的学习承担责任，在学习过程中有更多的选择和更大的自主权。这种教育观和文化习俗的改变有利于学生的个性化发展与创新能力的培养，也是培养自主学习能力的前提条件。

6. 自我管理能力

大学的学习方式与以往的学习方式不同。学生要提高自我管理的意识，增强自我管理能力，具备能够明确学习目的、确立学习目标、统筹时间、制订学习计划和利用学习资源的能力。在妥善管理自己学习的同时，充分调动自身认知，情感，行为等因素共同参与学习的过程，发挥自身的主观能动性，真正成为学习的主人。

二、培养自主学习能力的途径

近 30 年来，"以学生为中心"教育观念下的自主性外语学习能力培养引起了国内外专家学者的广泛关注，他们也达成了基本的共识：学生自主是外语教学的重要目标；学生自主不是先天的能力，可以通过后天的培养而获得；自主学习能力的高低直接影响个性化学习方式的效率高低；外语教师可通过提高学生的自我效能感，帮助他们设置正确的学习目标，对其进行适当的元认知、认知和情感策略培训，为学生提供良好的学习环境等途径来培养学生的自主性英语学习能力。

培养自主性外语学习能力已成为现代教育学和应用语言学研究中备受关注的热点课题，许多专家学者探讨了在实际中促进学生自主的方法与途径。齐梅曼（Zimmerman）等提出系统的促进学生自主性的方法，概括为：①激发学生内在的学习动机；②注重学习策略教学；③指导学生对学习进行自我监控；④教会学生利用社会性的和物质性的资源。

（一）通过大纲和课程设置促进学生自主

大纲和课程设置可以说是实际教学的指南针，因此通过改革大纲和课程设置来促进学生自主显得尤为重要：如取消大纲对外语技能的统一要求和一套教材"一统天下"的做法，还学生选择教育的自主权。这种影响可以在许多相关的研究中体现。

（二）进行教学改革与创新

为了促进学生自主，不少教师和研究者纷纷展开实验，以求找出最合适的方法。默里和库伊津（Murray&Kouizin,1997）、豪尔特（Hart,2002）、彭金定（2002）、冯奇等（2003）、高鹏等（2005）、顾卫得（2005）、傅玲芳（2007）、毛忠明等（2004）和欧阳建平（2009）等国内外的研究者都进行了形式多样的教学改革。

近年来，国内许多高校纷纷组建校园教学网络，并在外语教学中配备多媒体语言实验室和网络教室，进行各种多媒体教学模式改革与尝试。如上海大学多媒体实验班的3种多媒体教学模式（讲练结合模式、自主学习模式，教师讲解模式），傅玲芳经过两年的改革实践，证明多媒体网络教学模式在教师指导和约束的前提下，有助于促进学生英语学习自主性有利于提高学生的学习成绩。陈坚林提出了作为计算机与英语课程整合后的5种模式，浙江财经学院也采用了2课时课堂面授和2课时网络自主学习相结合的多媒体教学模式。同时有关多媒体外语教学的理论性文章也频频见诸外语界的各种刊物，这为我们整个外语教学模式的改革提供了理论和实践基础。

（三）学习策略培训融入教学与学习之中

从20世纪80年代至今，国外许多专家都纷纷介绍了学习策略培训的各种模式，或进行大小规模不等的学习策略培训，还提出了将策略训练与外语教学融为一体的"以策略为基础的外语教学"模式。他们的学习策略培训实践表明：实验后实验班的各种策略使用频率高于实验前，学习的计划性、自我监控性评估性好于对照班，并且学习成绩也有提高，自主学习能力培养的效果明显，同时证实了英语学习策略培训的可行性、必要性和有效性。

（四）有效利用计算机网络资源

随着科学技术的发展，计算机网络和多媒体技术的运用为教学科研提供了极大的方便。越来越多的学者把外语自主学习和网络与多媒体结合起来，探讨网络环境下的自主学习模式和促进自主的教学模式。如何优化利用计算机网络资源来促进外语教学的发展，培养学生的自主性外语学习能力已成为最重要的课题，参与研究的人员越来越多。

（五）发挥教师的指导与引导功能

在外语学生自主的过程教师具有广泛的角色和多重责任，教学只是教师很小的一块功能。他不仅要参与管理经营，开发语言课程，制作材料，同时也应是学生的顾问、信息的来源，而且还应对学生做出评估；教师还应在学生向自主学习转变的过程中，对学生所采取的方式、方法、策略、成果等及时做出反馈。

在学生的学习过程中，教师要为他们提供两种互补的支持：一是提供心理—社会支持，二是技术支持。心理—社会支持涵盖三个方面的内容：促进学生自身的个人素质、具备激发学生主动性的能力和提高学生自主学习意识的能力。同样，技术支持也有三个方面：通过多种方式帮助学生计划并开展独立学习、帮助学生自我评估、帮助学生提高语言和学习意识，使他们获得必要的知识和技能

（六）构建有效的评估机制

建立起对学生的"过程性+终结性"的多样化大学英语学习的评价体系。一般来说，过程性评估包括课堂内外活动的参与程度、任务完成情况、学习策略使用、阶段性测试、（网上）学习过程记录、学生自我评价、学生间相互评价、小组合作学习记录等内容；终结性评估为期末测试成绩，也结合口试和笔试的方式对学生的语言技能进行评估。评估时要尊重他们的学习需求，这样可以激发学生的学习动机，正确引导学生认知能力的发展。

评价是多元化的，主要体现在评价的内容多元化，评价的主体多元化。对学生应进行多方面的评价，让学生感受自己的成功，获得激励。同

时，教育评价应该是自上而下和自下而上双向的。除教师对学生予以准确及时的评价外，学生也应该是主动积极的评价者。利用形成性评价促使学生从被动接受评价转变为评价的主体和主动参与者，充分发挥学生在学习中的主体作用。在主动评估过程中，学生开始明白评估不是目的而是手段，是了解自己学习的有效方式。构建有效的评估机制，促进了学生综合运用能力的全面发展，从而提高了学生自主性英语学习的能力。

参 考 文 献

[1] 饶晓丽. 英语教学与文化交流[M]. 长春:吉林大学出版社,2018.

[2] 陈莉. 英语教学与互联网技术[M]. 北京:光明日报出版社,2016.

[3] 王晓燕,瞿宁霞. 新媒体在英语教学中的有效应用研究[M]. 长春:东北师范大学出版社,2018.

[4] 张春艳. 终身学习时代背景下的英语移动学习[M]. 长春:东北师范大学出版社,2018.

[5] 李静纯. 英语教学的艺术探究[M]. 南宁:广西教育出版社,2018.

[6] 陈细竹. 网络时代英语自主学习与教学研究[M]. 北京:北京日报出版社,2018.

[7] 蔡吉,钟淑梅. 基于学科素养的英语教学[M]. 北京:知识产权出版社,2019.

[8] 魏雪超,马腾,刘东燕. 文化融合思维与英语教学研究[M]. 北京:中国商务出版社,2019.

[9] 朱丽. 多模态话语理论与英语教学研究[M]. 石家庄:河北人民出版社,2019.

[10] 赵晓峰. 信息技术环境下的英语教学研究[M]. 天津:天津科学技术出版社,2019.

[11] 程亚品. "互联网+"时代下信息技术与英语教学的深度融合[M]. 天津:天津科学技术出版社,2019.

[12] 杨海霞,田志雄,王慧. 现代高职英语教学研究与实践探索[M]. 长春:吉林人民出版社,2019.

[13] 郑丹,张春利,刘新莲. 当代大学英语教学体系建构与实践研究[M]. 北京:中国纺织出版社有限公司,2019.

[14] 朱飞. 大学英语教学中的翻转课堂[M]. 长春:吉林大学出版社,2020.

[15] 于明波. 当代高校英语教学与混合式学习模式探究[M]. 北京:中国纺织出版社有限公司,2020.

[16] 孙琳.大学英语教学设计与有效教学[M].长春:吉林大学出版社,2020.

[17] 邝增乾.大学英语教学的情感因素研究[M].长春:吉林人民出版社,2020.

[18] 陈爱菊.混合式教学模式下大学英语课堂教学反思[J].科技视界,2020(10):41-43.

[19] 李新姣.大学英语混合式教学改革的探索和实践[J].海外英语,2020(2):136-137.

[20] 张勇,尧丽云.基于课程思政的大学英语混合式教学模式初探[J].牡丹江教育学院学报,2020(5):107-109;112.

[21] 唐彬.基于微课的大学英语混合式教学模式研究[J].湖北开放职业学院学报,2020,33(16):157-158.

[22] 平君.大学英语混合学习模式教学实践与研究[J].吕梁教育学院学报,2019,36(3):90-92.

[23] 及欣.混合式教育模式下大学英语课程设计研究[J].教育现代化,2019,6(42):213-214;223.

[24] 徐浩洋,赵曙亚.基于大学英语教育平台的混合式学习模式研究及实践[J].才智,2018(29):124-125.

[25] 杨金凤.混合式教学对大学英语教学的促进作用研究[J].才智,2017(2):48-49.

[26] 彭南英.论混合式学习模式及其在大学英语教学中的应用[J].佳木斯职业学院学报,2016(11):378.